天下文化
BELIEVE IN READING

科學文化　A07A

Naturalist

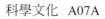

大自然的獵人

博物學家威爾森

Edward O. Wilson

威爾森——著　楊玉齡——譯
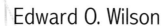

大自然的獵人

博物學家威爾森 ——————

第一部　南方之晨

我被送到那兒，純粹是因為我的父母相信
那是安全、無憂的快樂環境。

我有了歸屬感，覺得灣岸軍校也像是大家庭，
一切都是出於善意的關懷。

科學又成為我新的真理和道路。但是……
在我靈魂深處，究竟還蘊藏些什麼？

第二部 說故事的人

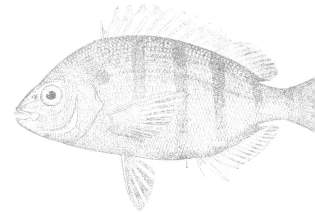

再版導讀
做個追尋自然的科學獵人

袁孝維

　　威爾森無疑是近代偉大的生物學家、博物學家、理論學家、保育學家，他擁有「社會生物學」及「生物多樣性」之父的稱號。他和麥克亞瑟的「島嶼生物地理學」，不僅建立了物種數與島嶼面積及距大陸遠近之動態平衡理論，對於近期棲地破碎化導致生物多樣性喪失，也提供了保護區劃設的具體實踐原則。此外，他所提到的人類「親生命性」，也對於現今許多遠離自然、罹患大自然缺失症的都市人有諸多的啟發。威爾森同時是一位才華洋溢的作家，著作等身，不僅有科學專業的《螞蟻》，還有科普書籍《繽紛的生命》和《給青年科學家的信》等暢銷著作，且屢獲殊榮。

　　《大自然的獵人》是威爾森的自傳，從一個小男孩在天堂海灘對水母觀察著迷到流連忘返，談到就讀灣岸軍校、參加教會對日後宗教哲學思維的影響，他的求學及蠻荒極地探險歷程，以及日後在哈佛大學教書，發表了許多重要論文與學說期間的種種人與事。當然他也對於所發表的社會生物學，遭到許多人的激烈抨擊，平實寫

出源由與過程，並談到未來的必要溝通與交集。

　　我們在過去的報章雜誌報導，還有威爾森的談話發言裡，或多或少都對他有粗略的勾勒與認識。但是閱讀這本自傳，才能夠在條理分明的時間與空間脈絡裡，知悉在過去發生的事件中，威爾森所秉持的想法與做法，如何塑造成這位偉大而奇特、影響現今社會響噹噹的人物。

給年輕科學家的建議

　　2012 年在 TED 的演講裡，威爾森向在場的聽眾介紹他正在寫的一本書《給青年科學家的信》，當時八十四歲的他神采奕奕、思路清晰。「這個世界迫切的需要你們」這是他演講的開場，而他對年輕科學家所建議的四條規則，則是應證並呼應他的自傳《大自然的獵人》。

　　因此這本書，其實也是威爾森期待讓年輕科學家閱讀的一本書，裡面的許多回憶、故事、省思，莫不充滿了提點與啟發。我忝為野生動物學家，也算是可以沾上博物學家的邊，同時又在大學裡任教，天天面對年輕就自許成為科學家、渴慕知識的學生，所以這本書對於我而言，無疑是葵花寶典。威爾森的人生歷程成了我和學生討論的重要資料與學習，因而也在此與各位分享我的閱讀心得。

　　看完這本書，我最大的感動是威爾森對大自然持續且高昂的熱情，不僅讓他有動力在極度困難與危險中到處探險、觀察採集，成就了許多傲人的理論學說之外，他並起身成為投入保護生物多樣性的先驅者。台灣的生命大百科資料庫建置，就是 2007 年由威爾森所倡議發起的國際合作計畫，希望能集結全球科學家之力，將地球

上已知的一百九十萬種生物的資訊，整合在同一個網站上，免費提供給各生物學相關學者及喜愛觀察大自然的生態人士使用。

　　想想實在令人驚嘆，這樣的創舉所需的能量會讓多少人認為不可能而卻步。但是由威爾森的自傳中，就可以發現他擁有一般人少有的堅強毅力與正向思考。他的父母離異，眼睛被魚刺瞎，耳朵對於高頻率的聲音有聽覺障礙，進入管教嚴格的軍校，之後父親自殺……很多人遭逢挫折都會怨天尤人，但是威爾森就是接受事實，看待這些事情所帶來的正面效益。軍校的嚴格管教他視為磨練與效率，連父親自殺，他都可以坦然體諒父親的動機，而視為是父親的解脫。威爾森誠實面對他所經歷的過往，娓娓道來這些事件對他日後的影響，我相信對於很多動不動就憂鬱、陷於泥沼無法自拔，原地打轉的人會有極大的激勵。學習威爾森，跨前一步，走出來！

　　威爾森在此書中提及了許多對生物界有重要貢獻的大人物，我們在生物學或生態學的教科書裡，一定會出現這些人名與他們所提出的理論。這也是在此書中讓我深感啟發的部分，他談的不僅是這些理論如何由這些聰明人推演出來，同時更有其中做人做事的道理。有些學者赫赫有名，卻是排他的學霸；有些學者則是將政治帶入學術的批判，而導致不能就事論事，甚至人身攻擊。讀者可以在書中細細體會，如果也身在學術界，則須時時警惕自己。另外非常重要的，是對年輕科學家的鼓勵與幫助，威爾森在書中提及他敬重的貴人前輩，不輕看年輕人的不足，稱讚做對的一半而不是強調做錯的另一半。

重視跨領域合作

　　威爾森在 TED 演講中提到，科學家要有同事的支持與合作，而跨領域的合作，更是他推崇知識快速累積與理論蓬勃發展的方式。他自己對數學模式不在行，三十二歲才以教授身分和一群大學生修讀微積分。但是他和麥克亞瑟這位優秀的數學家成為合作夥伴，專業互補，成就了島嶼生物地理學的理論模式與野外測試。而他也和化學家羅約翰與分子生物學家華許一起合作，分析螞蟻路徑上遺留的費洛蒙分子結構（請參閱第 15 章〈螞蟻〉）。

　　威爾森也提到，他故意收研究靈長類的學生，趁此向學生學習自己不懂的哺乳類，重點是要刺激對不熟悉領域的了解，才能有寬廣的視野，否則涇渭分明，很多偉大的想法就不會出現了。而威爾森持續教生物學這門課給非生物主修的學生，一方面是警惕自己不要因為成為終身職教授而偷懶，另一方面則更是讓自己處在不同領域的學生裡，接受不同背景者的疑問與挑戰，在此過程中也會刺激新的想法產生。分子生物學的崛起，雖然導致了傳統生物學在哈佛大學的邊緣化（情況和台灣的大學與研究單位類似），但是藉由跨領域的合作，分子生物學反而能成為有力的工具，成就演化生物學的發展。

　　好奇心對於博物學家而言是必備的特質，既要在紛亂的大自然裡，細心的觀察，留意梳理出其中的規律模式，卻又不能忽略微小的現象或差異，因為這些可能就是新的發現。書中提到和威爾森一起做螞蟻研究的德國學者霍德伯勒就有如是的個性，他們兩人成為最好的研究夥伴，謹守「要尋找細微的事」。

　　當年我在康乃爾大學念博士班時，同研究室的博士生艾倫就

是一位螞蟻先生，他是威爾森的頭號粉絲。我曾經和他在山野間，挖了整座螞蟻窩搬回研究室，那時一勺一勺的挖掘，小心翼翼的接近蟻后的皇宮，層層蟻穴都有不同的功能與居住者，雖然工蟻看似四處亂竄，但是在受到干擾之下，牠們其實是井然有序的在危機處理，搬離蟻穴內的重要資產轉移他處。我是每每看得目瞪口呆，驚嘆於這些小小的生物彼此間是如何傳遞訊息，可以有效溝通協調，共同完成搬家大業。《螞蟻》這部巨著就是威爾森和霍德伯勒兩人下定決心要成就的非凡志業，因而耗時、費力的達成；他們的目標是貫穿歷史，寫一本「目前有關螞蟻的全部知識」，兩位志同道合的好朋友盡力向不可能挑戰，最終獲得共享美國著名「普立茲獎」的殊榮。

　　威爾森對年輕科學家的提點，是不要去追逐所謂的熱門研究題目，反而是找尋稀有議題，不要加入混戰，要往砲聲小的地方去，才能在研究上更有空間發展原創、搭建出自己的舞台。我們看到威爾森研究議題的演變，他完全無視於世界的主流，但是螞蟻、火蟻研究、競爭釋放理論、島嶼生物地理學、社會生物學，以及生物多樣性等等，每一個主題都成了潮流，並累積具有重要影響力的科學知識。威爾森並沒有急著跳出來成為社會運動者，但是一直以來他儲備著內在的能量，他的理念是科學家終有一天會是社會教育者，要把理論轉化成讓世界變得更美好的籌碼。威爾森確實是身體力行的實踐者。

關懷自然

　　威爾森說大自然是我們的一部分，正如同我們是大自然的一

部分，關懷其他生物是人類的天性，我們的部分文化亦源於自然野性，因而就不應消滅其他生物。維護地球上繽紛的生命，其實是成就人類本性中的「親生命性」，因為我們擁有祖先留在體內活潑與自由生命的印記，我們會不自覺的追尋前世代的天然棲息居所與生活哲學，驚嘆於自然的迷人與奧妙。其實威爾森的心底永遠是那個在天堂海灘上流連忘返的小男孩，他是一位無懼的探險博物學家，在一生中不斷的向大自然發問，挑戰自我極限，鍥而不捨。而他在找尋答案的過程裡，欣然與擁有共同理想的夥伴合作砥礪，因為有著能廣納大山大海的心胸，所以他與同伴能達到的巔峰也就可以綿綿不絕。

　　對於地球，這顆孕育著令人眼花撩亂多樣生命的行星，我們所知仍然有限，而威爾森的志業，讓他在獵人般追逐的過程中獲得滿足，並擁有充滿意義的一生。所以，威爾森，我們跟著您的腳步上來了！

　　　　　　　　　　（本文作者現為台灣大學森林環境暨資源學系教授）

導讀

獨具慧眼的田野生物學家

金恆鑣

「我有一隻眼瞎了，又聽不到高頻率的聲音，然而我卻成了昆蟲學家……」我們不知道他說這句話時的心情，但從他的自傳，我們可以肯定，世界知名的生物學家威爾森，對自己以螞蟻為研究對象的這一生，是無怨無悔、甚至是心滿意足的。因為他說，如果能重新活過，他還是希望能成為田野生物學家——若以二十一世紀的新視野而言，他希望能成為微生物生態學家，他興奮的寫道：「一公克的尋常土壤，只不過用拇指和食指輕輕捏起的分量，裡頭就棲息了一百億隻細菌。它們有著成千物種，而且幾乎全不為科學界所知。」生物多樣性大約是他目前最關心的主題了。

尋獵「自然之奇」與「科學成就」

威爾森是本世紀最傑出的科學家之一，也是美國當今生物學

理論家的翹楚。他是美國國家科學院院士，榮獲過全世界最高榮譽的環境生物學獎項，包括瑞典皇家科學院的克拉福德獎（Crafoord Prize，專門頒給諾貝爾獎未能涵蓋的科學領域）、美國國家科學獎章；威爾森又擅長著述，其多本飲譽國際的著作中，有兩本獲得了普立茲獎，並於 1996 年獲《時代雜誌》評定為二十五位影響美國當代最巨的美國人物之一。

　　這樣的赫赫一生，卻始自孤獨而動盪的童年。當威爾森開始敘述他這一生的故事時，我們對他其實是有點同情、甚至擔心的，因為他是破碎家庭裡的獨生子。七歲那一年，威爾森的父母離異，他被寄養在外。令人驚異的是，小威爾森似乎沒有受到破碎家庭的負面影響，從這一年開始敘述的自傳，第 1 章赫然就是〈天堂海灘〉的章名，只見他的筆輕快的將我們帶進海與水母的彩色世界裡；只見他無限深情的描繪一幕幕令人目眩的自然景觀，彷彿他正置身其中。我們可以清楚的感受到，寫書時已六十六歲的作者，仍深深陶醉在他兒時快樂的時光裡。那年暑假，他每天早出晚歸，獨自優游於大自然裡，每天都因新的發現而興奮，如此縱情，如此忘我……。一位非凡昆蟲學家的粗胚，就這樣成形了。

　　也是在這一年，他在釣魚時被一條兔齒鯛的鰭刺刺傷右眼，因而瞎了一隻眼；而後在十幾歲時，他又因遺傳上的缺陷而無法擁有健全的聽力。但這兩個不幸的事實，都不能粉碎他成為生物學家的美夢，他只是割捨了當時他正著迷的蛙類，而在十六歲時決定成為螞蟻專家。他的意志堅定無比，爾後不曾放棄對其他自然生物的好奇心與探索慾望，因為骨子裡他是狂熱的獵人、探險家、發現者。他曾熱烈的說，倘使能當任何一位古人，他無疑要當十八世紀有名的探險家班克斯（Joseph Banks）。總其一生，威爾森馬不停蹄的探

索、不斷的發現，數十年如一日，堪稱田野生物學家的典範。

　　從小到大，威爾森在同儕裡都是傑出的博物學家。1949 年他自阿拉巴馬大學畢業，次年為了一位螞蟻分類專家教授而轉學到田納西大學；1951 年他決定轉到哈佛大學，因為那裡有世界最豐富的螞蟻標本收藏，同年他長年酗酒的父親自殺身亡。1953 年，威爾森被哈佛大學研究生獎助學會選為青年會員，獲得了三年的豐厚研究獎助金，並受派到古巴與墨西哥做生物調查——他終於到了他夢寐以求的熱帶，並且開始將螞蟻蒐集的工作，擴展到美國以外的地方，視野擴及全球。1954 年和 1955 年又獲得了更為難得的機會，前往南太平洋諸島、新幾內亞、錫蘭等地從事調查與標本蒐集，為此他忍痛暫別未婚妻，約十個月後面黃肌瘦的回來，體重少了快十公斤，但成果豐碩。

　　1955 年，威爾森拿到哈佛大學生物學博士學位，次年開始在哈佛執教。其中有一門課，是為非科學背景的學生所開設的入門生物學，他一教就是三十五年！因為他知道，這是很重要的教育投資，這些學生將會帶著在大學環境溫室裡最初的感動，進入政府機關、法律界、工商界、藝術界；甚至有些學生還可能轉攻生物學，成為優秀的生物學家。1958 年，由於史丹佛大學校長親自登門挖角，哈佛大學趕緊排開重重行政障礙，破格給與這位年輕教員終身職。威爾森於 1996 年自哈佛大學退休，目前仍是該校昆蟲學名譽教授。

著作等身，屢起波瀾

　　威爾森這豐碩的一生有好幾個里程碑，每一個里程碑都有足

以留世的著作以為標誌，使他的研究能影響、普及更廣大的美國社會，形成社會大眾教育基礎的一部分。

首先，最重要的一座里程碑當然是他終身的工作所在──螞蟻研究，在這方面他和德國的霍德伯勒合寫了「擲地有聲」的《螞蟻》一書，並於 1991 年榮獲普立茲獎。威爾森自己說，這本超過三公斤的書，要是從三層樓高的地方丟下，是可以打死人的，符合了他心目中「巨著」的標準。

其次是島嶼生物地理學研究。關於此，他與已故的麥克亞瑟合著了《島嶼生物地理學理論》（*The Theory of Island Biogeography*），此書闡述島嶼棲境面積的大小，與其他陸地的距離和它的生物多樣性之間的關係，這本書在演化生物學上的地位業已奠定，並對保育生物學產生了很大的影響。

再來是在美國思想界掀起軒然大波的「社會生物學」，有關的爭論使威爾森成為美國社會科學界（尤其是人類學界）的名人。在《社會生物學：新綜合論》這本書裡，具有高強綜合能力的威爾森蒐集、整理了從螞蟻到黑猩猩的素材，歸納出了論點：各種動物的社會行為都有生物學上的基礎。在該書最後一章，威爾森結論道：從戰爭到利他主義的許多人類行為，亦有其生物學基礎，它們是動物特性的一部分。也就是最後這短短的結論惹了大禍──它引起了大眾對生物決定論，乃至納粹與優生學的恐懼，因而群起攻之。

在政治上一直相當天真的威爾森，對這樣的劇烈反應非常驚愕，但凡事認真的他，了解了自己的欠缺之後，就開始研讀社會人文學科，而在 1977 年出版了《論人性》（*On Human Nature*），這本書在 1979 年獲得普立茲獎；接著他又與理論物理學家朗斯登合寫了《基因、心智與文化》（*Genes, Minds, and Culture*）一書，將文化

納入他的分析裡。社會生物學所引發的不幸事件，大約是威爾森在自傳開頭時說「我是身處亂世的快樂之人」的原因之一吧。

晚近，威爾森成為環保活躍份子，鼓吹「親生命性」與「生物多樣性」的觀念，極力為保護生物多樣性而努力。在這方面，他先後出版了《親生命性》與《繽紛的生命》二書。《繽紛的生命》一書，受到社會的極大肯定，並獲紐約公共圖書館評選為「世紀之書」中，自然科學十大好書之一（其他好書包括愛因斯坦的《相對論的意義》、勞倫茲的《所羅門王的指環》、卡森的《寂靜的春天》、華森的《雙螺旋》等）。

為了挽救生物多樣性的喪失，他說他早已了解到生物多樣性遭受破壞的情形，卻一直為研究工作所牽絆，而未能及早加入環保行列。但他在這方面並非毫無作為。當他與辛伯洛夫在佛羅里達的小島上進行生態實驗時，他們曾根據傳聞，親自造訪一座密布闊葉樹林的寶貴島嶼（威爾森的描述給人一種仙島的感覺），後又得知該島嶼將為開發商所擁有，並發展為觀光勝地，如此一來島上的樹林將會毀於旦夕。於是他們開始為拯救該島嶼而奔走，結果令人喝采——島嶼挽救成功，如今是受保護的州立植物園。最近，他將 1975 年到 1993 年所寫的雜文集結成書，稱為《追尋自然與天性》（*In Search of Nature*）。他將野域自然（wild nature）與人類天性（human nature）編織起來，也就是將生物多樣性與人類親生命性的重要概念，當做發展環境倫理的基石。

英雄出少年

縱觀威爾森的研究生涯，最令人感到驚異與羨慕的是，威爾森

在十六歲時就立下一生的志向，決心成為螞蟻專家，並開始實踐他的理想、累積專業知識。他十九歲即受州政府委託，調查威脅作物與野生動物的火蟻，已然是受到肯定的昆蟲學家。

事實上，在威爾森的自傳裡，不乏其他少年有成的例子，例如對威爾森社會生物學理論之建構，產生關鍵影響的漢彌敦，當他發表那篇扭轉威爾森想法的重要論文時，還只是研究生（關於威爾森從抗拒漢彌敦的論點，到完全被他說服的這段過程，第 16 章〈投效社會生物學〉有相當生動的描繪）；而與威爾森合作島嶼試驗（以了解物種如何重新拓殖處女地）的研究生辛伯洛夫的表現，亦可圈可點。連帶令人想到的是書中所述及的幾位英年早逝的人才，例如與威爾森合著《島嶼生物地理學理論》的麥克亞瑟，在四十一歲時因腎臟癌去世；以及四十歲左右即死於空難的傑出動物分類學家錫伯格萊德等。

傾一生之全力

威爾森給我們的啟示是什麼？這是我讀完這本傑出自傳後思考再三的問題。我認為威爾森絕非天才型人物，他的成功大部分來自後天因素（這句話似乎與他的社會生物學有點相左），因此特別值得我們借鏡。最大的原因當然是威爾森本人一輩子鍥而不捨的努力，他起步比別人早，也比別人勤奮許多倍，事實上他是傾一生之全力於生物學研究上，自然會有較別人出色的成績。也因此，在書中他對家庭與家人的著墨不多，倒是花了許多篇幅描述他的老師、同事、夥伴，甚至「才華出眾的敵人」（參見第 12 章〈分子大戰〉）；可以說，整本書是圍繞著作者的終身事業而敘述的。

　　威爾森給我們的啟示至少有兩點，第一點是威爾森兒時對大自然的好奇心與熱愛，儘管沒有受到鼓勵，卻也不曾遭到扼殺——即便是瞎了一隻眼，這樣的殘酷事實也沒有阻礙他。這說明了不扼殺潛能的重要性。而扼殺小孩的潛能，是父母與學校老師最常犯而不自知的錯誤。威爾森根據他自己的經驗寫道：「要造就一位自然科學家，要緊的是在關鍵時刻的實地經驗，而不是有系統的知識。」這值得台灣的父母記取。

　　第二點是威爾森這個生物學家在成長、茁壯乃至貢獻的時期，每每能從他所處的大環境，得到及時的幫助與正面刺激（不論是鼓勵、所需的經費、合作的夥伴，或是來自師長、同事的指點），終而發揮他身為生物學者的重要貢獻。若非有完備的研究措施、教育制度（包括對人才的培植與補助經費的規劃等），我相信，就是不世出的天才，也無法造就像威爾森這樣的有用之才，而這方面的條件正是台灣環境所極度欠缺、猶待努力補強的。

　　　　　　　　　　　　——1997 年 4 月於植物園內的研究室

（本文作者曾任林業試驗所所長，著有《讓地球活下去》，並譯有《蓋婭，大地之母》、《繽紛的生命》等十餘本作品。）

作者序

大自然，她不斷變化著

　　物理學家維斯可夫（Victor Weisskopf）曾經說自己是身處亂世的快樂之人，我也是一樣。只不過，令我心醉神迷的並非是核武器或聳動的高科技，而是完全不同的東西：長久以來，我一直密切觀察自然界裡微細而基本的變化。

　　「大自然」這個詞對我來說，具有兩層意義。

　　在二十世紀初，人類還是很理所當然的，把自己想成是不凡的物種，是困在地球上等待靈魂或心智救贖的黑天使。如今，幾乎所有相關的科學證據都指向相反的方向。也就是說，既然已生到這個世界上，而且還一步步參與了數百萬年的生物演化，我們人類的生態環境、生理狀況，乃至於心靈狀態，都和地球上其他生物密不可分。從這一層含義來觀察自然界，大自然的本質是不斷變化著的。

　　二十世紀剛開始的時候，人們依然相信地球資源豐饒得取之不盡。世界上最高的山還沒有人攀爬過，最深的海也還沒有人探測

過，更別提分布在赤道大陸上的大片野生叢林了。現在，我們早已繪製完實際的世界地圖，而且也估算出日漸減少的地球資源：才經過一世代的開發，人類就已經把野外世界破壞到足以威脅自然資源的程度，自六千五百萬年以來，生態系和物種目前正以最快的速度消失！

由於對自個兒闖下的禍事感到良心不安，我們已經開始調整自己的角色——從地域的征服者，轉換為地球的管理員。在這樣的第二層含義中，也就是我們體認到人類的存在和自然界是兩碼子事的時候，大自然的本質也一樣不斷變化著。

由於性情和專長的關係，使得我能一直密切觀察這些變化。在我還是年資尚淺的小科學家和小博物學家的時候，我個人的世界觀隨同下列兩個趨勢而轉換：演化生物學的興起，以及「這門科學的從業人員能夠自然養成」這想法的沒落。從童年到中年，我的個體發生史（ontogeny）一再重複那更巨大的種系發生史（phylogeny）。同時間，大自然猶不斷蛻變出新的風貌。

我的童年很走運。生長在保守的美國南方，在一片如詩如畫的環境中長大，卻一點也沒沾上南方社會問題的邊兒。我在小小年紀就打定主意將來要做科學家，方便我多多接近大自然。

迷人的童年記憶未曾泯滅，但是它卻留存在希臘先哲赫拉克利圖斯（Heraclitus）式的思潮中。在這思潮中，所有的事物都不斷變化，包括原先想像中的世界運作方式，以及我心目中人類在世界上的地位。把這些封存的記憶都提出來，使我更能完整了解自己目前的思考方式，也使我更能釐清自己信念中的核心因素。這樣的釐清，不只是針對我自己，也針對你們，同時，或許也是為了增強說服力。

第一部
南方之晨

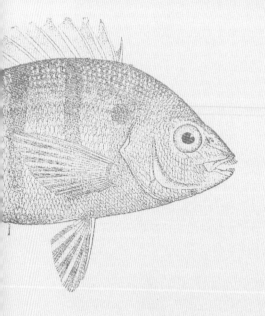

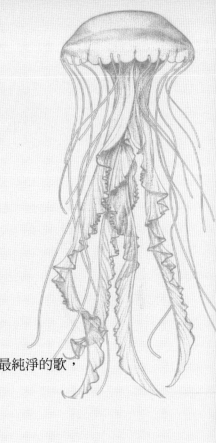

當我成為作曲家之後，

我將為自己譜一曲，

描述阿拉巴馬之晨的音樂；

同時，我還將為它附上一首最純淨的歌，

這歌曲將

猶如沼澤霧氣升自大地，

猶如輕柔甘露降自穹蒼。

──美國詩人兼劇作家修斯（Langston Hughes）

第1章

天堂海灘

在久遠的記憶中究竟發生了什麼事，或是我們認為發生了什麼事，完全是圍繞著一小把強烈印象建立起來的。

一隻「賽弗柔安」

就我個人來說，我七歲時留下的一個鮮明印象是：我站在天堂海灘（Paradise Beach）外的淺灘上，低頭凝視水中的一隻大水母。海水如此平穩、澄清，水母身上每一處細節都展現在我面前，彷彿牠是被關在玻璃瓶中似的。這種生物真是令人驚嘆，完全不同於我原先對牠的印象。於是，我盡可能從水面上，用各個不同的角度去端詳牠。牠那帶有淡淡光彩的粉紅鐘罩上，布著許多細細的紅線，這些紅線由中央輻射向鐘罩型身體的邊緣。鐘罩型身體的邊緣垂下一圈觸手牆，環繞並稍微遮蓋裡面的一條攝食管，以及其他的器

官。這些器官翻來翻去，就好像溼答答的窗簾似的。對於這些位置較低的組織，我只能看到一點點。我想要看得更清楚些，但是又不敢再涉得更深，只好頭湊得更近些。

如今，我知道這一隻水母是「大西洋海刺水母」（*Chrysaora quinquecirrha*），屬於缽水母綱（scyphozoan），而且還知道牠是遠從墨西哥灣漂游到天堂海灘外的海洋生物。但是在當時，我完全不知道這些動物學方面的專有名詞，我只知道牠叫做水母（jellyfish）。然而，這隻動物是那麼神妙，而「果凍般的魚」（jelly-fish）這個討人厭的名字，是多麼不適當，多麼貶損牠。我早就應該輕輕呼喚牠真正的芳名：賽弗柔安（scyph-o-zo-an）！想想看，我發現了一隻「賽弗柔安」！對這趟值得紀念的發現來說，這個名字適合多了。

只見牠停在那兒好幾個小時都不游開。當暮色低垂，我必須離去時，牠身體下方那堆糾纏不清的東西，看起來似乎又更深入黝黯的海水中。我不禁好奇：這到底是一隻動物還是一群動物？現在，我能肯定的指稱牠是一隻動物。而就在同樣一塊水域，還有另一種外形類似的生物，俗稱「葡萄牙戰艦」的僧帽水母，則是由一群動物緊密結合，各司其職，形成功能運作完整且和諧的生命共同體。

像這類事實，我現在能輕易列舉出一大串，但是都不能和這隻水母相提並論。牠突然間硬闖進我的世界，來自我不知道的地方，散發出無法用言語形容的氣氛，我只能想到下列字眼：「在深海王國中，一場詭異、神祕的即興演出」。直到現在，只要我凝神回想，這隻水母依舊能表達出蘊藏於大海中的神祕以及邪惡。

第二天早晨，那隻大西洋海刺水母不見了。整個 1936 年的夏天，我再也沒見到另一隻同樣的生物。至於天堂海灘這個地方（近年來，我經常重遊舊地），則是位在佛羅里達波地多海灣（Perdido

Bay）東岸的一處小村莊，距離彭薩科拉不遠，與阿拉巴馬州隔水遙遙相望。

　　就在這個美妙的季節裡，我家有了麻煩事。我的父母在那一年離婚了。那段日子對他們來說很難捱，但是對我這個獨生子來說，一點也不難過，至少在那時還不覺得難過。當時我寄住在一戶人家中，他們每逢暑期會收容一兩名男孩在那兒度假。對於小男孩而言，天堂海灘果真是名副其實的天堂。每天早晨用過早餐後，我就離開這棟面對海灘的小屋，獨個兒沿著海濱閒蕩，搜尋寶藏。

我在溫暖的浪頭裡涉進涉出，盡情搜刮在海流中漂浮的一切物件。有時候，我就只是坐在小山坡上瞭望開闊的洋面，然後準時回家吃午餐，再出去晃蕩，回家吃晚餐，然後又再出去，直到最後才不得不上床睡覺。然而入睡前，心裡依舊要重溫一下白天的探險歷程。

對生物難以忘懷

我已忘記那戶照顧我的人家究竟姓什麼，長什麼樣，年紀有多大，甚至連他們一家有幾口人都不記得了。他們很可能是一對夫婦，而且我也很願意相信他們是慈藹的好心人，但他們早已淡出我的記憶。倒是那個地方的動物，對我施展了難以磨滅的咒語。那年我只有七歲大，每種生物不論大小，只要觀察牠們、想到牠們，或是可能的話，把牠們逮起來細細的看一次，對我來說都是賞心樂事。

水面下有鶴鱵魚來回巡梭，魚身細長有如綠色的魚雷，上下頜也延長如喙。牠們天性緊張，遠遠盯著看是可以，但永遠不會讓你有機會靠近到觸手可及的距離。鶴鱵魚晚上到底住在哪裡？這一點讓我很好奇，但始終未曾知道。藍蟹長著一對能刺破皮膚的利爪，在傍晚時分向岸邊群集。用長柄網很容易就可以捉到牠們，煮熟後，敲開來就可以直接送進肚裡，也可以倒進秋葵濃湯中，這可是灣岸特有的熱辣海鮮大鍋菜！

鱒魚以及其他一些魚兒則在比較深的地方活動，像是靠近大葉藻生長的地方或更深處；你若有隻小艇，就能駕著它將魚餌灑向魚群。尾巴上長著嚇人尖刺的土魟，白天把自己埋藏在水深及腰的海底沙堆中，等天色漸漸暗下來之後，才靠近有海浪的地方。

期盼「大」動物

　　一天傍晚在海灘邊，有個年輕人打我身邊經過，手上把玩著一隻左輪手槍，而我則尾隨了他一陣子。他說是來獵土魟的，在那個年代，很多年輕人（包括我父親在內）都經常這樣帶著槍（通常是點22口徑的手槍或是來福槍，但偶爾也會出現更大型的手槍或霰彈槍），在鄉間隨意亂逛，除了人和家畜之外，想射什麼就射什麼。

　　尾隨他的當兒，我把這個土魟獵人想成是我的同僚，是一起探險的同伴，滿心企盼他能找到一些我沒看過的動物，也許還是較大型的動物。他繞過了海濱的轉角之後，隨即消失在我的視線之外，接著我聽到了兩聲連續擊發的槍聲。小口徑手槍的子彈穿透力，能夠射中水底下的土魟嗎？我猜大概可以，但自己從來沒試過。而我，再也沒見到這位神槍手，沒能親口問問他。

　　我多麼渴望每次都能逮到比前一次更大型的動物。好不容易，我終於開了一次眼界，見識到何謂真正的「大」！

　　我知道，外海深處有一些大型動物。偶爾，一群瓶鼻海豚會打岸邊經過，離我站的地方很近，近到若是丟顆石頭都有可能砸到牠們。只見牠們三三兩兩用背鰭劃破海面，做出優美的弧形彈跳，落水消失，然後在十幾二十公尺遠處，再度凌空騰起。牠們這項反覆的動作極富節奏感，因此我都能算準牠們下一次冒出水面的地點。

　　遇到晴朗的日子，有時候我會連續好幾小時掃視著波地多海灣光滑如鏡的海面，看看能不能碰巧望到什麼龐然怪物冒出水面。我希望至少能看到鯊，親眼見識一下那傳說中的背鰭如何衝出海面；我知道牠雖然遠遠看起來很像是海豚，但是發出的聲音和冒出水面的間隔時間卻是不規則的。此外，我還希望找到比鯊更精采的東

西，但究竟是什麼，我也說不上來。反正就是某些能令我終生難忘的東西。

我能看到的幾乎全都是海豚，但我並不失望。在跟你分享那唯一一次的例外之前，且容我先談一談追獵怪獸的心理學。界定這些怪獸的尺寸並不是以實際大小為準，而是以相對比例為準。據我估算，在我七歲大時，我眼中動物的大小約為我現在看到的兩倍大。例如前面敘述的那隻大西洋海刺水母鐘罩狀的身體，現在我知道它們平均直徑約為 25 公分；但是我看到的那一隻，似乎寬達 60 公分（是成人眼中的 60 公分）。因此，可能真有所謂的龐然怪獸，即使牠們在成人眼中算不上龐大。

最後，我終於見到了這樣的動物。

牠的登場，並沒有在萬頃洋面上激起渦流。牠在黃昏時分突然出現在我旁邊。當時我正坐在由海灘通往船屋的碼頭上，而支撐碼頭的柱子則樹立在淺水灘上。就著昏暗的光線，我幾乎沒法看清水底，但我依然不停的從碼頭朝下搜索，尋找任何大大小小會移動的生物。毫無預警的，有隻超大的魟魚（比一般常見的土魟大上好幾倍）無聲無息從陰影中滑出，潛到我晃動的雙腳下，接著又滑向另一邊的深水處。這個圓形的影子，看起來彷彿遮住整個水底似的，不過幾秒鐘就消逝無蹤。我驚呆了，心裡立刻興起一股慾望，渴望再看到這隻怪獸一次；如果可能的話，最好還能捉住牠，好靠近看個仔細。我心想，搞不好牠就住在附近，而且每天晚上都會打碼頭邊游過。

第二天黃昏，我從碼頭垂下一根釣線，釣線末端繫著一個我能找到的最大魚鉤，魚鉤上串了一隻小活魚。我讓魚餌整晚垂掛在約兩公尺深的水中。次日一大早，我衝到碼頭去檢查釣線。魚餌不見

了，但魚鈎是空的。這樣的步驟，我重複了整整一個星期，但毫無所獲，白白浪費了魚餌。如果我當時用的魚餌是小蝦或螃蟹，逮住這隻大魟魚的機會恐怕會大得多，可惜沒人給我這個生手一點建議。

一天早晨，我釣起一隻海灣豹蟾魚，牠是生活在水底的雜食性魚類，天生就是大嘴巴、突突的眼睛，以及一身黏答答的皮膚。當地人都認為牠毫無價值，而且還是生得最醜怪的海洋動物。但我認為牠很棒。我把我的豹蟾魚養在瓶子裡一天，然後就把牠放回海裡去。不久之後，我終於放棄垂釣那隻大魟魚，而且，再也沒看過牠打碼頭下經過。

為什麼我要在事過境遷近六十年後，對諸位講述這個小男孩與怪水母、豹蟾魚以及海中怪獸的故事？我想，這是因為它勾勒出一幅輪廓，隱約可見一位博物學家是如何造就出來的。

　　一個小小孩來到深水邊緣，滿心期待準備迎接新奇事物。他就像是我們遠古時代的祖先，帶著好奇心，來到像是馬拉威湖的湖濱，或是莫三比克海峽邊。

　　同樣的經驗一定在成千個世代中，重複了無數次，換得的報酬也相當可觀。海洋、湖泊，以及遼闊的大河，都能做為採集食物的來源以及抗敵的屏障。地理疆界無法阻止我們的祖先向外播遷，他們可不會困坐在不毛的山溝裡等死，他們看起來簡直能應付任何形式的變局。水域總是位在那兒，亙古不變、無瑕可擊，大部分可望而不可及，同時又豐富得取之不竭。

　　這個小孩已經準備好掌握上述的原型（archetype），向未知啟程並從中學習，但他卻沒有太多詞彙足以描述心中導引他的那股情緒。然而，腦海中卻已烙下了鮮明的印象，這個印象成為他往後一

生的護身符，而且轉化為強大的能量，導引他在經驗以及知識領域
中不斷的成長。年紀漸長之後，他會從自己的文化源頭中，多吸收
進一些複雜的細節。但是，核心的印象是不會改變的。任何成年人
只要肯認真省思，一定會覺得好奇：為什麼自己竟會長途跋涉一整
天，只為了想釣釣魚或是觀看太陽落下海平線？

　　要造就一位自然科學家，要緊的是在關鍵時刻的實地經驗，而
不是有系統的知識。所以說，頂好能先當個野人，什麼學名、解剖
學知識都不知道也不要緊，頂好能先花上大量時光去隨意探索和做
夢。卡森（Rachel Carson）非常清楚個中道理，她在 1965 年出版
的《驚奇之心》（*The Sense of Wonder*）中，用不同的字眼表達了同
樣的意思：「如果說，對真實的體驗是種子，日後能長成知識及智
慧，那麼，感官的情緒和印象就是這些種子生長所必須的沃土。童
年時光正是培育沃土的時機。」她很明智的把孩童領到了海邊去。

傷了右眼

　　對我來說，天堂海灘假期並非大人刻意為我安排的教育課程，
只是隨興人生裡的一段意外插曲。我被送到那兒，純粹是因為我的
父母相信那是安全、無憂的快樂環境。不過，就在那段短暫的時光
中，又發生了第二樁意外插曲，這件插曲決定了我最終會成為哪一
類型的博物學家。

　　這天，我坐在碼頭上，拿著掛有小魚餌的釣竿垂釣，只要魚兒
一咬上餌，我就立刻把牠拖出水面。有一種小魚長得很像鱸魚，而
且貪吃得不得了。牠的背鰭上長有十根尖刺，一受驚，這些尖刺便
直直豎立起來。當時，一條這樣的魚上鉤了。我一時大意，扯得太

猛，結果，牠竟飛出水面，撞到我臉上，其中一根尖刺不巧刺中我右眼的瞳孔。

連續好幾個小時，我都感到痛徹心腑。但是由於太想要待在戶外，我不敢多吭聲。我繼續釣魚。事後，我寄宿的那家人並沒有帶我去療傷（事實上，我也完全不記得他們到底知不知道我受傷了）。到了第二天，痛楚消了大半，只剩下輕微的不舒服。再下來，痛楚就漸漸完全消失了。

幾個月後，我返回彭薩科拉老家，右眼瞳孔開始變霧，出現外傷性的白內障。當我父母發現後，立刻帶我去看醫生，而醫生則馬上把我轉送到古老的彭薩科拉醫院，去切除水晶體。這場手術簡直是恐怖的十九世紀酷刑。某人把我按倒，好讓名叫墨菲的女麻醉師用紗布罩住我的口鼻，然後滴進乙醚來麻醉我。好多年之後，我才知道當時她這種工作的標準收費為五塊美金。

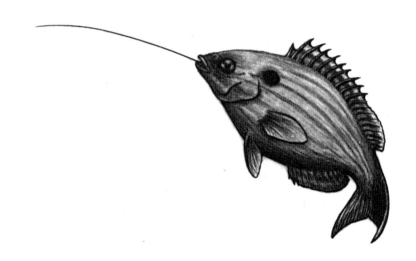

意識漸漸模糊之後，我夢見自己獨處在一間大會堂中。我被綁在椅子上，動彈不得，而且尖叫個不停。也或許在我被麻醉之前，真的在尖叫。

總而言之，這次手術經驗令人難受的程度，幾乎和白內障本身不相上下。因為手術後好幾年內，我一聞到乙醚的味道就想吐。如今，我只在一個狀況下會恐懼：受困在密閉空間裡，雙手受制不能動，臉上又蓋著東西。

發生在我身上的這種強烈反感，並不同於一般的幽閉恐懼症，因為我能夠神態自若的鑽進壁櫃，或是搭電梯，或是在屋底及車底爬行。在我十幾二十歲的時候，我還曾經探測過洞穴以及碼頭附近的水底幽僻處，一點兒都不害怕。總之，只要我的雙手自由，加上臉上別蓋著東西，一切都好說。

意外造就昆蟲學家

從那以後，我只剩下左眼有健全的視力。很幸運的是，我左眼在近距離的視力，比一般人的平均視力更為敏銳，在眼科視力表上為 20／10，而且終生如此。我雖然喪失了立體視覺，但是卻能清楚辨識小昆蟲身上細膩的圖案和細毛。稍長大後，或許是因為遺傳缺陷的關係，我又喪失了大部分高頻率音域的聽力。如果不戴助聽器，許多鳥類和蛙類的叫聲，我都無法分辨。

因此，當我十幾歲的時候，就像美國所有的博物學家或多或少都曾經做過的一樣，我帶著彼得森（Roger Tory Peterson）的《野外賞鳥手冊》以及雙筒望遠鏡外出，結果證明我是相當差勁的賞鳥者。除非鳥兒很清楚的在我眼前奮力拍翅，否則我根本找不到牠

們；即使有一隻鳥就在近旁的樹上高歌，但除非有人直接指給我看，否則我還是找不到牠。

類似的狀況也發生在蛙類觀察上。多雨的春天夜晚，我和大學同學靠著高亢的雄蛙叫聲當指引，前往青蛙的交配地。我的確找到了一些，像是叫聲低沉的犬吠蛙（barking tree frog），牠們的叫聲彷彿有人用力在搥打大木桶；另外還有東方鋤足蟾蜍（eastern spadefoot toad），牠們的叫聲很像是幽魂前往冥府報到時的嗚咽哭聲。然而，大部分蛙類物種的叫鳴聲，在我耳中聽來，都只不過是一陣含含糊糊的嗡嗡聲。

決定終身大事的人生轉捩點，竟然出現在我還這麼小的時候。我之所以注定要當昆蟲學家，一輩子研究或飛或爬的微小昆蟲，完全不是因為擁有什麼怪癖的天才，也不是因為有什麼先見之明，完全就只是單純的因為意外事件，限制了我的生理能力。

不管怎樣，我一定得找出某一類型的動物來研究，因為心中的火種早已點燃。所以，我能找到什麼就研究什麼。於是，我剩下的那隻眼睛轉瞧向了地面。從此以後，我開始頌揚地球上的這些小東西，這些可以用食指和拇指挾起來仔細觀察的小動物。

第2章

把小男孩託給我們

　　有誰能肯定的說，自己的性格是由哪些事件塑造成的？有太多、太多事情是發生在童年早期的曙光之中。我們的心靈沉浮於依稀憶起的不確定經驗裡，隨著時光荏苒，我們心中的「自我欺騙」會逐年扭曲記憶，慢慢偏離事實真相。但是，有一件事我倒是能夠百分之百確定。

　　這件事起於 1937 年冬天，也就是我的父母愛德華和英妮茲分居，並開始辦理離婚手續的時候。離婚這檔事，在當年，以及在美國南方地區，都極不尋常。可以想見，當時親戚朋友之間一定是謠言滿天，而且許多人一定還很不以為然。就在我父母忙著將生活理出頭緒之時，他們開始尋找一處能保障七歲男童安全生活的地方。他們選中了灣岸軍校（Gulf Coast Military Academy），這是密西西比州海灣港（Gulfport）東邊六公里遠，位於濱海公路上的私立學校。

於是，在 1 月的某個早晨，我跟母親搭上西行巴士離開彭薩科拉，一路經過莫比爾以及帕斯卡古拉，來到海灣港。我們在下午抵達灣岸軍校。我環顧四周，品評它的景觀，發現那兒正是典型的悠閒墨西哥灣景致，於是立刻覺得它非常有吸引力。一棟棟附有遊廊、周圍鑲了一圈灌木叢的磚房，散布在修剪得整整齊齊的草坪上。老橡樹（我認為活的橡樹「看起來」都很蒼老）以及高聳的松樹提供了大片樹蔭。校園南邊是 90 號國道，然後是一條安靜的雙線公路。數公尺外的海隄底下，則是來自墨西哥灣的平靜波濤。看到這幅海景，我不覺精神一振。這裡會不會是另一個天堂海灘？

結果它不是。

我們來到低年級學生的宿舍，會見女舍監以及其他初級部的軍校生。我看著那張屬於我的軍式小床（這種床如果弄整齊的話，可以在上頭彈硬幣），聆聽每日作習規章的簡介，檢查自己那套比照西點軍校款式的制服。然後，我和室友握手。就一名七歲的孩童而言，我的室友實在是太過拘謹、也太過禮貌了。屬於孩童的慵懶，以及童年的冒險之夢，至此全都消逝無蹤。

灣岸軍校是精心設計的大噩夢，專門用來改良沒教養或是缺乏紀律的孩子。它屬於那種最原始的軍校，學生一律穿著灰色毛料服裝，姿勢僵硬得就像槍桿子似的。校方的簡介中，「保證」會讓學生接受紮實的傳統教育；不是「提供」或是「盡可能」，而是保證。

畢業於灣岸軍校的學生中，雖然有一部分會進入全國其他的大專院校就讀，但是基本上，灣岸軍校可以說是西點軍校的預校，就相當於私立學校中，辦校宗旨在於訓練美國軍官人才的維吉尼亞軍校（Virginia Military Academy）一樣。

這一切，都非常符合 1937 年美國南方白人中產階級的文化。

沒有什麼事情比得上在軍隊裡面節節高升，更令年輕人熱血沸騰了。南方依舊沉浸在南北戰爭前的夢想中，夢想以軍官、紳士、榮譽、勇氣、堅貞不移來效忠上帝和國家。我們心中常浮起這麼一個身影：新近畢業的少尉軍官，身著一身白色軍服，手裡挽著美貌可人的新娘，步出教堂。在家人同感驕傲的目光下，穿過軍校同學們高舉的軍刀。他的所作所為將會日益加強眾人對歷史真相的了解：南方人之所以會在南北戰爭中敗北，完全是因為缺乏武器，以及戰力耗損幾盡所造成的。我們的男人，尤其是軍官，個個都是當時全世界最棒的軍人，都是不容輕忽的美國南方人。

現在，你總該明白，為什麼電視台採訪越南戰地指揮官時，老是出現南方口音的緣故了。他們多半生著一副薄薄的唇，眼神銳利，絕不四處打屁開玩笑。

對南方人來說，醫生、律師，以及工程師都是值得敬重的職業，當然啦，商人以及閣員也很不錯。來自阿拉巴馬州的高爾夫球冠軍或足球四分衛，算得上是英雄人物，而且要是我們有某位親戚（他的小名也許叫阿吉之類的，可以想成是你遠房堂哥阿克的大兒子）選上國會議員，整個家族都會高興得不得了。然而，擁有力量與榮譽的權貴，依舊非軍隊統帥莫屬。

灣岸軍校年年都榮獲美國國防部評鑑為榮譽學校，換句話說，這裡簡直就是新兵訓練營。它的生活規章就是專門設計用來磨損青少年男孩身上具備的一切壞品質，同時改裝為炮彈落於前也毫無懼色的性格。「把小男孩託給我們，我們還你男子漢」，這就是灣岸軍校的格言。1937 年的灣岸軍校年鑑（裡面有我目光僵冷的稚氣面龐），清清楚楚解說該校準則，明明白白不帶一絲情感：

- 日常作息都有定規，每天每件事物都得按規章行事，絕不寬貸。
- 與同學相處時，每人都得自視為團體的一份子，並依據這個觀點正確對待其他同學。
- 激發每個人的潛能，使小男孩變得積極獨立，蛻去備受嬌寵的男孩之無助及依賴習性。

　　年鑑作者（我懷疑，他是不是那位四方臉，擔任軍事科學暨戰術課程的查克上校？他的四方臉正從年鑑上瞪著我瞧）心目中所謂的作息定規，比起成人軍校的規矩只有過之而無不及。這套規矩如果放鬆一些的話，大可用在像是今日巴里斯島（Parris Island）上的海軍訓練營之類的地方。

　　一週七天的軍號聲，是由一群非常看重這項任務，而且引以為傲的軍校生所吹奏的，把我們的日常作息步調催趕得十分緊湊。早上 6：00，第一聲號角；6：05，起床號；6：10，集合；6：30，病號集合；6：40，巡邏檢查；6：45，侍應生預告；7：00，集合行軍至餐廳用餐；7：40，上課令。之後，號角暫停，改由鈴聲通知上下課。

　　然後是 10：20，禮拜堂集合，中間休息四分鐘；然後是預備鈴，回教室上課。就這樣被催趕著度過一天，終於到了晚餐時間。18：50，號角再度響起，召集大夥兒回寢室；19：00，晚自習（不准聽收音機）；21：15，歸營號；21：30，熄燈號。之後，不准再發出任何聲音，否則就準備登上違紀報告。

　　週六的作息相仿，只不過略微放鬆一些，享有一些空檔來休閒、運動，以及接受違紀處罰。到了星期天，我們又迅速回到僵緊的生活層面：把皮鞋擦亮，打磨我們的鈕釦、皮帶環（制服要

隨時保持整潔，週日則穿著正式的灰白制服），還有就是上教堂做禮拜。接下來，我們要準備參加 15：30 開始的閱兵典禮。我們整齊列隊出操，接受分隊及個人檢閱考核，隊伍行經軍官、懇親的家長，以及部分好奇且充滿敬意的鎮民面前。年紀最小的男生（我就是其中之一）則排在隊伍的最後面。

學生拿到的課表上淨是響亮簡潔的名詞：算術、代數、幾何、物理、化學、歷史、英文、外語；完全沒有像是藝術、室外自然教學等課程，當然更不會出現像是「化學入門」或是「美國經典」之類文謅謅的標題。學生擁有部分的選課自由，但仍然只是一些無聊的科目，例如拉丁文、商業地理，以及商業倫理等。這樣的課表隱隱暗示，假使你實在不是當軍人的料，至少還可以去從商。

年紀較長的軍校生除了要接受步槍、迫擊砲以及機槍射擊訓練，還要學習測量和軍事戰略。另外，校方也很鼓勵學生練習騎術。至於我們這些初級部的小毛頭，就只有眼巴巴的期待，將來哪天也能參與這些充滿男子氣概的活動。

灣岸軍校的校徽圖案如右頁所示：一隻展翅的老鷹，爪子裡握著交叉的軍刀、上了刺刀的步槍以及長矛。左右兩根矛柄上，懸吊起一面共有十八顆星星的美國國旗。海軍是以一只三角形盾牌做為代表，盾牌裡繪有一艘三桅帆船。

灣岸軍校中所有的學生，從一年級生到十二年級生，全部按照同樣的作息表，埋首堆積如山的課程中。我們這些六年級以下的初級生稍稍擁有一些特權。我們有位女舍監林菲爾太太（我只知其姓不知其名），年鑑上她那張表情僵硬的臉看起來真是傳神，正是標準軍校女舍監的嘴臉。閱兵時，我們初級生不必肩背步槍，也不必接受武器和騎術訓練。附近岩灣公園學院（Gulf Park College）偶爾

有女孩子舉辦的舞會，自然也和我們毫不相干。為了要嚴守紀律，校方要求學生父母不要送不適當的禮物到學校裡來，以免寵壞孩子：「不要送食品來弄壞他的腸胃。要送的話，送水果就好。」

　　軍校生之間一旦發生衝突，要是沒法用協談和解的話，就只有透過富有男子氣概的方式來解決：在成人的監督之下，於旁觀學生圍成的場地中，雙方公開較量一下。不過，偶爾也會有打架事件，在沒有督導或是糾察生到場的情況下，靜悄悄的在建築物後方發生。但是整體而言，衝突大都還是能夠依據校規解決。

　　犯規的學生必須到操場報到，這倒是學校簡介冊子裡沒有提到的活動。通常，犯規學生得扛著步槍繞著圓形跑道踢正步，一踢就是個把鐘頭，時間長短視犯規嚴重程度而定。若是處罰的時間太長，還得連續幾天分段執行。初級生得以免背步槍「踢正步」——其實，多半的時候我們都只是在漫步而已。

受罰倒是一段能夠避開他人並且做做白日夢的好時光。我當時經常犯規，因此在灣岸軍校期間，也花了大把大把時間在繞圈子上。回想起來，我最常犯的規是在課堂上和同學說話。如果真是這樣，那麼我顯然不曾記取教訓。因為到了現在，身為大學教授，我幾乎把所有的時間都用於「在課堂上說話」。

在我心裡，我一直明白自己是個講理的好孩子。我既不遲鈍，也不叛逆，因此受罰繞圈子總是意外降臨的橫禍。校方很少、甚或不曾直接告訴我們這群初級生有關紀律和責罰的問題。於是，我們多半只有藉由案例和口耳相傳來學習守規矩。

每星期六下午一點五十分，郵件窗口旁邊標有「違紀」的布告欄上，會準時張貼出犯規學生的名單以及責罰。每一次，我們都會奔過去圍觀，看看這個星期有誰可以去玩，又有誰得去踢正步。在執行完所有的責罰之前，犯規學生不得從事任何娛樂活動。我們還聽到一些謠傳，是關於高年級生犯下不可名狀的惡行後，所受的著名責罰。

就灣岸軍校的思考方式而言，週三下午稱得上是享樂時光。從一點半到五點半，凡是沒有列在違紀名單之內的學生，都可以自由外出。有巴士接運我們到西邊六公里外的灣岸港，大夥兒可以去那兒喝奶昔、看電影，或者就只是閒逛也好。

這些嬉鬧玩耍都挺有意思的，但是，我最渴望的還是我心愛的墨西哥灣，每次我望向學校草皮正前方，它都在那裡等我，然而我卻沒法靠近它。校方三令五申，不准學生跨越橫亙在學校操場和海隄之間的雙線道公路。學期結束前，我和一小群同學在女舍監的帶領下，到海邊玩了好幾趟。年鑑上登了一張我們的照片，大夥排成一列，身穿當時流行的附肩帶的泳裝。圖說是這樣寫的：「孩子們

在周全的監護下暢遊海灘。這兒風和日麗，他們可以在清爽的白沙上嬉戲，也可以沐浴在波光閃閃的岩灣海浪之中。」然而，在這裡卻不能釣魚，沒有時間容你沿著海邊漫步遐想，也沒有機會撞見魟魚或其他的海底怪獸。

迎接小羅斯福總統

在我就讀灣岸軍校期間，最聳動的大事要算是小羅斯福總統大駕光臨。剛剛展開第二任總統生涯不久，小羅斯福總統就來到密西西比及路易士安納州，親自露面向選民致謝。這兒是全美國最堅定支持民主黨的地區。靠海岸邊的學校都臨時放假一天，商場也暫時休業。店面的門窗都粉刷一新，馬路也清理得特別乾淨。當地的《比洛克夕海灣港日報》甚至不自覺的登出「連黑人小孩都換上了最體面的服飾」這樣的字句。

大約有十萬居民群聚在道路兩旁，等候小羅斯福總統及其隨從大駕光臨。在那個時代，最高統帥是很少公開露面的。再說，由於小羅斯福所推行的「新政」，更使得他在南方各州擁有神一般的地位。新政讓許多窮如第三世界的鄉間地區，如釋重負。

4月29日早晨，總統和隨行人員從首都華盛頓乘火車南下，抵達比洛克夕（Biloxi）。車站前早已有二十四輛由當地政要、軍警以及新聞記者組成的車隊等候在那裡，準備隨行護駕。大隊人馬拜訪了比洛克夕各個重要地點，包括一座於林肯遇刺後漆成黑色的燈塔、榮民總醫院，以及戴維斯（Jefferson Davis，美國南北戰爭期間南方聯邦的總統）在密西西比的故居。在那兒，樂隊奏起〈南方頌〉（Dixie），同時該城僅餘的八名美國南方聯邦老兵高聲吶喊，向

總統致歡迎之意。

　　小羅斯福總統不時舉起軟呢帽，並露出著名的笑容。最後，車隊駛上 90 號國道公路，往西開向海灣港，並於十點的時候經過灣岸軍校。全校師生均穿上灰白制服，肩並肩排成單行隊伍，立在道路邊等待著。小羅斯福總統原本以為要來進行校閱，因此還特別指示手下的軍官，穿上總統隨行人員所披掛的金黃色穗帶。後來得知行程太過緊湊，無法停留這麼久，總統即指示車隊在行經灣岸軍校時，特意放慢速度。當車隊浩浩蕩蕩通過面前時，我們全都舉手敬禮。

　　不知怎麼的，我沒能從大隊行經的眾多面孔中找出誰是總統。但是，我總喜歡自認為他看到我了，我是站在行伍尾端個子最矮小的兩名軍校生之一。

　　對於這一切截然不同的新生活，我適應得相當好。初到的頭幾天，我覺得既困惑又孤獨，熄燈後只能哭著入睡──但是又不敢哭出聲，以免被人聽見。然而，過了一陣子之後，我開始有了歸屬感，覺得灣岸軍校也像是某種形式的大家庭，一切都是出於善意的關懷。我原本十分痛恨這個地方，但是後來卻愛上了它。多年以後回憶起來，甚至覺得更有味道，反而是那些讓人痛苦的回憶已經漸漸淡去。我在那兒待的時間，剛好足夠令我轉換某些心態。直到現在，我依然能輕易在心中喚起那些有條不紊、承擔重任的影像。

　　其中最鮮明的影像是：星期天上午，大家集合準備閱兵時，一名軍校生緩緩出列。他只是十來歲的大男孩，騎在馬背上，足登閃亮的軍靴，身上配掛武裝帶和帶鞘的軍刀，頭上是雪白無瑕的白布帽。他神色自若的操演一整套繁複的教練。他一邊對著正在步行的軍校生講話，一邊驅策坐騎緩緩繞圈、轉彎、再轉彎。他的面貌已

經從我心頭消逝，但是他的形象卻依然閃耀著光榮、正直、雄心以及大成就。我自問，到底是什麼成就？我自己也說不上來，但是無所謂，反正他那朦朦朧朧的形影之中，蘊藏著力量。

　　我於春季班結束後離開灣岸軍校，然而個性裡卻已埋下軍事文化的種子。即使到了念大學的年齡，我依然帶著南方佬對於年長者慣有的敬意。另外，面對成年男性時一律稱呼「先生」，女性則稱為「女士」，不論他們究竟是什麼身分；這類尊稱令我覺得很愉快。我直覺的會去尊敬權威，並且很感性（若不是理性的話）的相信，如果沒有什麼特別的原因，我們不該露出憂煩之色。骨子裡，我是社會保守主義者，而且是主張擁護現狀的人。我看重傳統風俗習慣，愈是莊嚴崇高、儀典繁複，愈合我心。

為英雄落淚

我這輩子在待人接物方面，是絕對重視禮數的。但是我卻發覺，我日常相處的那群稜角分明、社會化不足的科學家中，少有人重視這一套。與人辯論時，我會非常注意音調是否拉得過高；每逢反駁他人時，我也都會盡量記住要說「就全面性的考量而言」之類的話，而且我也是打從心裡這樣認為。我最瞧不起的就是傲慢以及目中無人的態度，這種惡質的態度經常出現在許多聰慧的知名人士身上。

我特別看重利他以及服務獻身的精神，並且深信這是真正的美德，而不是為了博得旁人讚賞或肯定才存在的。每當想到為了達成任務而捐軀的士兵、警察或救火隊員，我心中就悸動不已。在悼念這些英雄的莊嚴典禮上，我感動落淚的速度甚至快得令自己都不好意思。硫磺島和越戰紀念碑也令我深深感動，因為在這些烈士身上，我看到了一群勉力付出、卻不求報償的人。而且，正是因為這群平凡人的堅韌，人類文明才得以安然度過一次又一次的危機。

我一直擔心自己缺乏像他們那樣的勇氣。烈士們勇往直前，甘冒風險，不屈不撓。在我心底，我承認自己從來就不想要那樣；我非常畏懼這個能磨碎年輕人的社會機器，然而不知什麼原因，我始終沒來由的認為，自己是半途而廢的人。我曾嘗試刻意去做些補償，好讓自己去除這種奇怪的感覺。

年輕時，我故意養成一種習慣，在田野調查時測試自己的體能，逼迫自己面對所能忍受的最大困難或是最大險境，藉此肯定自己。稍長之後，每當我想到刺激的點子，就到處炫耀，那舉動就好比一名少尉軍官在一列敵軍面前，揮舞著軍團旗幟向前進一般。

我一次又一次焦躁的自問：如果碰上了「真正的」試驗，像是蒂耶里堡（Château Thierry）戰役或是硫磺島戰役，我是否也能順利過關？是否也敢以性命相搏？這類胡思亂想都是因為本位主義和罪惡感所引起的。

在我的科學研究生涯中，我曾投入相當多的時間研究犧牲自我以及英雄情操的起源。但是我到現在還是不敢肯定，自己是否能從人類的觀點充分了解這些情操。我深深覺得，「榮譽勳章」要比諾貝爾獎更為神祕動人，也更值得人們頌揚。我常利用閒暇時光讀些閒書，瀏覽各個榮譽勳章受獎者的生平。令人高興的是，我竟然有機會能結識其中一位受獎者，同時也是美國著名戰爭英雄——史托克戴爾（James Stockdale）。他擔任海軍將官時的官方照片中，臂彎裡抱著一本我的著作《論人性》（On Human Nature），這本書主要是討論利他行為和領導行為的生物學基礎，以及探討榮譽勳章可能具有的含義。

史托克戴爾曾在北越戰俘營裡熬了八年，其間大部分時候他都飽受酷刑折磨，對方一直想要套出他在北部灣（舊名東京灣）事件裡的飛行任務究竟是什麼，但是他始終堅不吐實。有一次，他實在是擔心自己的意志力恐怕挺不住，竟用手腕揮擊破碎的窗玻璃，試著使審問中斷。這一招果然奏效，從此他受到較好的待遇。同時，身為高階美軍軍官，他始終努力團結獄中的美軍俘虜，利用祕密的「拍打暗碼」，把訊息一間間傳遍牢房，以類似戰時小組的方式，把大家團結起來。

其實在那種情況下，找藉口很容易：反正我已經盡責了，我不過是根小螺絲釘、遭遺忘的小棋子，為何要去冒生命危險？

我相信，史托克戴爾鋼鐵般的意志，一定有部分是由自律和榮

　　譽感造就的,而這正是軍校最賣力灌輸給學生的兩大品行。當然,
部隊英雄主義可能很容易僵化成盲目服從,這一點也是事實。但是
這些在我眼中,卻是以人類文明必需的美德編纂而成的法典。衷
心接納它們,會讓飄揚的旗幟、密密麻麻的軍階,以及榮譽勳章綵
帶,全都變得神聖起來。

　　因此你應該能夠了解,我最敬佩的,莫過於那些集中所有勇氣
和自許,全心投入在單一重大目標上的人,像是探險家、登山家、
馬拉松選手、軍事英雄,以及非常少數的科學家。

　　科學稱得上是近代文明的最高成就,但是在這個領域裡,卻少
有英雄。大部分的科學研究,只是聰慧的心靈在「科學遊戲」中,
得到令人滿意的結果。科學家像是神祕的魔術師,心血來潮時在實
驗室裡設計一些聰明取巧的實驗;又像是有精巧洞見的編年史專
家;又或是穿梭在美洲、歐洲等地各大研討會之間的旅人。

　　如果你天生夠聰敏的話,玩這些遊戲真是人間至樂。當然這一

切也沒什麼不好，但是就我那些聽起來可能很彆扭的理由來看，我比較敬重那些，明明知道眼前的目標令人畏懼，但仍勇於挑戰的科學家。他們擁有鋼鐵般的精神以對抗失敗，隨時準備接受痛苦；他們考驗自己性格的意志，並不亞於投身科學文化的熱忱。

達林頓（Philip J. Darlington）就是這麼一號人物，他擔任哈佛大學比較動物學博物館（Museum of Comparative Zoology）的昆蟲館館長多年。1953 年春天，當時我年僅二十三歲，準備出發前往古巴和墨西哥採集標本。這是我第一次前往熱帶地區，行前我專程拜訪達林頓，請他給我一些建議。我們就在鞘翅目室角落亂糟糟的實驗桌前談起來了。

達林頓是昆蟲學界中極受後輩敬重的人物。他非常注重隱私，而且很單純，就像他的妻子莉碧有一回說過，他選擇要過「不支離破碎的人生」。他的職志完全投注於研究甲蟲以及動物的地理分布。早在出國旅行還非常艱難、昂貴的年代，他就已經把研究觸角伸向世界各地。

達林頓集勇氣與技能於一身，在昆蟲學界無人能及。他會先看準適當的昆蟲棲地，然後日復一日的長途跋涉，有時工作到天黑才停止；他蒐集了數百種昆蟲標本，其中許多都極為稀有罕見，或甚至是全新物種。如果你覺得他這種學術興趣很難理解，那麼不妨回憶一下達爾文，他同樣也是狂熱的甲蟲採集者，而且也同樣對動物的地理分布懷有極大的興趣。達林頓很樂意會見我，但是他並不打算多費唇舌。他的舉止專業而保守，偶爾露出嘲諷般的笑容或抿抿唇（典型的學者表情）。他長了一對粗黑的濃眉，蓋在雙目上，把人們的注意力略往上拉高了些，讓旁人更容易在他說話時，注意到他的臉。他很快就說到了重點。

「威爾森，當你採集昆蟲時，不要只沿著小徑走。大多數人進到野地時都太偷懶了，他們就這樣沿著前人開闢的小徑，走入樹林一小段距離。你如果也這樣做，恐怕只能捉到幾種昆蟲而已。你應該要直線切入森林，盡量排除途中遇上的障礙。這樣做很累，但這就是最好的採集方法。」

然後，他告訴我一些自己曾去過的良好採集地點，形容了一下如何沖泡古巴咖啡，談話就結束了。

這些話正是我想要聽的。正確的做法，艱苦的做法。大師對於入門弟子的指示：勇氣、苦幹、決心、忍耐痛苦，然後成功的甜美果實（也就是發現新種），將等待心志堅韌者。他並沒有告誡我要注意健康，或是祝我在哈瓦那玩得愉快。他只說要沿著直線走，而且要努力做到。他要我為比較動物學博物館帶回一些好東西。

昆蟲大師的傳奇

達林頓年輕時，確實身體力行他給我的建議。他攀登哥倫比亞北部的聖馬塔內華達山脈，一路採集到海拔六千公尺處。他曾沿著幾乎垂直的山徑，攀上古巴第一高峰土爾基諾峰（Pico Turquino），那兒屬於馬埃斯特臘山脈，是很偏僻的鄉下地方，1950 年代因卡斯楚的游擊戰而聲名大噪。接下來，達林頓在帝伯朗半島（Tiburon Peninsula）上遙遠的叢山中，登上海地最高峰拉荷塔（La Hotte）。

他獨自越過最後一千公尺標高的範圍，沿直線橫越雲霧繚繞的原始森林，在雜亂的灌木叢中，彎腰扭身以穿越層層枝椏間的狹小空間。好不容易登上山頂，卻失望的發現，有一支丹麥調查隊早已由另一邊登頂，他們胡亂劈出一塊空地，還在他們橫切過的路線上

綁起布條標誌。達林頓原本以為這兒會是海地最偏遠的地方，能夠讓他自由自在的暫時遠離山下那些蝟集的人群。

即使如此，他還是抱著一線希望，看看能不能在山頂上找到一些數量稀少、瀕臨滅絕的原生哺乳類動物，也許還能發現新種也不一定。當天晚上，他拿著手提油燈出外搜尋，但是沒有什麼斬獲。他看到的淨是一些原產於歐洲，早年無意間隨歐洲貨船引進到西印度群島，結果大大危害到當地原有動物相的黑鼠。

不過就整體來說，達林頓這趟旅程的收穫還是相當豐富，而且他還是有史以來第一位登上這座山頂的生物學家。就在他攀爬拉荷塔山峰近頂端時，沿途採集到了許多新種昆蟲及其他的動物，包括一種新屬的蛇，這個屬後來命名為達林頓屬（*Darlingtonia*），以紀念他的功勞。

他的冒險活動一直繼續下去。珍珠港事件後不久，達林頓受徵召加入美國陸軍軍醫瘧疾調查團，在軍中擔任中尉。他任職於第六軍團，參加過新幾內亞、俾斯麥群島、菲律賓中部以及呂宋島等地的戰役，於 1944 年退役，官拜少校。

在離開新幾內亞之前，他打算到該國各地，大肆採集步行蟲科或是其他的昆蟲，其中一個採集地為俾斯麥山脈的最高峰：威廉峰（Mount Wilhelm）。

就在那趟旅程中，達林頓的探險成為動物學界不折不扣的傳奇故事。這天，他獨自在叢林裡搜尋標本，來到一處靜滯的叢林水潭邊。為了要在水潭中央採樣，他冒險踏上一截半沉在水中的原木。怎料到，潭底卻突然冒出一條巨無霸鱷魚，直衝著他游來。他小心翼翼的向岸邊退去，但是樹幹卻滑溜得很，終於失足落水。鱷魚追了上來，張開大嘴，露出獠牙。達林頓試圖握住鱷魚的下頷，成功

了一次，但又失手了。

「我沒法形容當時那種恐怖的感覺，」事後他告訴一位戰地記者：「但我真是嚇壞了，心裡不停嘀咕著：這恐怕是博物學家碰到的最糟糕情況了！」

達林頓當時三十九歲，身高一百八十八公分，體重八十六公斤；反觀鱷魚，有好幾百公斤重，自然居於上風。牠咬住達林頓翻來轉去，終於把他拖到了潭底。

「那幾秒鐘好像有幾個小時那麼長，」達林頓回憶說：「我拚命猛踢，但是那種感覺就彷彿陷在蜜糖海裡踢打一般。我的腿像鉛塊一般重，肌肉很難活動。」不知是因為被他的腳踢中要害或是有什麼其他的原因，這畜牲忽然鬆開下顎，達林頓急忙游走。他拚命揮舞手腳，奮力攀爬上岸，試著不要停下來，因為他知道鱷魚有時候會一直追獵到陸地上。不料，最後關頭他又滑倒在爛泥灘中，再度滾落水裡。大鱷魚又一次向他靠攏過來。

「簡直是一場噩夢！那是我有生以來第一次大喊救命，」他說：「但是沒人聽得見！」他再次掙扎爬上岸，這一次，總算成功逃到叢林的庇護之下。直到那個時候，他才意識到手臂上的劇痛，以及因為失血所造成的極度虛弱。「那趟前往附近醫院的徒步之旅，是我所經歷過最長的一段路。」達林頓兩隻手臂的肌肉和韌帶都遭撕裂，而且右臂也骨折了。他的雙掌也被鱷魚的牙齒咬傷，只有左臂和左手還勉強能動。

我承認，擊退鱷魚只能算是求生的舉動，不能用來證明人的性格；但是，前往鱷魚盤據之處，加上達林頓事後的所作所為，就足夠用來說明他的性格。

達林頓被送到巴布亞的多巴杜拉（Dobadura）療傷，打了好幾

個月的石膏。然而，什麼都擋不住這個傢伙，他竟然鍛鍊出單用左手採集昆蟲的絕技，同時也開始不停四處採集起來。他先請人在手杖頂端綁上一只小瓶，然後來到樹林中，把手杖壓進土裡，用左手打開瓶子的軟木塞，把昆蟲標本放進去，再把塞子蓋回去。幾個月下來，他的雙手和雙臂漸漸復元。在那段療傷期間，他的採集成果足以建立一所世界級的昆蟲收藏館。返回哈佛後，達林頓依舊年復一年繼續他的工作，拓展人類對於新幾內亞以及世界其他地區昆蟲的了解與認識。

我個人品評英雄的標準，最初是嚴厲的軍校灌輸得來的；這所軍校的主事者認為，教育小男孩的方式，基本上和教育大男孩應該沒有兩樣。這場陰錯陽差的意外，導致了古怪的結果。當時我認為軍校就是真實人生的預演，之後的童年期以及青春期，不論眼前有多少反面的證據，我還是認為：所有的成年人都必須辛勤工作，並遵守高標準的罰則；現實生活是艱困、毫無寬容的，所有的疏失以及過錯都無法彌補。

這股道德刺激在表面上漸漸淡去，但是卻深深潛進我骨子裡，甚至到現在都是一樣，雖說我知道它並非完全合理，但我已經很難再改變了。部分童年經驗會澎湃洶湧的穿越你腦部的邊緣系統，搶先進占你的思考，終生左右你的價值觀和情感。不論是好是壞，它們就是所謂的「個性」。

在此，我已經述說了兩則我的早期塑形經驗。擁抱大自然以及接下來的軍事紀律，兩者性質截然不同，但是卻奇特的安置在一起。在我童年的早期，總共有三段這樣的重要插曲。現在，我要來敘述最後這段與科學家養成有關的插曲，它是三段故事中，看起來最怪異的一段。

第3章

角落裡的亮光

1944年1月的某個星期天，我獨自坐在彭薩科拉第一浸信會教堂後方的板凳上。主日禮拜已接近尾聲。教會長老羅傑斯步下講壇，來到中央走道上，舉起雙手，掌心向上，開始吟誦邀請辭：

你們還不來嗎？基督在召喚，基督是我們的朋友；
讓我們一塊兒與祂同喜，與祂同悲，一塊兒領受永生。

在他以各種不同音調，重複吟誦唱詩班主領人頌詞的當兒，一首熟悉的讚美詩從他後方的風琴中響起，恰如其分的增強了它的效果。會眾不需要唱出歌詞，歌詞已銘刻在每一位重生的浸信會教徒心中。歌詞和經文一樣受人喜愛，它引領傳播基督福音的痛苦與救贖：

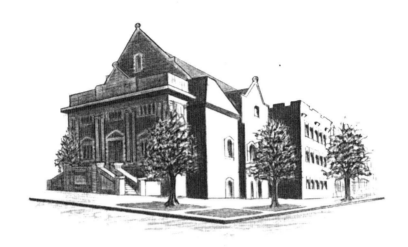

遙遠的小山丘上，豎著一只粗陋的十字架——
痛苦和羞辱的象徵。
而我，鍾情那具老十字架，那兒是最親愛、最良善之處，
因為眾多迷途罪人在那兒死了。

　　在我眼中，羅傑斯是十分高貴、友善的四十多歲中年人，有張寬大開朗的臉，戴著金邊眼鏡，臉上掛著扶輪社社長輕快的笑容。他是彭薩科拉社區的領袖；同時，因為戰爭最初幾個月領導宗教團體的緣故，他在附近海軍所屬的空軍基地也享有盛名。他是這間教會的創辦人之一。對於年輕人來說，他是熱誠但嚴格講求信仰的朋友，對抗酗酒及合法性賭博的鬥士；而且當年種族歧視風行各地方時，他的觀念卻進步得令人驚訝。他代表佛羅里達西北區，積極參與南方浸信會的全國性事務。他的佈道和演講充滿了睿智與機敏。

　　這天早晨就和往常一樣,佈道於十一點鐘開始。同樣的,唱詩班和浸信會眾也如以往般,起立唱頌讚美詩〈蒙福者向主祈求〉。羅傑斯唸頌一段禱告,然後我們再唱另一首讚美詩。全體坐下之後,長老宣布教區新聞和教會事務,以及請會眾代禱的病友名單。接著會眾合唱第二首詩歌,然後歡迎賓客。在風琴樂音伴奏下,執事人員沿著走道收取信徒的捐獻。接著,唱詩班獻唱,而後是由女高音獨唱〈奇異恩典〉,歌聲純淨動人。詩歌捕捉了救贖的中心論調:「初信之時即蒙恩惠,真是何等寶貴。」

　　最後,羅傑斯起身講道,並且依照慣例,先朗頌一段《聖經》裡的經文:

> 似乎憂愁,卻是常常快樂的;
> 似乎貧窮,卻是叫許多人富足的;
> 似乎一無所有,卻是樣樣都有的。

　　這段話引自《聖經》〈哥林多後書〉第六章第十節。朗頌完畢後,他講了一則小故事,和往常一樣,語調略帶幽默。這天,他講的是兩名農家青年上大城市報到當兵的故事。他們按照老習慣,天沒亮就起床,結果只能狼狼的徘徊在高樓大廈間空盪盪的街道上,找不到人來問路。其中一個男孩開口了:「你想,他們這麼一大早全都上哪兒去了呢?」

　　聽眾都會心的笑了起來。羅傑斯的講道很個人化,而且往往能連結俗世層面。現在,我們都放鬆了心情,友善的相視一笑。羅傑斯停頓了一會兒,態度轉趨嚴肅。用那段〈哥林多後書〉的經文以及小故事做為起頭,他開始正式講道。

　　他緩緩說道，我們美國人就像是那兩個男孩一樣，或許是個性單純的人，但是我們一定會贏得勝利。因為，這個國家的基石是建立在看重上帝和基督徒的信心上，是建立在不畏橫逆的拓荒者勇氣裡，同時也是建立在甘為彼此犧牲的意願之中。只要理由正當，只要心中真有基督，就沒有任何人能阻擋我們。個性單純的人放下一切，丟棄所有的物欲，為了基督之名，甘願忍受死亡的痛苦——而這，就是門徒當走的路。他們不是強大的羅馬帝國統治者，他們也不是耶路撒冷城內富有的撒都該派信徒（Sadducees，猶太教中的一個教派，不相信靈魂不滅，也不相信天使存在）。他們沒有刀劍，沒有權力，但卻能改變世界！他們以孩童的赤子之心服侍上帝。

　　耶穌說過，凡是不能像孩童般接納天國的人，將不得進入天國。而且耶穌還說，人若不重生，將不得見到天國。此外，耶穌還

一遍又一遍的訓示我們：要堅持，直到我再來。

在信仰中成長

現在又到了邀約、呼喚那些尚未得救或是希望加強信仰基督的人。許多人紛紛起身響應，步上走道。他們和長老握手、擁抱，然後轉身和會眾一同祈禱。他們的眼中閃動著淚光。十四歲的我也在其中，我已有準備，並且也能夠自己做出此一重大的決定。唱詩班高歌〈在花園中〉，曲調甜美悠揚：

祂和我同行，祂和我交談，
祂告訴我，我屬於祂，
在那兒，我們共享的喜悅，
再沒有人能了解。

福音派新教從來不浪費時間講哲理，它直接向心靈訴求。從基督故事中單純及純粹所展現的力量，則表彰為神奇的進步。在世間的痛苦和屈辱中，靈魂能藉由與神性相連結而獲得救贖，然後就可以進入天堂，得享永生。

教條和禮儀都不重要，唯有信念最重要。耶穌永遠與你同在，在你的靈魂中，祂隨時準備安慰你。在命定的日子裡，祂將會以血肉之軀歸來。這天不會讓人等太久，說不定就在我們今生之內。我們的主是人道的化身，是完美的大家長。祂說，讓受苦的孩子來我這裡，不要阻擋他們。三位一體的神，祂就是上帝。

每一位基督徒都必須自己尋求主，而這必須是出於自由意志，

並且藉由閱讀《聖經》以及與其他早已獲得上帝恩賜的人相互交通，來得到指引。南方浸信會不設主教，長老能做的只是勸告和引導。聚會信徒自個兒擔負起神職人員的工作。他們要學習引經據典，用所謂錫安（Zion）的語言來講道。

　　這樣的禮拜將信徒的道德觀編集在一起，使得輿論對正直和正義的評價清楚明確。然而，做禮拜的功能遠不只這些，凡是不能體會這層額外境界的人，總不免會低估了宗教信仰。做禮拜能抓住「力量」，它就像一面凸透鏡，會如同聚集光線般，把會眾對宗教的信心集中在一個白熱焦點上——受耶穌基督拯救，與主合而為一，而後獲得重生！

　　我會在這樣的信仰中成長，並沒有什麼好奇怪的。如今，全美國有一千五百萬浸信會信徒，人數僅次於天主教徒。事實上，就算往回追溯到十九世紀中期（該教派成立於 1845 年），我的祖先也全都是南方浸信會信徒。他們全都世居阿拉巴馬州或喬治亞州，也就是基督教基本教義派的「聖經帶」（Bible Belt）。這是當地最活躍的宗教。直到現在，我依然清楚記得六歲上主日學時的情形。地點就在彭薩科拉第一浸信會教堂，時間是在主日禮拜開始之前，我們學習唱頌令人心頭振奮的副歌：

　　　向前走，基督的兵丁，大步踏上戰場，跟隨基督十字架而行。

　　1937 年，當我離開灣岸軍校後，我的宗教訓練進入了嶄新境界。那年我八歲，父母已離婚。我的監護權歸母親，我和她的關係依然非常親近，但是離婚使得她頓失依憑。彭薩科拉仍然籠罩在經濟大蕭條的陰影中，生活非常艱難。我的母親找到一份祕書的工

作，但是薪水相當低。而且，她花了好多年才獲得更多的額外訓練
及經驗，換到一份比較好的工作。離婚後第一年，母親把我託給一
位令人放心的親友照顧。

羅媽媽的小世界

　　她的名字叫做羅貝拉（Belle Raub），和丈夫（退休木匠）住在
彭薩科拉的東李街（East Lee Street）上。沒多久，我開始喊她羅媽
媽。她是大塊頭、大胸脯的女人，年近六十歲。她不化妝，喜歡穿
印花布長衫，身上戴了一條美洲豹爪的墜飾，令我著迷不已。我有
問不完的問題：妳從哪裡弄來的？哪裡可以找到美洲豹？牠們都
做些什麼？這些陸上的怪獸！

　　羅媽媽真是百分百的好奶奶。她總是興高采烈的在屋裡忙進忙
出工作。從早晨我起床之前，一直到晚上我就寢之後，蒔花拔草、
清掃煮飯，再不然就是拿著鉤針編織些輪輻圖案的床單，送給親朋
好友或鄰居。她很關注我的每項需求，同時也非常仔細傾聽我訴說
從前的每一項經歷——那些我認為夠漫長，而且很有意義的經歷。
我的禮貌和紀律都不曾令她操心，灣岸軍校已經照管過那些了。

　　羅媽媽在門廊邊造了一圈小花園，種植裝飾性的植物。我開始
盡可能學會所有她教過我的東西。我發覺生物世界迷人之至：前門
廊邊的地上，栽種著葉子像餐桌般大的芋頭；靠近街邊的柿子樹在
冬天的時候結了果；羅家背後那塊空地上，土耳其櫟長成一座小森
林。羅家周遭的種種以及鄰近的街坊，都是我熱切探索的目標，再
也不必遵守軍校全天二十四小時紀律的約束。

　　我養了一隻黑貓，同時也在後院開墾了屬於我的小花園。在一

處軟沙土附近,我開工挖地洞,打算一路挖到中國或是其他通得到的地方去。但這項計畫始終沒能達成。我在早餐時間學習如何炒玉米;羅媽媽非常縱容我,不只是這件事,其他事也都一樣。羅老爹有愛喝酒的老毛病,久不久就要被老婆責備一番。羅老爹也相當慈愛,只不過表達方式有點兒粗率,有點兒心不在焉。

那年秋天我進入附近的愛葛尼斯瑪蘭諾小學就讀。學校位在羅家後方空地外,向西走一個街口就到了。每天我都用錫盒裝一份三明治和一根香蕉,帶到學校當午餐。奇怪的是,每到中午總是發覺香蕉擠扁了,蕉肉滲出外皮,流得滿盒底都是。

才入學沒多久,老師就認定我的成績非常好,不該留在三年級,於是安排我接受筆試,讓我跳級上四年級。就社交層面而言,這項決策真是一項天大的錯誤。我的身材在同年齡孩童當中,原本已經算小的了,如此一來,我只有變得更加害羞和內向。此後的學

校生涯裡，我都注定要當班上的小矮個兒。四年後，當我升上墨菲高中時，我竟然是全校唯一還穿短褲的男生。我趕緊換上當時正流行的褐色燈心絨七分褲——那種當你走路時，褲管會互相摩擦嘎吱作響的褲子。

期待「異光」

羅媽媽是衛理公會的信徒，而非浸信會信徒。這一點意味著她和羅老爹每週日先把我送到第一浸信會教堂之後，才去參加的禮拜，屬於比較安靜、較少傳福音的那一種。然而，置身於嚴苛的衛理公會裡，羅媽媽實在是不折不扣的狂熱道德主義者。抽菸、喝酒、賭博在她眼中都是天大的罪孽。

無疑的，她非常明白我父親十分熱中上述所有的「罪行」。她要求我立誓今生絕不向這些誘惑低頭，我開心的同意了，這點沒什麼困難。八歲大的男生除了偶爾用彈珠來賭一賭擲刀遊戲的勝負之外，不大容易犯下什麼罪行。從那以後近六十年，除了用餐時偶爾來杯餐酒或是啤酒外，我一直謹守諾言。這倒不是因為虔誠的關係，主要是因為我對這些玩意兒根本沒多大興趣。此外，可能還有另一個比較中肯且貼近內心的因素，那就是我父親由於酗酒的關係，後來生活每況愈下，我看在眼裡，只有無助的絕望感。

羅媽媽是思想堅定、心靈神祕的女人，她熱中於追求神聖的境界。她告訴我一則故事，是關於一名信仰虔誠的友人，期望能透過禱告與耶穌結合的過程。有一天，這名友人虔敬的抬頭仰望，結果看到房間內有一束異光。那是上帝顯靈的跡象。

「出現在房裡什麼地方？」我插嘴。

「這個嘛，角落裡。」

「角落的哪裡？」

「嗯……角落的上方，靠近天花板的地方。」

我的心思奔騰了起來。羅媽媽的朋友看到上帝了！又或者，起碼她看到了上帝顯靈。所以說，她必定是受神揀選的人物。這束光也許就是所有事物的答案，不論是哪一方面的事物。它就是聖杯啊！

於是，從那之後的無數個黃昏，我祈禱得又長又賣力，眼角還不時四處亂瞄，想確定一下房裡是否已經出現異光，或是其他的變化。但是，什麼事都不曾發生。我自忖不夠格讓上帝進入我的生命，至少眼前是這樣。我必須等待，也許要等到再長大一點兒的時候。

那一年學期結束後，我搬離了羅家，這一次是搬去和爸爸同住。我對神祕光線的興致不再那麼高了。也許是（我實在記不大清楚）因為我根本不再相信有這種光線。但是，我從未失去對主的信心，我相信很快的，祂就會來到世上。

1943 年秋天，我年滿十四歲，又搬回羅家寄住一年。我的年齡已經大到足以自己決定，究竟是否要受浸信禮以獲得重生。沒有人來勸我這樣做，我也可能還要等上好幾年，才會受到週末聖壇召喚的感動。然而，某天傍晚，事情就這樣發生了。羅媽媽和我一塊兒步行到我當初念的小學參加福音音樂會，演出者是巡迴公演的男高音。我已經忘了當天到底有哪些曲目，但是其中有一首曲子，節奏分明，曲調沉鬱，深深撼動我的心。這一首曲子，將聽眾籠罩在聖靈的懷抱中：

當他們把我主釘死在十字架上時，你是否就在那兒？

當他們把祂釘上十字架時，你是否就在那兒？

有時候，我一想到這就不禁顫抖、顫抖。

當他們把我主釘死在十字架上時，你是否就在那兒？

雖說我還是個躁動不安、精力十足的青少年，但是我卻受這首悲劇性的召喚感動得熱淚盈眶。我渴望要做些重大的決定。在情感上，我覺得彷彿失去了一位父親，然而眼前卻有另一個可以挽回的救贖，那就是與基督的神祕結合——也就是，只要你相信，只要你真的打從心裡相信。而我那時非常確信，這就是我接受浸信禮的時候了。

穿上週日的禮拜服，在羅媽媽的陪伴下，我前往第一浸信會教堂拜訪羅傑斯，告訴他我的決定，並選擇受洗的日期。一個十來歲的小毛頭拜訪大教堂的長老執事，並不是常有的事情。踏進羅傑斯辦公室的那一刻，我心情相當緊張。他從辦公桌後面站起身來歡迎我們。

他穿著一身運動服裝，而且「還正在抽雪茄」。抽雪茄！他以非常友善、輕鬆的方式，恭賀我下定了決心，然後我們一同挑選了受洗的日期。我填寫申請表的時候，他在一旁觀看，同時繼續抽他的雪茄。羅媽媽對於羅傑斯踰矩的行為隻字未提，不論當時或日後，但是我很清楚她心裡怎麼想。

轉向塵世求恩典

1944 年 2 月，在某個主日黃昏，我站在講壇後的小房間裡，

和其他信徒排在一起。在會眾的注視之下，我們一個個魚貫出列，走進會堂前方唱詩班樓廂裡一只水深及胸的大水池，與負責浸信禮的長老會合。我在內衣褲外罩上一件袍子。輪到我時，羅傑斯唸頌浸信辭，然後將我往後扳，讓我往下仰躺，直到全身（包括頭部）完全浸在水面下為止。

　　事後，等我弄乾身體，重新回到會眾之中後，我開始想到，這整個受浸儀式的過程多麼物質化，多麼的平凡，和1943年我們在彭薩科拉海水浴場所做的沒兩樣：穿上泳裝，往水裡跳，先讓腳趾頭在水底踩一會兒爛泥，之後再開始朝水面踢水。

　　在受洗當下，我覺得有點兒發窘和不自在。難道這整個世界全都如此物質化嗎？我憂慮的想起羅傑斯那身輕便的穿著，以及那根雪茄。在某處有某樣小小的東西開始碎裂了。原本我手裡握了一顆精巧、完美的圓形寶石，如今，在某種特定的光線下翻開來一看，我發覺上面竟有一處毀滅性的缺口。

　　信心堅定的人或許會說，那是因為我從未真正認識聖恩，從未擁有過它；但是他們錯了。事實上，我曾經找到它又放棄了。接下來的歲月，我逐漸遠離教堂。但是大體上而言，在我心底愈來愈相信那束光以及那條道路，只是我轉向其他事物尋求恩典。等到我十七歲進大學那年，我已全神貫注在博物學上頭，其他的事情幾乎一概不想。我對科學深深著迷，因為它可以做為試驗物質世界的途徑，而物質世界在我看來則愈來愈像是整個世界。簡單的說，我仍然企望恩典，但是我的根卻牢牢扎在塵世中。

來自新科學的誘惑

在青春期末期時,《艾羅史密斯》(*Arrowsmith*)、《海狼》(*The Sea Wolf*)以及《馬丁‧伊登》(*Martin Eden*)書中的主角,一個個成了我心目中的英雄人物。我讀了蘇聯農業學家利森科(Trofim D. Lysenko)所著的《遺傳及其變異》(*Heredity and Its Variability*),這項理論正式由史達林批准為與馬列主義同等級的真理。讀完之後,我在高中科學課堂上寫了一篇很興奮的短文。「想想看,」我胡扯道:「假如利森科說的沒錯,生物學家將可以隨心所欲改變遺傳性質!他當然一定是對的,否則為什麼會有那麼多傳統的遺傳學家忙著挺身反對他?」當然啦,這已經證明是不折不扣的偽科學,但在當時我並不知道這一點。而我也並不真的在意,反正我已嘗到智慧叛逆的甜美果實。

對於核能的威力和神祕,我也狂喜不已。歐本海默(Robert Oppenheimer)是我心目中另一位遙遠的科學英雄人物。我特別記得《生活》雜誌上刊登他的照片,當時他頭戴平頂捲邊圓帽,正在和格羅夫斯(Leslie Groves)將軍說話,時間是第一次原子彈試爆之前,地點就在試爆區裡頭。這簡直就是智力創作上的大勝利。

歐本海默是個身材細瘦的男人,而我則是身材細瘦的男孩。他的外表就像我一樣瘦弱,但是你瞧,他站在將軍身邊笑得多麼輕鬆自在;而且兩人之所以會比肩而立,也是因為這位物理學家掌握了「能將大自然最具威力的能源,轉化為人所用」的神祕知識。

不久之後,也就是我念大學一年級期間,有人借我一本在生物學者當中激起轟動的書,薛丁格(Erwin Schrödinger)寫的《生命是什麼?》(*What Is Life?*)。這位知名的大科學家指稱,生命完

全是物理過程，生物學也完全可以用物理及化學上的理論來解析。想看看：將生物學轉形的這個心智活動，就和使原子分裂的是同一個！我開始幻想成為薛丁格的學生，加入他那偉大志業。

然後到了十八歲念大二的時候，我讀到了麥爾（Ernst Mayr）所寫的《系統分類學和物種起源》（*Systematics and the Origin of Species*）。它稱得上是現代演化理論的基石，是把遺傳學和達爾文天擇理論結合起來的重要著作。麥爾的這本著作，使薛丁格的觀點在我心中更加強化。麥爾說明了自然界各種動植物的變異，是循序漸進所造成的，這一點可以由研究我們身邊觸手可及的大自然獲得印證。麥爾的書還告訴我說，我可以藉由早已熟知並熱愛的生物，直接接觸到高層次的科學研究。我不需要因為想進入科學殿堂，就千里迢迢投奔到薛丁格或是麥爾的門下。

科學又成為我新的真理和道路。但是宗教究竟是怎麼回事？聖杯以及那道能為生命增添聖潔意義、最純潔祥和的啟發亮光，又是怎麼一回事？關於宗教、道德箴言、儀典以及渴望永生等，一定也有合理而科學的解釋。

根據我自己的經驗，宗教是人類情感上不滅的源頭，不能把它當成迷信來廢除，也不能用它來區分不同的世界。打從一開始，我就不能接受科學和宗教是不同領域的說法，這種說法認為，這兩個領域裡的問題和答案在本質上有差異。我接受的想法是：宗教必須當成物質程序來加以解析，由下而上，從原子到基因，再到人類的心靈。宗教必須包容在那唯一、宏偉的人類自然意象之中。

我始終放不開這樣的信念，坦白說，我甚至是受連自己都不完全了解的情感所驅使，所困擾。直到有一天，這份潛伏的情感在完全沒有預警的情況下，浮現了出來。那是 1984 年 1 月，老金恩

（M. L. King Sr.，黑人人權牧師金恩的父親）拜訪哈佛大學的場合裡。

　　邀請他的主辦單位是致力於改進大學內種族關係的基金會。負責人康特（Allen Counter）是我的老朋友，也是南方浸信會信徒，背景和我類似。他邀我參加由殉道者人權領袖的神父主持的禮拜，之後再加入接待會裡的一個小組。

　　這是我四十年來頭一回參加新教徒禮拜，地點是在哈佛大學紀念教堂。老金恩牧師發表了平靜但很有激勵作用的講演，內容穿插了《聖經》經文以及道德守則。他省略掉聖壇召喚這一節——畢竟這裡是哈佛。然而，當禮拜接近尾聲，由哈佛大學黑人學生組成的唱詩班開口時，我很驚訝的聽到他們唱出一首老舊的混聲合唱福音曲，專業程度遠勝過我年少時在教堂聽過的任何一次演出。更令我驚訝的是，聆聽的當兒，我竟然悄悄落下眼淚。他們是我的同胞，我心中這樣想。是我的同胞！

　　在我靈魂深處，究竟還蘊藏些什麼？

第4章

神奇的小天地

　　讀者且隨我返回 1935 年 10 月的彭薩科拉，到派拉福斯大街（Palafox Street）上逛逛。我們先來看一下最靠近大街南端的海隄吧。隄防外的岩石在海水輕輕拍擊下，總是溼答答的黏著一層海藻，上邊群集了大群方蟹科的螃蟹。牠們看起來就像穿上甲殼的黑色大蜘蛛，甲殼的大小跟銀幣差不多，爪子般的步足自體側伸出。牠們針尖般的細足，機警的隨時準備好，一有風吹草動就立刻往前衝、往後衝，或是往側邊奔竄。投塊小石子過去，鄰近的螃蟹群立即四散飛奔各自躲起來。

　　我們且沿著派拉福斯大街往北走，隨處看看。右手邊是一家查爾斯餐廳（Childs Restaurant），郡政府的員工常常到這兒來用餐。來到門前時，稍站一會兒，舉手揮過入口處那束光線。然後，門自動轉開了，真是時髦的科技。重新來一次；這回且讓背後那對情侶稍等一下再通過。大人似乎並不在乎小孩子玩這種開開關關的把戲。

　　不遠處是彭薩科拉最重要的娛樂勝地山哲戲院（Saenger Theatre），是可以在夏天大吹冷氣的地方。本週末下午場放映的是「飛俠哥頓」（*Flash Gordon*）系列中的一集，內容是哥頓逃出噴火龍的洞穴。接下來則放映澳洲男星弗林（Errol Flynn）主演的「鐵血船長」（*Captain Blood*）。你已經看過片商的簡介，片子結尾時會出現很嚇人的場景：弗林在金銀島上和英國演員羅斯本（Basil Rathbone）飾演的海盜決鬥，弗林將羅斯本一劍刺穿，於是這位陰險的法國海盜就翻落海中，遭滾滾浪濤吞沒死亡。

　　這個街區是在派拉福斯大街的尾段，位在魯斯區以西、亞當斯區以東，是鎮上最熱鬧的地區。福特 A 型車在街上來來去去，人行道上也有許多逛街的人。繼續往前走，要穿越羅曼納街（Romana Street）的街口時，最好當心點兒；大人告訴我，去年有個騎單車的小孩就在那裡被大車輾死了。

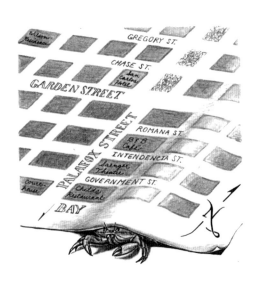

　　天氣老是熱呼呼的。雖然已經到了早秋時分，北佛羅里達仍然像是熱帶地區。午後雷雨前的大塊積雨雲飄過海灣，向南方和西方集結。一點兒微風都還沒吹起，沉沉的空氣中漫布著溼氣以及引擎散出的濃煙。

　　且讓我們越過派拉福斯街，來到左手邊的郡政府所在地。緊挨著人行道的草皮上，一窩火蟻正在群集。只見牠們傾巢而出──在這裡所謂的「巢」，只不過是一堆上次被除草機剷得半平的小土堆而已。生有翅膀的蟻后和雄蟻正在翩翩起舞，進行牠們的婚禮飛行；在旁護駕的工蟻一副怒氣沖沖的模樣，牠們在草皮以及滾燙的水泥人行道四周奔來奔去。現在我敢告訴你，牠們的名字準是熱帶火家蟻（*Solenopsis geminata*）沒錯，是當地原生的火蟻。再過十五年之後，惡名昭彰的入侵紅火蟻（*Solenopsis invicta*）將從南美洲傳入阿拉巴馬州的莫比爾，然後再大老遠的往東擴散到這兒來。而那時，我將以大學生的身分目睹這幕場景。

　　再往北走過幾個街口，經過不久後將拆掉的，古舊的聖卡羅斯旅館，在西葛格瑞街（West Gregory Street）左轉。我父母住的公寓就在幾個街口外，位於一棟灰泥粉刷的西班牙式公寓二樓。樓邊的庭院種了一棵巨大的橡樹，冠藍鴉經常停在上面吱吱喳喳的相互對叫。牠們的叫聲好像消防車的笛音，聽起來總像是有什麼緊急大事發生似的。

　　請你不時的把眼光往下移，跟著我一道探尋地面上的昆蟲。人行道邊 *Dorymyrmex* 屬的獅蟻（lion ant）活像是在熱鍋上似的，團團轉個不停。壓死一隻，沖進你鼻孔的特殊氣味，絕對讓你一聞難忘。現在，我也可以告訴你，這種螞蟻發出的氣味是由庚酮和甲基庚酮混合成的，分泌自工蟻的臀腺，一方面用來退敵，好保衛聚

落，另一方面也可以用來警告巢中的夥伴，大敵正當前。

　　四十年之後，我回到距離這塊地點幾公尺外的地方，再度跪在地上尋找獅蟻（一名年老的非裔長者路過時，還停下來問我需不需要幫助）。泥土和水泥板裂縫看起來還是老樣子，但是這一次，四處奔跑的獅蟻已經換成了齒突大頭家蟻（*Pheidole dentata*），牠們沒有 *Dorymyrmex* 屬的那股刺鼻味。再過十五年，我還是會做同樣的事。每次回到彭薩科拉，我都會不時到這裡，看看 *Dorymyrmex* 屬有沒有重新回到這個小庭院中。

　　到目前為止，我已經監看這裡近六十年了；如果運氣不錯的話，我還可以一直觀察到滿八十年。現在，我敢告訴你說，1935年出現在這兒的肯定是 *Dorymyrmex* 屬的獅蟻。

去蕪存菁的童年景象

　　你也許會認為這是一趟很古怪的旅程，也是一種很古怪的執迷，但是我不這麼認為。

　　想想看，人的記憶能橫跨的時間是多麼長。每逢變動時刻，心靈會掃描成堆的資料綱要，尋找一兩個決定性的細節資料，以備做為合理行為的依據。

　　這種在腦海中搜尋圖像的心智方式，就好像金梭魚屬的魚一樣。這類大型食肉魚，並不會花很多時間巡視小動物聚居的岩石、洞穴等；牠們反而以逸待勞，等待小魚扭轉軀體時不慎露出的一線銀光，牠們會鎖定這類信號，衝上前去，用有力的下顎咬緊獵物。正因為金梭魚有這種「頭腦簡單」的表現，所以凡是到金梭魚出沒處戲水的泳客，才會被警告：切勿戴著閃亮的項鍊或手錶下水。

　　人類的心靈在資訊大洋中，由一股力量驅使著，就好像動物靠著少數幾個決定性的輪廓來探尋方向一樣，而且這類訊號的範圍很廣。訊號太少，這個人會變成強迫症患者；訊號太多，他又容易患上思覺失調症。對情感衝擊力最強的記憶，會最先貯存，在腦海中記得的時間也較久；而帶給我們最大愉悅的記憶則次之。

　　在孩子身上，這種過程最強烈，而且在某種程度上影響了他們的一生。最後，當他們對自己或是向他人解釋，昔日生活經驗對他有何意義時，他們會列舉出這些決定性的影像。如同猶太法典《塔木德》（Talmud）所說的：我們並不是按照事情的本質去看事情，而是按照自己的本質去看事情。

　　我們所記得的印象受到強化，就好像照片一張張重疊相加，而每一張都添加了更細微的細節進去。疊加的過程中，印象邊緣變清晰，內容變細緻，情感上的色調也起了微細的差異。藉由這樣的過程，1935 年秋天炎熱的彭薩科拉，已經在我記憶中幻化為一張記憶鮮活的小動物網。背景當中還包括人群、街道、戲院遮棚以及房屋等；然而，這些事物在我當時的生活中，雖然也算是相當重要的部分，但事過境遷後，卻在我的印象中漸漸褪去，只有小動物才是最鮮明的要角。

　　我是正常的小男孩，行為合理。我交了幾個朋友，常在附近小學校園裡玩得鬧翻了天，如果因行為失檢被罰放學後留校，也會覺得丟臉甚至流淚；那年的聖誕節過得很愉快；我很聽父母的話，只是非到不得已，不肯吃蘆筍；在海灣港氣候溫和的冬日裡，當樹葉落盡，小水塘上浮起一層如紙般的薄冰時，我也和其他男孩一樣，滿地撿拾胡桃和各種堅果。然而，六十年下來，這些記憶的重要性卻日漸降低，其中的細節和情感上的力量大部分都消逝無蹤。

這些記憶日益變淡，但對於探索大自然的回憶卻日益強化，這是因為我在很早以前就下定決心，將來要成為博物學家與科學家。關於這一點，如果非得加以解釋的話，我想原因在於我是家裡唯一的孩子，而且又過著有點類似吉普賽人的流浪生活。

我母親雖然擁有法定監護權，而且她和我的關係也非常親近，但是她依然准許我父親（他有比較好的工作）暫時照顧我。我父親於1938年再婚。從此我又多了一位名叫珍珠的慈愛後母，而且原本安排的暫時照顧也變長了。我父親是政府機關裡的會計員，基於某些原因，他喜歡不斷變換工作地點。他展開了跨越美國南方的長途冒險之旅，每隔一兩年，就轉調工作單位並搬家。

遊牧男孩

從我小學四年級到高中畢業，我們家在美國南方的旅居路線如下：彭薩科拉、莫比爾、奧蘭多、亞特蘭大、華盛頓哥倫比亞特區、阿拉巴馬州的埃弗格林，然後再返回莫比爾、重回彭薩科拉，最後，則是阿拉巴馬州的布魯頓及迪凱特。暑假期間要不逗留在童軍營，要不就是寄宿在阿拉巴馬、佛羅里達、維吉尼亞或是馬里蘭的親友家中。十一年下來，我轉了十四所不同的公立學校。

在我進大學前最後一個暑假，我們終於又回到了父親的出生地：莫比爾。早先他曾說恨死了這個地方，巴不得把它從地圖上抹掉；但是如今他卻回心轉意，而且從此就待在故鄉，直到1951年過世為止。

這種遊牧式生活讓大自然成為我的良伴，因為在我的世界中，只有戶外生活能夠讓我展現真我。

　　我能夠信賴動物和植物，至於人際關係則困難得多。每搬一次家，我都得努力重新打入同伴群，通常都是同齡的男生。剛開始的時候，父親還沒再婚，我們住在寄宿旅館裡，我從這裡小心翼翼的展開冒險。遷到我們第一處落腳的避風港奧蘭多之後，因為心裡害怕的關係，我有好幾個星期都刻意避開同學。我默默和自己交談，腦中創造出三個人物：我、本人和自己。我從地上搶救起不少松蘿鳳梨，把它們重新掛回校園裡的橡樹低枝上。我心想，它們是我的朋友；不過當時我體會到的那種感情，只不過是自憐而已。

　　我細心研究奧蘭多街邊的植物和昆蟲；在 1938 年，奧蘭多是座美麗的小城。我抓了一些收穫蟻（harvester ant），把牠們養在床底下的一瓶泥土中，觀察牠們如何挖穴打洞。學校圖書館裡的童話故事書，凡是找得到的我全都看完了。童話故事裡的神奇選擇：選錯了將慘死，選對了將永遠幸福快樂，總是很令我震驚。我在班上功課不錯，還差點兒贏得全校拼字冠軍。我的致命傷在於把 Indian 拼成 Indain，這個錯誤至今仍烙印在我腦海中。沒有人注意到我那些奇特的癖性。在那個年代，也沒有什麼天才兒童或障礙兒童的輔導計畫。

　　在 1938 年代也沒有任何教育理論認為，孤獨的待在美麗環境中，或許是培育科學家，至少是培育田野生物學家的好途徑（雖說這條途徑也含有些許風險）。在奧蘭多待了幾個星期之後，我發現城裡有座湖泊，距離並不遠，走路就可以來回，這讓我十分高興。於是，我開始上那兒釣些小魚。

　　我對魚鉤以及釣上來的魚鰭都十分小心，以免重演天堂海灘的意外，讓我僅剩的那一隻眼睛也慘遭不幸。我會花上好幾個小時，凝神欣賞公園水池裡養的那隻鱷雀鱔。我也經常獨自往返湖邊，只

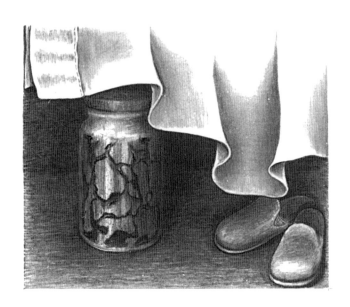

和自己作伴，順便整理思緒。馬櫻丹圍成的樹籬、結實纍纍的葡萄樹，以及頭戴巴拿馬草帽的行人，到現在依然浮現在我殘存的記憶之中。

後來，我漸漸學會如何在新落腳的城鎮街坊裡，扮演我那一成不變的「新面孔」角色。初抵莫比爾的時候，有一回我佯裝既聾又啞，結果一群男孩和女孩緊追著我，想要弄清楚我用的手語。最後，我終於承認這一切都是惡作劇，我非常健全。他們鬆了口氣，不過還是對我很感興趣，我於是順利打入這夥人當中。

通常，我會直接面對問題，例如走進足球場充作候補球員，或是在校園或餐廳裡與落單的男生攀談。

對我來說，最大的難關在於和人揮拳相鬥。這些較量都非常殘酷粗暴。我心裡想，大部分的成人，尤其是那些生長在中產階級

社區的成人，恐怕很難承認小男生在剛步入青春期時的天生蠻性。差不多從九歲到十四歲左右，他們很自然有一些傾向，會去設定街區勢力範圍，成群結黨，為贏得同儕接納而故意動粗、擺架子、吹牛、找碴，並不時用那種如喇叭般的低沉嗓音相互吼來吼去。街坊裡要是來了個怪小孩，尤其是沒有兄弟或是父母不在身邊的小孩，最容易成為霸凌的對象。

在 1930 年代至 1940 年代的美國南方，存有一套約定俗成的打架規則。在這一點上，我經驗可豐富了，能像個社會學家般放言高論。

挑戰的男孩，通常是地方上的惡霸或是團體裡的「老大哥」，被下戰書的多半是新面孔的男孩。打架訂在放學後，地點多半就在兩人住處附近的隱密地區。這類打架可是結結實實的拳擊戰，方式就和我們在新聞影片裡頭看到拳王喬‧路易（Joe Louis）的打法一模一樣，除了不計回合，也沒有終場，除非其中一位男孩放棄，或是有成人出手干涉，方才結束。消息早在打鬥之前就已傳遍，因此，到時會有一大票男孩圍在旁邊叫囂，看好戲。

「這個傢伙嚇得要死，另一個倒是打得很高興！」

「嘿，那麼輕，哪叫打呀？給他一記狠的！」

在我十四歲之前，目睹過的拳賽我大多有上場，這樣的格鬥約有十二場。過了十四歲之後，男孩子多半都會另外尋找發洩精力的管道，最常見的像是踢足球或打獵。回想起當年參與的那些格鬥，我可以像運動史專家般如數家珍。我非常擔心會收到戰書，尤其是新搬到一個社區時，而且我也盡量避開那些看起來攻擊性比較強的男生，但總是無法成功。

我父親告訴我絕不可退縮，而灣岸軍校的精神也是禁止退縮，

臨陣脫逃可不是男子漢的行為。然而，我還是有兩次退卻的紀錄，因為那些男孩實在太壯了，不可能打得過。而且，他們人手眾多，再說他們也不和我同校，以後不會再碰見。於是，我就在他們的痛罵與羞辱下開溜了，成為我永遠的恥辱。這聽起來當然有點可笑，但是直到現在，只要一想起當年的怯懦，依然會有些面紅耳赤。

　　我從來不主動挑釁。但是一旦打起架來，我就不會認輸，即使敗北也一樣。直打到對手放棄，或是有哪個好心的大人把我們拉開為止。

　　「嘿，嘿，他已經被打夠了！」

　　「好啦，好啦，咱們可以停手了，我不想打了。」

　　「真是夠了！沒意思，我得回家了。」

　　我就是停不下來。我感覺有一點兒像是這樣：既然我的勇氣如此有限，而我也已經投入了這麼多精神，來接受這場挑戰，那我絕不能白費力氣，去忍受打輸後加倍的恥辱。有時候，我會被揍得血流滿面，直到現在，我的口唇、眉眼上依然殘留著老舊疤痕，就好像在夜總會表演的過氣拳手似的。但是後來，我保存了我的格鬥記憶，尤其是勝利的記憶。天底下再沒有比惡棍被我好好修理更美好的景象了。

尋找意氣相投的朋友

　　話雖如此，我的童年大抵仍然相當平靜。大部分的時候，我都只在新遷居的社區裡找一個最好的朋友，通常是年齡、身材都和我相若，而且也很喜歡騎單車和到樹林探險尋找昆蟲及蛇的小男孩。我喜歡接近那些一看就知道比較內向、害羞的男孩，而他們也

喜歡和我當朋友。我們會避開校園和社團裡的活躍份子，也避開那些放蕩的幫派份子。自始至終，我都非常享受全然孤獨的滋味。我變得愈來愈專注且醉心於大自然，把它當成避難所，當成一處沒有止境的冒險天地；至於裡面的人物則愈少愈好。野外的世界對我來說，成為充滿隱私、安全、掌控以及自由的夢想。它的拉丁文名字 *solitudo*（僻處），為我捕捉到了它的精髓。

因此，不可避免的，雖然我只能用一隻健康的眼睛來觀察世界，但我還是成為了昆蟲學家。用簡單一點的方式來說我的情況，就是大部分的小孩都有一段對甲蟲著迷的過去，但我從來沒有從那個階段脫離。

但是，就科學家的生活而言，故事不僅如此。

每一個孩子都渴望造訪魔術王國，而我，則是在十歲的時候得以一窺我的魔術王國。那年父親帶著我和繼母，舉家遷往華盛頓特區。我們在費蒙特街（Fairmont Street）靠近第十四街的地方，住進一間地下室公寓，從那兒可以徒步前往史密森國家動物園，而且只要花五美分的車資，就可以搭巴士前往國立自然史博物館。一年之後，也許是因為害怕在那兒生根，我父親又搬家了，我們搬到了第二間公寓，位於原先住處六個街口外的門羅街（Monroe Street）。對我來說，住在這個市中心的位置真是天大的好運。

我在 1939 年隨父親搬到這裡時，還只是九歲大的小小孩。凡是與博物學沾上一點關係的新鮮體驗，都能吸引我的注意力。我當然很高興家裡附近就有世界級的動物園和博物館，而且都不用門票，也都天天開放。雖然我居住在乏味的工人階級社區，但由於聯邦政府的慷慨，我能堂皇進入奇異但可觸及的幻想世界，這讓我的生活一點也不無聊。

　　我經常在自然史博物館迴廊裡一逛就是好幾個鐘頭,把展覽的動植物身上無窮盡的變化盡收眼底,拉開一盤又一盤的蝴蝶及其他昆蟲的標本,迷失在遠方叢林或是非洲大草原的夢境裡。

　　一幅嶄新科學專業領域的美景,逐漸成形。我知道,在環形迴廊上鎖的門後,在那些制服警衛把守的地方,許多館員就在其中忙碌不休。他們成為我新世界裡的巫師。我從來沒有機會和任何一位這類重要人物會面;但或許在我穿過展示廳時,曾經和其中一兩位擦身而過也說不定。然而,光是意識到他們的存在(層次這麼高的專家,在如此美麗的環境裡從事政府公務!),就在我心中打下基礎,認為科學家是非常誘人的生涯目標。我想不出還有什麼工作,會比獲得那些知識、照顧動物與植物,並且把這類專長用來服務大眾更高尚的了。

　　史密森國家動物園是我生命中的第二個焦點,它就相當於一所活生生的博物館,和自然史博物館齊鼓相當。在管理上,它隸屬於母機構史密森協會(Smithsonian Institute)。我在這兒度過許多快樂的時光,踏遍每一條小徑,探索每只獸欄以及玻璃圍檻,凝視迷人的龐大動物:西伯利亞虎、犀牛、食火雞、眼鏡王蛇、網紋蟒,以及可輕易活吞一位小男孩的大鱷魚。

　　另外還有一些體型比較小的動物,後來也變得同樣迷人——我漸漸喜歡上蜥蜴、絹狨、鸚鵡以及菲律賓樹鼠。

　　岩溪公園(Rock Creek Park)就座落在史密森國家動物園的旁邊,是一處濃蔭遮天的隱僻地點,我冒險跑到裡頭去「探險」。在這塊小天地中,可以聽到路邊經過的車聲和行人的交談聲;我發現既找不到大象,也看不到老虎。但是,昆蟲倒是隨處可見,產量豐沛。於是,岩溪公園變成迷你版的烏干達和蘇門答臘,而我家累積

的昆蟲收藏品，也就成了自然史博物館的縮影。

在和新結交的好友麥可勞德（Ellis MacLeod，他後來成為伊利諾大學昆蟲學教授）結伴旅遊之中，我培養出對蝴蝶的熱愛。我們用掃帚、衣架及薄棉布袋自製捕蝶網，捉到生平第一隻優紅蛺蝶和閃閃發光的大豹蛺蝶，此外還沿著蔭涼的岩溪小徑尋找難得一見的黃緣蛺蝶。昆蟲學家盧茲（Frank Lutz）所著的《昆蟲田野調查手冊》（*Field Guide to the Insects*），以及動物學家候蘭德（W. J. Holland）的《蝴蝶誌》（*Butterfly Book*），對我們有很大的激勵作用。我們也細細品讀昆蟲學家史諾葛拉斯（R. E. Snodgrass）所寫的《昆蟲形態學原理》（*Principles of Insect Morphology*），雖然才稍微看得懂一點，但是我們卻非常尊崇它，因為它是真正的科學呀！我們決定將來要獻身於昆蟲學。

我的生命方向從此定了下來。最近我在整理陳年舊資料時，

發現一封信。發信人是我就讀滬伯德小學五年級時的導師,時間
是 1940 年 2 月 2 日,當時我十歲。那封寫給家長的信上說:「威爾
森頗具寫作天分,而且當他把這種天分和廣博的昆蟲知識結合起來
時,能夠創造出極佳的成果。」

　　大約就在這個時候,我也開始迷上了螞蟻。有一天,我和麥可
勞德結伴翻過公園裡的小陡坡,拉開一段朽木殘幹的樹皮,發現下
面竟然藏了一大團騷動的香茅蟻(citronella ant)。牠們屬於刺山蟻
屬(Acanthomyops),專門在地下生活,只有在土壤中或是朽木破
片遮蔽的地方,才有可能找得到牠們的蹤影。我找到的這群工蟻,
體型短小、肥胖,呈亮黃色,而且還會發出強烈的檸檬味。這是化
學物質香茅醛的味道,作用就和彭薩科拉獅蟻的臀腺分泌物一樣,
也是一方面用來嚇阻敵人,一方面向同伴傳播警訊用的。

　　三十年後,我在哈佛大學實驗室裡發現,這種化學物質是由牠

們大顎上附著的腺體分泌出來的。那天，這群小小螞蟻部隊才一轉眼的時間，就變得稀疏，消失在殘幹樹心的黑洞中。然而，這幕景象卻在我腦中留下鮮活的印象，久久不散。

我所見到的究竟是什麼樣的神祕地底世界啊？泥土下面到底有些什麼怪事發生呢？

我貪婪的猛啃一篇名為〈潛行蟻、野蠻與文明〉的文章，作者為昆蟲學家曼恩（William M. Mann），刊登在 1934 年 8 月號的《國家地理雜誌》上。這也算是我生命中明顯的巧合，曼恩當時正擔任史密森國家動物園的園長，和眾多不知名的博物館工作人員一樣，曼恩成為我崇拜的英雄。一邊經營大型動物園，一邊撰寫他到世界各地研究螞蟻的冒險史——多棒的偶像人物！

1957 年，我剛剛開始擔任哈佛大學的助理教授，而曼恩則是最後一年擔任園長，他把龐大的螞蟻圖書館轉贈給我，成為我日後研究工作的重要資訊來源。他還親自陪同我和妻子凱莉，進行了一趟特殊的動物園巡禮。1987 年，我在螞蟻和其他動物上的研究，獲頒了史密森國家動物園的銀質獎章。領獎那天，我抱著深深滿足的心情，重遊舊地。

我總是喜歡重溫生命裡的足跡，因此經常重返國立自然史博物館。自 1940 年以來，這座殿堂裡的居民完全換了一批新面孔，如今他們全都有了名字和面貌，也全都變成了我的朋友和同事。在那一道道緊關著的門後，存放著他們的重要收藏品，如今也成了我的常遊之地。

五十年前深深影響我的這兩家機構，如今更加有生氣了，而且重要性和責任也與日俱增。在我撰寫本書的時候，也就是 1994 年，史密森國家動物園園長羅賓森（Michael Robinson）把他的小

王國稱為「生物公園」。他覺得在史密森國家動物園中，動物應該要從一座座個別的獸檻或圈地中，解放出來，直接融入原棲地的天然環境中。因為這麼一來，訪客就不會把牠們看成籠中珍品，而是看成生態系的一部分，那正是生物多樣性以及地球健康永續的最重要憑藉。

離動物園不遠處，國立自然史博物館的館員，仍孜孜建構這所世界最大的動植物蒐集館，他們想必也會直覺的想到未來。最新的研究指出，地球上現存的植物、動物及微生物物種，介於一千萬種到一億種之間；然而，由人類研究過、擁有學名的生物卻只有一百四十萬種。其中許多物種由於生存環境縮減以及其他種種人為因素，數量正在消滅之中，或是已經面臨滅絕的危機。尤其是熱帶雨林的消失最為嚴重，因為那兒蘊含了地球上大部分的物種，而雨林面積每年約減少 0.5%。

所以說，對研究生物多樣性的人來說，能做的事可多了，他們擁有重責大任，也是社會上備受尊崇的新團體。但那並不是我投身這一行的原因。當年親身經歷動物園及博物館神妙的小男孩，至今依然強烈的潛藏在我心中──他，才是眼前這個男人的主宰。

不論外在大環境有何變遷，我是一定會踏上這條路的。

第5章

盡我職責

　　1941 年春天，我的祖母瑪麗心臟病發作，病逝於莫比爾老宅中。她從 1868 年出生開始，歷經結婚，到她母親經營的私立學校中任職，撫養四個兒子成年，到最後安度晚年，祖母一直都住在這棟老宅裡。1916 年祖父過世後，就由她的光棍兒子，我的叔叔赫伯特與她同住。祖母在她一生七十三年期間，足跡鮮少踏出莫比爾市。

　　父親帶著繼母珍珠和我，住進這棟造型不規則的大房子──祖母把房產留給了父親以及赫伯特叔叔。這棟房子的歷史相當久遠，至少對於年輕的阿拉巴馬州而言是如此。它是由祖父的外祖父於 1838 年建成的，雖說那兒距離邊維廣場（Bienville Square）以及老市區的商業中心不過十二個街口，但是房子建成之後好多年，仍然都是查爾斯敦街上唯一的房子。總而言之，對四處漂泊的家庭而言，這裡算得上是我們的根了。

　　十九世紀初，我父親的祖先剛搬來的時候，阿拉巴馬的海港只不過是個小鎮，就像早期的紐奧良。泥濘的市街、格子狀的露台、墨西哥灣的食物以及盛行的黃熱病，就是當時海港的典型風貌。1815 年，莫比爾只不過是夏洛特堡以北由十四條街區組成的大型廣場而已。那時距離麥迪遜（James Madison）總統指揮美軍，從西班牙手中奪得它，才過了兩年的時間而已。

　　到了 1830 及 1840 年代，莫比爾發展得非常迅速。但是許多街道，包括查爾斯敦街在內，仍然脫不開早期地圖上標注的「莫比爾河灣邊的低窪泥地」，也就是所謂的泥岸。

　　我的祖先很可能得先乘坐幾分鐘馬車之後，下車走過長長的碼頭，然後才抵達渡口。無疑的，他們去那兒經常只是為了釣魚，或是用熬湯的骨頭來誘捕藍蟹。

　　城南的野地仍然殘留著舊日風貌，往南通到雲杉點（Cedar

Point）的路上全是大片闊葉樹及松樹林。雲杉點位在莫比爾灣西岸，是阿拉巴馬最南端的尖角。再過去，隔著密西西比灣，只見人跡最稀疏的多芬島沿著海平線拉出一條細線。

我父親告訴我，第一次世界大戰前夕，他還是青少年時，就能握著點22口徑的來福槍，踏出查爾斯敦街大宅的前門，走個二、三公里的路，來到現在的布魯克利機場（Brookley Airport）所在地。當時那兒是一片樹林，可以獵些鵪鶉、野兔或是任何他想獵的東西。而我在他那個年齡時，也就是1940年代，則常騎著自行車繞過布魯克利機場，沿著犬河及福爾河沿岸，前往無人居住的樹林及松樹林。有時，我會停在橫跨這兩條河的雙線道木橋上休息，吃塊三明治，喝點可樂。

正午時候，常常一個鐘頭或更久都沒有半輛車打這裡經過。我可以倚著木欄杆沉思，俯瞰清澈、和緩的流水，尋找魚兒和鷺鷥偶爾現身的蹤影。如今這兒已經變成人口密集的地區，繁忙的交通一路延伸到連結多芬島和雲杉點的橋梁上。

英雄世家

我父親很以我們的家族史為傲。莫比爾納入美國領土後不久，祖母那一系的家族，就從新英格蘭地區遷移到這兒來了。外玄祖母瑪麗安，於1826年在莫比爾出生。我們祖先從事海洋工程師、水手以及船東等工作。

外曾祖父詹姆斯娶了瑪麗安的女兒安妮，他經營了一艘渡輪，航行於莫比爾外的巴德溫郡海岸。1870年某個11月天，詹姆斯的船在莫比爾附近著火沉沒，他企圖游上岸，但不幸溺斃。當時，他

那年輕的妻子，臂彎裡正抱著我的祖母瑪麗，站在查爾斯敦街邊宅子的門廊上，凝望遠處水面上筆直的青煙，卻不明白那縷青煙意味著她即將成為寡婦。

之後，為維持家計，外曾祖母安妮在自宅開了私立學校，這是莫比爾的第一所私立學校。我手上擁有外曾祖母傳下來的一只垂飾，上面鑲有她母親的肖像；另外還有一條沉甸甸，有著海豚圖案的金錶鍊，那是由她丈夫遺體上取下來的。

南北戰爭期間，我的父系和母系家族裡所有四肢健全的男性，幾乎全都挺身為南部聯邦作戰。外曾祖父詹姆斯於戰爭期間擔任砲兵以及貨車駕駛；曾祖父則是個特例，在我所能追蹤到的祖先輩中，名叫威廉（William Christopher Wilson）的他，肯定是個明星人物。

威廉的朋友都管他叫做「黑比爾」，我很喜歡想像自己身上流著他的血液，雖說經過了三代之後，我其實只遺傳到他八分之一的基因。他在 1816 年出生於愛爾蘭都柏林的印刷商家庭，本姓為歐康納（O'Conner），聽說連英格蘭銀行都是他們家的客戶。威廉想必是非常叛逆的人，他的父母親原本希望能培育他成為英國國教牧師，但是他卻渴望航海生活。於是，十來歲時他離家，搭上駛往美國巴爾的摩的船，擔任僕僮，而且還在途中改姓威爾森，只因為有位名叫威爾森的乘客剛好過世了。

威廉在巴爾的摩娶了猶太新娘瑪莉亞。小倆口結婚沒多久就搬到莫比爾來謀發展。「黑比爾」這綽號是因為他後來留的那把長鬍子的顏色而來，並非由於他那黝黑的愛爾蘭人膚色。後來黑比爾擔任起領航員的工作。他的職位一直高升，最後終於擁有了自己的船，於是他駕著自己的船，引導商船出入摩根堡（Fort Morgan）以

及甘尼斯堡（Fort Gaines）間的危險淺水區。

1840 年代初期，他成為莫比爾領航協會的創辦會員之一，這個自助會一直到現在都還在運作。後來黑比爾把家搬到摩根堡半島上的海軍灣（Navy Cove），因為從這個角度望出去，能最早看到由寬闊海灣駛近阿拉巴馬海岸的商船。

賣國賊受勳

1863 年，北軍的海軍上將費洛古特（David Farragut）封鎖了莫比爾灣，然而黑比爾及他的手下卻用最快速的船隻，從哈瓦那載運補給品回來。在北軍不停的追緝下，黑比爾終於被困在港外的小島上。但是，他並沒有被扔進獄中了事，反而給帶到了費洛古特面前，由費洛古特提出交換條件：如果黑比爾願意帶領北軍艦隊進入莫比爾灣，幫助他們在摩根堡和甘尼斯堡的砲火下快速前進，而且避開重重暗礁的話，黑比爾將能得到一大筆酬金，而且他和他全家人都會獲得妥善安排，遷到北方去安頓。

黑比爾拒絕了，他大喊道：「在我背叛國家以前，我寧願先看到北佬艦隊全都死到地獄去！」這話雖比不上之後沒多久，費洛古特那句著名的歷史名句「去他的水雷，衝啊！」*，但是對於居住在這座古風市鎮裡的南方家族而言，也是夠光采的了。這座頗有古風的市鎮，直到二十世紀初，對年長者都還敬稱為「船長」。

奇怪的是，威廉直到被捕之時，仍為愛爾蘭公民，而且終生都

---

* 編注：莫比爾灣戰役時，費洛古特的船隊因前方有水雷而不敢貿進，他立即下令船隊無視水雷，全速前進。後來此句引申成為無視風險、大膽前進的行為。

是，而他也從未在法律上正式改姓威爾森。要是我年輕時就知道這段往事的話，可能會把姓氏重新改回歐康納，這個字的音調在省略符號前有個美妙的一轉，然後又接上一個悅耳的重子音「康」，和「威爾森」耳語般的音節恰成對比。

　　戰爭最後那兩年，黑比爾被送往紐約、馬里蘭等地的聯邦監獄中服刑，至於費洛古特這幫人則很快就找到了他們所要的人。他們逮著了另一個莫比爾灣的領航員，當時他正在鄰近帕斯卡古拉（Pascagoula）的海岸邊以捕魚為生，因為合法的領航業當時已經完全禁止了。這位老兄姓費里曼；我母親娘家雖然也姓費里曼，但是和他並沒有親戚關係，那時我母親的家族還住在阿拉巴馬州的北部。費里曼和其他漁夫原本已經武裝起來，準備抵抗北佬入侵。然而，海岸附近齊發的火砲改變了他們的心意，於是費里曼同意為北軍艦隊領航。

　　1864 年 8 月 5 日，當兩排淺水重砲艇和木製巡防艦航進海灣時，費里曼就那樣厚顏的騎乘在哈特佛號旗艦的主桅樓上。當時，黑比爾家的人正從海灣的宅子往外看，目睹北軍發射的砲彈在鄰近的摩根堡爆炸。莫比爾被攻占之後，費里曼獲得了眾多獎賞，其中之一為榮譽勳章，使得他成為唯一一位獲頒美國最高軍事勳章的「賣國賊」（希望我在一百三十年後這樣說不算太過分）。

　　當我們於 1941 年回到莫比爾時，這棟老宅早已破舊不堪，而且四鄰也都是一副落破相。威爾森家族的男士大半不是死了，就是到外地去了，只留下一些寡婦或是老小姐散居在莫比爾老家。依照我們之間的血緣關係，我們得稱呼她們姑姑或堂姊、堂妹。我父親對這些還留在老家的婦女萬分感興趣，在這個時候，他竟然變成一位心中充滿懷舊情感，而且渴慕昔日榮光的家族歷史學家。

　　我們在星期天下午拜訪這些活生生的珍貴歷史紀念碑——妮莉姑媽、妮莉堂妹、維芙恩姑媽，以及莫莉堂姊。我謹守父親的訓示，梳洗得乾乾淨淨，穿上正式的外出服，輪流親吻每位長輩的面頰，乖乖坐在老人家身邊，一直捱到能神不知鬼不覺的溜走為止。

　　老人家的追憶又臭又長，反複述說祖母瑪麗、荷帕姑姑、喬琪亞姑姑、莎拉姑姑，以及她們那些離散了的堅強丈夫、兄弟及兒子。再不，就是追憶那場悲哀的南北戰爭，以及戰爭期間族人的所作所為。有時候，我們還會前往木蘭公墓，安葬在那兒的是我們的祖先以及他們的眾多親友。繼母珍珠和我會非常有耐心的站在一旁，讓我父親可以好好尋找墳墓位置、核對日期，然後重新建構起族譜。

　　我對這個屬於「鬼魂」的世界絲毫不感興趣。我認為爸爸非常無聊，至於那些姑婆和堂姐述說的故事，簡直就是折磨。對我而言，莫比爾是充滿活潑生命的地方。然而，我所謂的生命並不是指靈魂，也不是指活人，當然更不是指親戚，而是指蝴蝶。大約從十二歲開始，我心中就已燃起蒐集並研究蝴蝶的熱切慾望。我非常明白，莫比爾市位在亞熱帶地區的邊緣，這兒有許多在華盛頓特區找不到的物種。

四處追逐小動物

　　只要一有機會，我就會跨上我那輛寬胎的施文牌單速車，一路衝下查爾斯敦街，來到粗石遍布、雜草橫生的河岸區。那是位在散生著松樹和矮樹林的春日丘（Spring Hill）西邊，雲杉點路以南，距離雲杉點路和福爾河差不多距離的地方，如果再往西的話，通過

莫比爾—田索三角洲（Mobile–Tensaw delta），沿著舊 90 號國道，就到了巴德溫郡的西班牙堡。

每看到一種新的蝴蝶，我就滿心歡喜；當我捉到第一隻標本時，更是把自己想像成用網子捕捉獵物的獵人。斑馬紋蝶及金翅茱莉亞蝶（golden-winged julia）是生活於熱帶雨林的蝴蝶中，分布在地球上最北方的代表；安達安蛺蝶一身明亮的橘紅色，展翅時看得人眼花撩亂，變幻莫測，很難用網子捉到；體型很小的仙女黃蝶（little fairy sulfur）、一般大小的橘黃花粉蝶（dog face sulfur）、大型的黃菲粉蝶，全都擁有繽紛亮麗的黃色翅膀，混身充滿熱帶風情。親眼看見巨大的美洲大芷鳳蝶，和北方產的北美大黃鳳蝶差異如此之大，真是令人激動；斑馬紋指鳳蝶（zebra swallowtail）多半出沒在陰暗的林子裡；我第一次看到大紫小灰蝶（great purple hair-streak）的芳蹤是在空地的雜草上，牠像散發亮光的寶石，美得令人驚呆。另外，還有幾隻很大的巴西白斑弄蝶，在牠們還是半透明的灰綠色毛毛蟲時，是我在後院用美人蕉把牠們餵養成蝶的——以上這一切都記在我的蝴蝶生活紀錄中。

接下來那兩年（也就是再度搬家前，四處遷移似乎是我家的宿命），我對博物學的興致一發不可收拾。我專程出外尋找北美啄木鳥，謠傳牠們會在西班牙堡築巢。途中，我卻在河口的沼澤地，看到我生平第一隻巧遇的野生短吻鱷魚。我也會到河邊的樹林中，搜尋冬青樹和蘭花，另外還搭了一間祕密的野外小篷屋，材料部分取自野葛的莖，結果學到慘痛的一課，我幾乎全身都起了痛楚難耐的疹子。從此之後，我在百步之外即可認出這種叫做櫟葉漆樹（*Rhus quercifolia*）的可怕植物。

我到處追捕小爬蟲，用小彈弓擊暈五線石龍子再納入囊中；另

外又學會正確的精巧手法來捕捉綠變色蜥：先逼近牠，讓牠逃竄到樹幹另一側，然後小心的偷瞄一眼牠的所在位置，再一手抱著樹幹瞎摸過去捉住牠。

　　有天黃昏，我帶了一條鞭蛇回家，牠身體的長度幾乎和我的身高一樣，我把牠掛在脖子上走進家門。珍珠把我趕出門，命令我把牠送走，而且說只要能趕在天黑之前回來的話，能送多遠就把牠送到多遠。

　　另外，我還擁有一把開山刀，可以在穿越糾結的矮樹林時用來開道，同時還一邊幻想自己正置身於南美叢林之中。有一天，我揮砍時角度沒有算準，一刀砍在我的左手食指上，連骨頭都露出來了；騎車回家的漫長路途中，鮮血不斷的往下滴。然而，珍珠還是允許我留著那把刀，只希望我能學到教訓，以後小心點兒。

　　自 1941 年美國加入二次世界大戰後，莫比爾市的生活節奏在

轉瞬間突然加快了起來。由港口進出的油料船愈來愈多，B17轟炸機以及其他戰機從頭頂上飛越而過，也成為稀鬆平常的景象。我們嘲笑貧苦的鄉下白人，把他們戲稱為「摘豆工」（pea picker），他們和黑人一樣，都蜂擁到城裡來想謀份差事，因為城裡的工作機會很多，而人手又非常短缺。

　　當時有一則小故事流傳甚廣：一名白人婦女在住家附近攔下一名當地的黑人婦女，說自己需要幫傭的人手。孰知對方答道：「真的？我正好也需要傭人呢！」你如果是那個時代的白人，聽了這個故事想必會驚訝得說不出話來。改變正在發生了。

　　我對這場戰爭的結果很樂觀，既然小羅斯福已在國內做好萬全的準備，而且我衷心擁護的民主黨和拳王喬‧路易，在記憶裡也總是百戰百勝，那麼新危機一定也能安然解決的。

　　有一次我撿到父親丟棄的識別證，開了個無心的玩笑，在上面

加上納粹黨標誌以及一些假德文字句，然後又把它隨手扔在家門口前的人行道上。不料，真有人撿到它，還把它送交當地的聯邦調查局辦公室。於是，我父親被探員傳去問訊。誤會很快的澄清了，而我父親發現這樁意外竟讓他出了名，也著實覺得這件事實在令人捧腹。說真的，他那時的確出了好一陣子的風頭。

我和朋友當然都對日本偷襲珍珠港氣憤不已，而且我們也知道納粹是惡魔化身。身為巴頓初中報刊的漫畫手，我繪了一幅圖，內容是一名禽獸似的日本士兵，從背後戳了山姆大叔一刀。學生集會時，我們高唱〈多佛白崖〉以及其他描述與英國並肩作戰的歌曲。不過，大部分的時候，我都心有別屬。我仍然專注在自個兒的興趣裡，從來不想去關注戰爭的進程。

十三歲的小工作狂

1942 年，麥可勞德從華盛頓特區南下到我家度暑假。我們一塊兒前往我最喜歡的捕獵地點，再次分享我們過去的狂想，重申我倆要成為昆蟲學家的心願。他回去後的那年秋天，我跑到查爾斯敦大宅旁的空地上，採集並研究所有我能抓到的螞蟻。直到現在，我仍清楚記得我所找到的螞蟻物種，巨細靡遺，再加上後來由研究中習得的種種知識，使我印象更加深刻。

我印象中有幾個例子。有一窩島嶼鋸針蟻（*Odontomachus insularis*）使出令人難忍的螫刺，迫使我遠離牠們建在榕樹底下的窩巢。另外有一群小小的黃褐色的大頭家蟻，很可能是佛州大頭家蟻（*Pheidole floridanus*），我在冬天過了一半的時候，發現牠們把窩築在一瓶黃褐色威士忌酒瓶底下，後來我用兩片玻璃板，做成一

塊可觀察蟻窩垂直剖面的沙窩，把牠們放進去養了一陣子。再來還有從外地侵入的火蟻也在那兒，包準是入侵紅火蟻錯不了。我在這塊空地上發現牠們，是這種火蟻出現在美國最早的記載，而我稍後也把它寫成觀察報告，發表在一本專刊上，這就是我最早的科學觀察。

我的精力和信心愈來愈高昂。到了 1942 年秋天，我十三歲時，已經變成不折不扣的工作狂。我找了一份相當吃力的工作，而且完全是出於我的自由意志，沒有任何人強迫或鼓勵我這麼做。

美國參戰後不久，我們的市報《莫比爾紀事報》（*Mobile Press Register*）的送報人手便開始短缺。十七歲以上的年輕人都離家當兵去了，於是十五、十六歲的男孩即升格兼任起他們留下來的各式工作空缺。因此，當十五、十六歲的男孩「升職」後，許多層次最低、最不需要技巧的工作就空了出來，例如送報紙。不知怎麼回事，我已經忘了原因，一名負責送報業務的大人，竟讓我擔起一條很吃重的送報路線：四百二十份市中心區的報紙。

那一年，我每天清晨三點鐘起床，摸黑出去挨家挨戶送報紙，大約七點半左右才回家吃早餐。再過一個半鐘頭出門去上學，下午三點半放學回家，然後開始做功課。每週一晚上七點到九點，到政府街以及博德街上的衛理教會，參加男童軍團的聚會。到了星期天早晨，要到第一浸信會教堂做禮拜；晚上則打開收音機，聽「費伯麥吉與莫利」（Fibber McGee and Molly）這個節目。其餘的夜晚，我一吃過晚餐就定好鬧鐘上床睡大覺。

每天早晨送四百二十份報紙，現在想起來簡直是不可能的任務。但是我絕對沒弄錯，這個數字已經深深刻印在我的記憶中。其他幾個數據估算起來也很吻合：我每天要往返設在紀事報大樓背後

的派報中心兩趟，每次裝盛兩大帆布袋的報紙。當我把這兩只袋子垂直放在擋泥板，再束在自行車把手上，它們的高度幾乎到我的頭部，而且體積和重量也差不多剛好是我所能操控的極限。

我分派到的訂戶不是郊區那些散居的獨門獨戶，而是住在二、三層公寓房子裡的城市居民。由家裡往返紀事報派報中心，裝盛兩次報紙，再加上來回兩趟的時間，費時最多一小時；而送報區域離派報中心騎車不過幾分鐘路程。因此，算起來，我有整整三個半小時是真正用在派報紙上頭，或者可以說平均每分鐘派兩份報。

流程大致如下：抵達，抽出報紙，把報紙丟下或是捲起來扔一小段距離，然後騎車離開。等到其中一袋報紙出清後，工作就會變得更快、更容易了。

到了星期天，監管派報業務的人員會親自向訂戶收取每週的報費，每戶二十五美分。因此，我的工作量在星期天並不至於特別加重，所以還是有時間去做我的野外調查。我每週可賺得十三美元工資，這筆錢我拿來採買童軍的隨身裝備、自行車配件，或是糖果、飲料及想看的電影票等。

如獲至寶

當時，我完全不曾意識到，自己這份嚴謹的作息表有何不尋常之處，我只是慶幸能擁有一份工作來賺錢。我從短暫的灣岸軍校經驗裡學習到，這樣的生活規律是正常的。到現在我依然認為（雖然沒有任何真實證據），身為成人的我也同樣需要這麼努力。

而我父親和珍珠的想法又如何呢？每當我在各種天候下摸黑出門時，他們全都還安睡在床上。珍珠出身於北卡羅萊納州鄉村赤貧

人家，似乎對我表現出來的獨立謀生勇氣感到非常欣慰。至於我父親，他一輩子都沒有那般勞苦工作過，誰知道他會怎麼想？

我可不在乎做連續好幾小時的苦工，那時我已尋到「美國童軍團」這塊寶。當我發掘到這個美妙的組織時，所有在我十二歲前形成的個性、所有的偏見和成見，以及所有我曾珍藏的夢想，全都早已把我打磨得像是一只剛剛好塞進那座機器裡的珠子。美國童軍團簡直就像是為我量身打造的。

我用五十美分買下的《1940年童軍手冊》，成為我最寶貝的財產。五十年後，我讀到自己所寫的注腳時，還是能清楚記得當年的歡愉之情。這本書的封面是由插畫家洛克威爾（Norman Rockwell）繪製的，書中附有許多插圖，還有許多有用的資料，而且都是我最喜歡的主題。它強調戶外生活以及大自然的知識。野營、登山、游泳、衛生保健、打旗語、急救、繪製地圖，以及最重要的：動物學和植物學。一頁一頁精美印製的動植物圖片，解說什麼樣的棲地可以找到它們，以及如何辨識它們。學校和教堂都不曾提供這樣的知識，童軍團使得大自然理直氣壯的成為我生活的中心。

童軍團有自己的規則、制服，以及條理分明的生活道德準則。今天，如果我要追憶過去，舉起我的右手，伸直中央三根指頭，讓大拇指和小指交疊，我仍然能夠背誦出童子軍誓言：

我以榮譽擔保，盡力達成以下各事項：

對上帝和國家盡我職責，並遵守童軍法規；

隨時幫助他人；

保持身體健康、頭腦清醒、行為正直。

　　至於童軍規則為：童子軍必須可靠、忠誠、能幹、友善、謙恭有禮、仁慈、服從、快樂、節儉、勇敢、清潔、虔敬。最後，還有一條童軍座右銘：做好萬全準備。

　　我吸收、接受以上每一個字，直到現在也還是如此。對於我那些知識圈的同事而言，這似乎很無稽，然而我只能這麼回答：讓我瞧瞧你們如何用更少的字句表達得更好。

　　書中自始至終都在頌揚工作美德。美國童軍團清楚標示出通往成功的途徑：美德以及分外的努力。在〈找出你的終生職志〉這一章裡，我讀到：「童子軍總是向前看。事先做好準備，你就能夠輕鬆應付。」書中還警告道：永遠不要自滿。光是坐著等候、期待，並逆來順受，正是通往失敗之途。要努力往上爬，長期、艱苦的朝著榮耀的目標奮鬥，而且心中記牢詩人朗費羅（Henry W. Longfellow）的禱詞：

> 偉人所企及並保有的高位，並不是一飛衝天得來的；
> 而是利用夜間其他人高枕無憂時，向上跋涉的結果。

　　我還發現另一樣東西也是學校沒能提供的：按照個人步伐快慢，接受階梯式的進程教育；速度愈快愈好，一步比一步難。我把童軍訓練裡所有的挑戰都視為讓我享受、並且穩贏的競賽。我從童軍團訓練計畫得到了相當於布朗克斯科學中學（Bronx High School of Science）的訓練。

　　全心投入新的生活準則之後，三年內我就進階獲頒棕櫚葉的鷹級童軍（Eagle Scout，獲得二十一個功績勳章的童軍）位階。這是童軍的最高位階，而且我還當選團上的初級童軍助理教練。我贏得

了四十六項專長獎章，幾乎快要是童軍團中所有專長獎章的半數。我輕鬆愉快的通過各類主題的計畫，包括鳥類研究、農栽記錄、簿記、救生、新聞採訪以及公共衛生等。

每天晚上，我會仔細閱讀獲得獎章的資格條件，看看接下來最有機會得到的是哪一個。當我第一次讀到「昆蟲生活」這個項目的描述時，我的心不禁歡唱起來。它是這麼開頭的：「要獲得這個專長獎章，童軍必須：一、與觀察員一同下鄉，指出特定昆蟲物種的天然生活環境，並且還要能夠採集、辨識出活生生的這些昆蟲，講解牠們的習性，或是為了適應某種特殊環境所發展出的特殊天性。」

長久以來，我對學校的課業一向都勝任愉快，但卻沒什麼按部就班的章法。課業內容都滿容易的，而我也都能順利升級。但是，大部分的課程都很沉悶，而且缺乏重點。在莫比爾就讀墨菲高中一

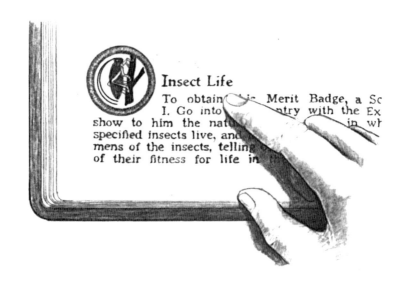

年級的期間，我最值得紀念的成就，就是在一小時長的課堂上，抓住二十隻蒼蠅，刷新我的個人紀錄。然後，我把牠們排成數行，準備留給下一節要來上課的學生。結果，這些戰利品卻被老師發現了，並且還在第二天當著全班同學的面前，誇獎我的豐功偉績。

　　我自己發明了一套捕蒼蠅的技術，現在就來傳授給各位讀者。首先讓蒼蠅停下來，最好是讓牠降落在平整的表面上，例如餐桌或是書本上。張開你的手掌，小心翼翼的移動到離蒼蠅頭部前方約三十至四十五公分遠的地方。這時，非常緩慢的把手向蒼蠅方向移動，要直線移動，小心不要左右晃動，因為蒼蠅對於側向運動的物體非常敏感。等你的手移到距離蒼蠅二十公分近時，再快速掃向牠，讓你的手掌邊緣大約停在蒼蠅憩息地點上方三至五公分處。你的獵物將會振翅起飛，角度剛剛好撞進你的手掌心。手掌迅速握起

來，你就可以聽到那隻困在你拳頭裡的昆蟲，發出令人滿意的嗡嗡聲了。接下來，要怎樣處理這隻蒼蠅呢？兩手對拍即可。不過，如果你正坐在餐廳或課堂裡，可要拍得謹慎些。

　　結果證明，對於體格瘦小、個性又內向的獨生子而言，童軍團是相當理想的社交環境。童軍團最小的單位是小隊（規模差不多相當於軍隊裡的一個班），然後再由多支小隊合併組成較大型的團。我們只要加入童子軍，就會立刻成為其中一支小隊的成員，而我們究竟會受人敬重或是受人批評，端看我們是否遵守童軍規則而定。我在童軍營裡從來沒遇過任何惡霸，就連自吹自擂的人也很少。男童軍碰面時會討論的問題是：你能不能行軍三十公里？會不會包紮止血帶？能不能通過紅十字救生員訓練？或是只用斧頭和繩索搭建出結實牢靠的木橋？對我來說，上列問題的答案是：我能，我能，我能！

最年輕的自然老師

　　童軍團還為我增闢了另一片天地，我成了老師。1943 年暑假，我受邀擔任普什馬塔哈營的自然課顧問，這個男童軍夏令營營地就位在錫特羅內爾附近。年僅十四歲的我，成為營中最年輕的顧問。我完全沒有指導他人的經驗，然而，卻很快就猜出什麼東西能引起其他男孩的興趣，能使他們討論博物學並且令他們尊敬大自然。答案就是「蛇」。

　　幾名志願者和我動手造了些籠子，然後到附近樹林裡盡可能捕捉各種不同的蛇。過程中，我學到了如何捕捉毒蛇的技巧：先用一條棒子壓住牠的身體，位置盡可能靠近頭部，然後向前滾轉棒子，

直到蛇頭被牢牢的壓在地面上，脖子也露出來為止。然後伸手握住靠近後頷角的地方，再將蛇的全身提起來。

不管是哪種蛇，都很少有男孩願意去碰牠們。因此，每當他們找到蛇的時候，我就會聽到他們向我嚷嚷：「有蛇！有蛇！」於是，我就會趕過去，表演我的大膽行為，然後針對被捕的蛇種來一段簡介。不多久後，我們就擁有了一整排滿滿的蛇籠，牠們是墨西哥灣沿岸豐富動物相的一部分。我表現得好像是動物園園長，向訪客解說不同蛇類間的歧異。接下來，我可能轉而談起普什馬塔哈地區的昆蟲與植物。我成為非常成功的博物學指導員。

然而過了沒多久，實際上經驗仍嫌不足的我，因為莽撞和驕傲，終於嘗到了苦頭。有一天下午，我去清掃裝有數條侏儒響尾蛇（*Sistrurus miliarius*）的籠子時，意外發生了。這種蛇帶有保護色，成體體長不會超過五十公分。牠們和住在同樣地區的大型表親：東部菱背響尾蛇以及森林響尾蛇比起來，危險性較低，但是牠們仍然有毒，仍然具有危險性。我一時疏忽，左手太過靠近其中一條盤捲著的侏儒響尾蛇。只見牠像是剛射出弓的利箭般，一展身，便咬上了我的食指。兩只毒牙刺起來好似被密蜂螫刺般。我知道這下麻煩大了。

隊上的顧問連忙送我到城裡鄰近的醫生那兒，醫生決定盡快施行傳統急救法：在每個毒牙孔的中心，用解剖刀深深劃一個十字形切口，然後再用橡皮杯吸血。我很清楚這一套流程，在我贏得爬蟲生活獎章時，早已經讀過這些。

動手術時我沒有哭，手術在未麻醉的情況下施行。為了轉移注意力，手術過程裡，我右手握著左手，一點也不顫抖，一直不停的大聲罵髒話。我是在責罵自己的愚蠢，而不是罵那位無辜的醫生或

是那條蛇。我在十四歲的時候，已經知道了一大堆下流話，當時想必讓那些救我的大人吃了一驚。

第二天早上，我被送回家療養，悶悶不樂的在沙發上躺了一個星期，盡量不去移動我那腫脹的左臂。

對於普什馬塔哈的爬行動物學課堂而言，這真是時運不濟。當我返回營地時，發現夏令營團長很聰明的把侏儒響尾蛇扔光了。我奉命不准再碰任何毒蛇，此外，就沒有人再就這件事對我多講什麼了。

以上幾段回憶，可能已經為美國童軍團塑造了美好的形象；但其實在 1940 年代初期，南方阿拉巴馬州的美國童軍團，在各方面都不能算是一所理想的機構。它只要一碰到「性」與「種族」這兩大蛇髮女妖，馬上就手足無措的打退堂鼓。

性教育並未列入美國童子軍的進程中，或者該說也從未列入任何學校或其他青少年組織的課程中。1940 年的童軍手冊，頂多也只敢提出警告，說男孩子長到一定年齡就會每週夢遺一兩次。它還說，童軍不必擔心這件小事，那是很正常的現象；但是，童軍不得「刺激」自己來射精，這種行為是「壞習慣」。如果慾望強烈得無法控制，那麼不妨試試冷水坐浴，水溫約攝氏十三到十六度。

如果在這件事上還需要更進一步的協助，「不妨請教聰明、整潔又強壯的男人」。它完全沒有警告關於雞姦者這回事，而這類人必定也潛藏在成人領導階級當中。我曾聽說過有關一名雞姦者的謠傳，但是從未親眼見到那個人。

說到動手術時的髒話，我是從哪兒學來這些汙言穢語的呢？當然是從其他男孩那裡。只要一避開大人的耳目，他們就會馬上在談話裡「加料」。由於「性」是這麼的禁忌和怪異，光是想到就覺得

刺激，因此童軍年齡的男孩，幾乎無時無刻不談到它。我們用迂迴間接、粗俗幽默的方式觸及這項主題。

在營火一隅或是山路小徑邊的談話中，沙啞的嗓音不斷扯上所有能想像得到，與性變態有關的笑話：同性戀企圖生兒育女、戀屍癖割取女性外陰部做為紀念品、獸交、大得出奇的男性和女性生殖器、永不饜足的性慾和長期通姦等等，一網打盡所有稀奇古怪的性精神變態。看起來，阿拉巴馬州每個青少年，彷彿都是未來的克拉夫特艾賓（Richard von Krafft-Ebing，德國精神病專家）。

然而，我們對於異性間正常的性關係卻所知不多，而且也絕口不提。我們不敢跨越防線，以免觸及自己的父母親或姊姊、姊夫每晚可能在做的事，或是我們自己想要和女孩子共同經歷的事。

公開談論這些事，不僅令人驚駭而且也侵犯隱私。於是，我們避開正統不談，藉由專門談一些很明顯是禁忌的性行為，來勾勒出正常性行為的模糊輪廓。至於真實的「性」，反而只像是五彩繽紛背景裡的一塊剪影。

當年心中只有博物學

同樣令人驚訝的是，種族問題也沒有列入正式議題。童軍手冊上所有的男孩都是白人，而所有我認識的童子軍也全是白人。學校裡的同學以及教堂內的教友也全都如此。在成長的過程中，我一點兒都沒有意識到當時存在的種族隔離政策，以及它不人道的影響，進入我腦海裡的種族歧視衝擊，永遠只是二手資料。但也不盡是如此。

1944 年，資深顧問邀我戴上鷹級童軍標幟，訪問一個在黑人

鄉村地區成立不久的童軍團,地點就在阿拉巴馬州的布魯頓附近。我站在教堂大廳的正前方發表了簡短的演講,述說參加童軍團的諸多益處。當我們離開時,我一點兒也無法對自己扮演的模範榜樣感到驕傲;我覺得惋惜,而且難過了好幾天。

我心裡明白,那群大部分都只比我小二、三歲的男孩,不論多麼有天分或是多麼努力,都無法得到多少真正的好處。向我敞開的門,對他們卻是緊緊關上。

漸漸的,我又把這件事給遺忘了。我還能怎樣呢?我的心思全集中在別的事情上。我的內心充滿野心和渴望,但卻沒有很強烈的社會意識。二十年之後,「保守的南方」總算告終。那些冒著生命危險破除種族隔離政策的人權份子,正是我欣賞的英雄,他們一心一意的忠於一項道德法則,深具勇氣、肯堅持。這些已足以令我再次回顧,我在這方面所承接的社會遺產。

在那個時候,我早已離開阿拉巴馬州。世界變了,我也變了。但是,我無法宣稱自己在孩童時代或青年時期,就已經是自由主義者,當然更算不上是有先見之明或是有勇氣的人。然而,不管怎樣,把我送進科學領域的軌道,還是不變;而我現在也不會虛偽的為了當年那種驕傲和扭曲的文化,說些不相干的抱歉話,畢竟我是透過了那種文化,才通向博物學家的召喚。

第6章

阿拉巴馬之夢

　　1944 年 8 月，我的體重為 50 公斤。我知道這點絕對不會弄錯，因為我和最好的朋友布雷德利，一同報名參加布魯頓高中的美式足球隊，所以我們在寄物間裡量體重。

　　十五歲大的我，可能是最年幼的球員，而且體型一定也是最小的。布雷德利比我稍重一些，53 公斤，多出來的每一公斤都令我羨慕不已；然而隊上個頭最大的球員卻有 73 公斤重。他們之所以准許我套著那件大得離譜的球衣，完全是因為隊上需要每一個能弄進隊的男人（或者該說男孩）。因此，雖然一看就知道我不夠格，我卻還是能待在隊上，因為這兒是阿拉巴馬州。在本州的小城鎮中，美式足球是十五到十九歲男孩在放學後（或沒有打工時），最有興致從事的活動。那些體育天分和我相反的男孩：肩寬背厚、手腳俐落的同學們，都有可能贏得大學體育獎學金。然而很不巧，那一年我們學校沒出半個可以贈送給大學校隊的人才。

　　布魯頓始終都只是一個人口約五千人的小鎮，位在阿拉巴馬州與佛羅里達州的交界處，距離彭薩科拉約 60 公里。從 1944 年到現在，布魯頓幾乎沒什麼變化。中年以後，我還回去過兩次，都是趁我開車經過阿拉巴馬州的時候，像幽靈似的沿著一列列住宅和行道樹，往下走到與鐵路平行的主要商業區，然後在高中操場邊停下腳。在那兒，我還記得一群男生拍打著破舊的運動器材袋，邊咕噥抱怨或是大聲說笑，大夥兒融入一種成年人般的親近方式中。

　　有一次，我攔下一名年輕的消防隊員向他問路，當我提到我在 1944 年上過這所高中時，他說：「老天爺，那真是好久好久以前了！」我答道，對我來說似乎並沒有那麼久，至少當我站在這個尚未步入二十世紀匆忙步伐的愉悅小鎮時，不覺得久。而且，當我閉上眼睛，還能清楚看到覆著乾泥巴、散發出陳舊汗味的足球隊制服，時間似乎也顯得並沒有過去太久。

代表布魯頓出賽

　　那年球隊裡共有二十三人，分為一軍和二軍兩小隊，每隊各十一人，每位球員都要練習防守和進攻；另外再加上我，第三小隊的左後衛——由於人數的關係，我一個人就是整支第三小隊了。

　　大多時候，我根本碰不到球，我甚至沒辦法用那隻好的眼睛仔細看清楚傳來的球。此外，我的體格也太瘦小了，沒辦法擋住敵隊球員，只能搞一些小把戲。除非我撲向地面，用雙臂狠狠抱住正在衝鋒的持球者的腳踝，我才能絆倒他；只是希望他倒下來的時候，不要把我壓得太慘。

　　不知怎麼回事，也許是因為對手比我們還弱的關係，我們竟然

打敗了其他十所中學，除了主要對手格林維爾隊。整個球季裡，我只上場過一次，那是決賽接近尾聲時。那場球賽就在本地舉行，而我這次之所以能上場，是因為球賽已經進行了四分之三，而且敵手也已經慘敗到不可能收復失土的程度。我還記得那句命令是多麼的溫暖、仁慈：「威爾森上場接左後衛！」這真是教練的慈善義舉。我已經忘了他的名字，但是我永遠都會感激他。多虧了他，此後我才能像紐約大公司高階主管，在世紀俱樂部餐廳中說起「想當年我代表耶魯參加划船比賽」那樣，在阿拉巴馬州有憑有據的開口說道：「想當年我代表布魯頓出賽踢美式足球。」

大多數的球員都有綽號，像是布巴（Bubba），那時這名字還沒有取笑的意味，是後來才變成好老頭以及雪佛蘭汽車經銷商的戲稱；那些球員其實都是高大、健壯又好脾氣的人；還有小老弟、蚊哥、滑板仔，以及鞋佬等。我的綽號是「阿蛇」，並不是因為我的體型（雖說那也滿恰當的），也不是因為我可以神奇的閃過一群抱球猛衝向我的人（只有在夢中才可以），而是因為那時我仍然對蛇類深感興趣。

在莫比爾留了一陣子後，父親就把我託給彭薩科拉的羅媽媽，自己帶著珍珠又上路去了，而我始終不知道他們的目的地是哪兒。1944年春天，我們三人又在布魯頓的小屋裡團聚。那年暑假，我在彭薩科拉海灣邊的夏令營，擔任童子軍的自然課顧問。像上次一樣，我藉由蛇類來讓自然課活潑起來。

那時爬蟲類以及兩棲類已經成為我的主要興趣，而且那塊地區的動物相，足以激起任何爬行動物學家的熱情，不管年齡是老是幼。從佛羅里達西邊到毗鄰的阿拉巴馬州鄉間，共有四十種原生蛇類，這是蛇類物種多樣性非常高的地區。

　　我花了一年多的時間，想辦法捉到大部分的原生蛇種。至於那些我沒辦法活捉到的蛇，有些是因為我看到牠們時，距離太遠了捉不到，例如專門居住在沼澤裡的扁尾遊蛇（*Natrix clarkii*）；有些則是因為其他人交給我時，就已經是條死蛇了。其中最讓我難忘的，是一條很大的東部菱背響尾蛇，牠是被住我家附近的人殺死的。

　　在布魯頓西邊靠近一處濃密沼澤的地方，有間金魚孵育場，場主是年約六十歲、很慈藹的英國老先生。我始終只知道他姓佩利，不知道他的名字是什麼；有禮貌的南方青年是不會直呼長者名字的，因此我敬稱他為佩利先生。我從來沒問過他，為什麼會跑到這麼偏僻的美國南方小鎮來，而且還經營了這麼奇怪的行業。但是，我們卻變成了好朋友，經常在一起海闊天空的閒聊。每次看到我騎著自行車出現在他家邊上，佩利先生都顯得很高興。

　　我從沒見過佩利先生有其他的訪客，他們夫妻倆安靜的住在一棟小屋中，平時也總是獨自工作。養魚用的水源是來自深水井，但後來都乾涸了。佩利先生用玉米片混拌豬血來飼養金魚，所以每週要固定向當地的屠宰場蒐集豬血。金魚賣出去給人當魚餌，本地人和外地人都是他的顧客。每隔一段時間，他會把小金魚（體色純金色，或金色夾雜白紋）打包，送到布魯頓車站，由火車運到外地。

　　佩利先生自己動手，沿著沼澤邊緣挖了兩排不規則的池塘，每只面積約六到九平方公尺。池塘邊長滿了雜草，沼澤旁的大樹則形成圍牆，隔開池塘和沼澤。另外，有大約兩公尺寬的水流，讓孵育池的水能流向沼澤。

　　這整幅景象就好似生態學課本上的圖解全都變成了實景：養分不斷注入，使得藻類、水生植物以及魚類生長興旺；淨生產出的生物質量（biomass）餵養了沼澤裡的昆蟲，然後是青蛙、蛇類、蒼鷺或其他的大型肉食動物。而過剩的食物或是廢棄物，又隨著水流，向東延伸到某處，滋養了一大片深沼澤區的動植物。

　　在這片樂園裡，我高興做什麼就做什麼。消磨在池塘和沼澤邊的時光，是我一生中最快樂的時刻。只要一有機會，我就往孵育池跑，和佩利先生小談一番，話題繞著他的養魚經和我的探險經打轉。然後我會到魚池旁放置雜物的小屋裡，套上及膝的橡膠雨鞋，踏進我專屬的小天地。

　　平時在家裡，繼母珍珠老是對我嘮嘮叨叨，但其實我有點無視她的叨念（但有注意基本禮數）；她對我沒能在課餘找時間打工，總是憂心得不得了。而我呢，對於她一心只希望我充分做好準備，以面對她經歷過的冷酷無情大蕭條時代，也愈來愈覺得無奈和厭惡。我早有過工作得比她辛苦的紀錄，已經證明過自己了。現在，

我需要多點空閒時間做別的事情。珍珠總覺得我那些沼澤探險活動沒多大用處，而現在回頭看看，其實也不能怪她。

　　人在成年之後，往往遺忘了青少年的心情多麼容易墜落進鬱悶的深淵。他們老是低估白日夢和無目的閒逛，能讓心智獲得的成長空間。當我全神貫注於面前的魚池和沼澤時，我完全失去了時間觀念。手裡拿著網子，肩上的皮帶上掛著卡其布做的採集袋，我凝神於池塘邊、灌木叢以及草堆，有時還涉水到開闊的淺灘上，攪動水底的淤泥。不過，通常我就只是坐在那兒老半天，仔細掃視池邊和樹叢，尋找鱗狀盤繞的暗影、水面上洩密的漣漪，或是視線外的水花飛濺。一陣子之後（如果是大熱天的話，這個「一陣子」會比較短），我會起身沿其中一條往外流的水道，繼續走個幾百公尺到較深的沼澤區，越過樹林到另一條平行的水道，然後再折返孵育池。有時，我也會鑽到一旁，探測隱藏在高大濃密綠色樹冠下的幽暗泥灘和池塘。

　　在沼澤地裡，我就像個浪人，處身於迷你的荒野中。在那兒，我從未遇過其他人，也完全聽不到遠處傳來的人聲、車聲或是飛機的噪音。在泥灘上看到的足跡，全都是野生動物留下來的。沒有其他人在乎這塊區域，甚至連佩利先生也不例外。雖然並沒有正式的名分，然而不論從哪個層面來看，這塊地域以及上頭的珍寶都完全屬於我一個人的。

活捉水蛇

　　池塘附近以及孵育池往外的水流裡，水蛇數量高得出奇，牠們靠著一群群肥魚和大隊青蛙維生。佩利先生並不打算驅除水蛇。他

說，水蛇只不過是造成金魚折損的一小部分原因而已。雖然我們兩人都不會用言語來表達這種感覺，但是卻能分享「平衡的生態系」這種觀念。在這樣的生態系中，我們可以添加或取走能量（但是對其他方面不加干涉）而不會造成不良影響。佩利先生是天生的環保主義者，他連走在路上都小心輕踏。

對大多數人來說，蛇群出沒的沼澤恐怕是一場噩夢。但是對我來說，它卻是一格一格不停變換的奇景。我對各種蛇類的興趣，就好像其他十五歲男孩自然而然愛上汽車一般。再說，既然我非常了解蛇類，那還有什麼好怕的呢？我每次造訪這個天地，都會有新發現。我捕捉活標本，帶回家放進自己用木條和鐵絲製成的籠子裡，然後在孵育池附近尋些青蛙和小魚來餵養牠們。

東方絲帶蛇是我相當喜愛的蛇類，牠們是非常優雅的爬蟲動物，身上妝點著綠、棕兩色的縱紋，閒來喜歡在池塘上方的樹幹上相互纏成一團。張著兩隻沒有眼瞼的凸眼，東方絲帶蛇可以打量到老遠的距離，而且相當機警。我會從池塘涉過淺灘，潛行到離牠們只有數公尺遠的地方，然後等牠們滑進水中想開溜時，再一次逮個一兩隻。牠們被關起來後，會變得滿溫馴的，而且也欣然接受我餵給牠們的小青蛙。

另外還有綠水蛇，牠也同樣令人難忘，只是難忘的地方不一樣。在池塘裡可以找到綠水蛇的蹤跡，牠們體型龐大，約有一公尺長，身軀沉重，經常半潛匿在植物叢中。捕捉綠水蛇可不是件愉快的事，除非我能很快的捉住蛇頭。體型大的蛇類第一次被捉時，多半都會發狠咬人，而且許多大蛇也真的能咬得你皮開肉綻，留下馬蹄形的針孔痕；綠水蛇的反應又更加激烈，而且獠牙十分鋒利，可以讓人血流如注。此外，要飼養牠們也很困難。

　　有一次，我發現了一條北美泥蛇，這種蛇在捕食蠑螈時，會使出尖硬的尾尖來協助制伏獵物。牠們的尖尾也能刺穿人類皮膚，因此這種蛇的別名為刺蛇（stinging snake）。

　　光滑食蝦蛇（*Regina rigida*）特別是我要找的目標，原因在於牠實在是難得一見。小巧的成蛇經常躺在離岸老遠的淺池底，把頭探出長滿綠藻的水面外，一方面是為了呼吸，一方面也可以監看四面八方的動靜。我非常非常緩慢的朝牠們走去，避免突兀的側向運動，因為爬蟲類對於側向的運動最敏感。我必須要向前移動到距離牠們一公尺的地方，才能潛入水中捉到牠們；但是在我能夠移近到這個距離之前，牠們早就頭一縮，悄悄滑入不透明的深水底去了。

　　最後，我終於解決了這個問題，因為我有鎮上彈弓好手的協助。他和我年紀相仿，但個性沉默寡言、獨來獨往。由於我讚美他的技巧好到媲美老練獵人，所以他對我很有好感。他用小石子射擊蛇頭，準頭驚人，打暈了好幾隻，時間足夠讓我自水底把牠們一一撈起。等牠們甦醒後，我把牠們放進自製的籠中，把小魚放在清水裡的餵牠們吃，養了好一陣子，把牠們養得又肥又壯。

　　這塊地區的惡毒野獸，首推有毒的食魚蝮，牠們是大型的半水生蝮蛇，長著厚重的身軀和三角形的頭。幼蛇在長到約四十五公分長的時候，體色呈明亮的紅棕色網紋。成蛇則比較接近純棕色，紋帶大部分都已淡去，或集中到身軀兩側靠近腹部的地方。受困時，食蛇蝮會張開頜骨，向前凸出牠們的毒牙，露出搶眼的白色口腔，而這就是牠們俗名「棉花嘴」（cottonmouth）的來由。

　　美國爬蟲類學家康南（Roger Conant）在《美國東部及中北部兩棲爬蟲類野外指南》一書中，提出警告：「這種蛇最好連碰都別碰！」然而，我卻不斷的招惹這種毒蛇，在天不怕地不怕的十五

歲，我認為自己不可能會再犯錯。

　　未成年的棉花嘴向來很好對付，然而有一天，我撞見一條體型超大，可以輕易殺死我的棉花嘴成蛇。當時我正沿著一條水道往下走，突然間，一條大蛇穿過我腿邊的草叢，跳入水中。牠的動作嚇了我一大跳，因為我之前在大白天能看見的，是各種一般體型的青蛙、蛇以及烏龜，靜悄悄的停在泥岸或圓木上。然而，這條蛇卻差不多和我一樣大，而且既凶狠又躁動。只見牠快速滑走，龐大的身軀在淺淺的水域中央波動，然後停在一處多沙的淺灘上。

　　牠是我在野外看過最大的蛇，身長超過一公尺半，身軀像我的手臂那般粗，頭部和我的拳頭一般大，只比前人研究中最大紀錄所描述的稍微小一點點而已。眼前這幅景象令我大為激動，而且這條蛇看起來很有可能就逮的樣子。牠靜靜躺在一處清水淺灘中，我可

以看得一清二楚。牠的身子倚著岸邊雜草伸展開來，腦袋向後擺出歪斜的角度，瞪著正向牠挪近的我。

棉花嘴一向如此，即使幼蛇也是一樣。牠們不像一般水蛇，會逃到你看不見的地方為止。雖然從牠那凝結的半張笑臉以及瞪得老大的黃眼珠中，看不出牠們的情緒，但是牠們擺出來的反應和姿態，卻帶著粗魯無禮的氣氛，彷彿牠們已從人類或其他大型敵手的謹慎中，看出自己的強大。

我展開例行的捕蛇程序：按住蛇頭背部，攫住位在脹大的咬合肌後方的蛇頸，然後把蛇自水中提起。直到前一刻還非常鎮靜的巨無霸棉花嘴，這時反應卻激烈得可怕。牠那沉甸甸的身軀劇烈抖動起來，奮力扭動脖頸，頭部從我緊握的手指間略微向前方掙出一些，張大嘴巴，伸出幾公分長的毒牙。同時，牠的肛腺還放出一陣惡臭的麝香，瀰漫在空氣之中。不出幾秒，我發現自己陷入窘境：我牽制住牠，而牠也牽制住我。

晨間的燠熱愈發明顯，彷彿這一切都不是真的，這時我忽然如夢初醒，自問為什麼會獨個兒待在這裡？如果我被咬傷，誰找得到我？蛇頭回轉的距離，已經開始夠讓牠的下頜咬上我的手了。以我這種體型的男孩來說，我還不夠強壯，而我的確也快要掌控不住了。出於反射動作，我把這條大蛇奮力擲入草叢，而牠也急忙翻身溜之大吉。直到牠跑得不見蹤影，我們兩個才算是真正擺脫了對方。

這次千鈞一髮的事件，是我在孵育池探險的歲月中，最令人腎上腺素高漲的時刻。後來仔細回想，我想知道為什麼自己會全心全意奮不顧身的探測沼澤、獵捕蛇類。這類活動並沒有提高我在同儕中的地位，我甚至從來沒把這些事情告訴別人。珍珠和父親對我滿包容的，但是也並沒有從旁鼓勵，或對我這類行為特別感興趣；不

過，我也沒有跟他們多說，以免他們要求我不要離家太遠。

　　促使我從事這類活動的原因不只一個。部分是因為進入美麗、複雜的新世界時，所感受到的那份狂喜；部分則是因為占有慾，因為我能獨自擁有無人知曉的好去處。另外還有虛榮心，我相信任何地方都沒有人能像我這樣，如此擅長於探索野地以及尋找蛇蹤；再加上野心，我幻想我正在操練自己，以便有朝一日成為專業的田野生物學家。最後，還有一項無法解釋的神祕原因，一種始終存在我心深處的渴望，我從來參不透它，也不想去參透，因為我害怕一旦弄清楚之後，它就會消逝無蹤。

　　這段迷人的時光結束得太過倉促。1945 年 4 月底，在號笛聲響徹小鎮、大夥兒熱烈慶祝德國投降的數週之後，我們又搬家了，搬到阿拉巴馬州北部中央的小城迪凱特。這一回，我終於向頑固的繼母投降，出外打工。接下來這一年，我打了一長串的工：報僮、

小餐館的服務生、快餐店的幫廚、廉價百貨店的倉管人員。最後，也就是 1946 年暑假我離家上大學前夕，進入一家煉鋼廠擔任辦公室小弟。我的收入隨著每次轉換工作而愈來愈多，最後每週可以拿到二十五美元的薪資。

這一切，或許對我的心靈大有益處。我也知道這令珍珠非常高興。但是更重要的是，那使我下定決心，此後要使出全力向前邁進，精通每一學科，甘冒任何風險，以成為真正的科學家，永遠不必再從事這類乏味且令人喪志的工作。

那年夏、秋兩季，我仍然設法在需要打工的情況下，繼續發展和大自然的關係。天氣暖和的日子裡，只要能逃開學校及工作，我就會跑到迪凱特東邊及北邊的田納西河支流沿岸閒蕩。身處北美洲最富變化的水文環境中，我開始對淡水生態產生興趣。我探尋並研究海綿，以及住在海綿體內古怪的海綿蜻蛉幼蟲。

令我開心的是，搬到這兒沒多久，我就發現田納西河谷管理局轄區內的一處地區研究站，擁有完整的淡水魚類標本收藏（阿拉巴馬地區的收藏種類比其他州都多）。在我刻意討好裡面的管事人員之後，我開始探索這個地區的動物相，每個物種都不放過。除此之外，田納西河谷還布滿了石灰岩洞穴。我聽說其中一個洞穴距離不遠，可以騎單車往返，於是我又開始探索這個洞穴，搜尋蝙蝠及生活在地底下的盲眼昆蟲。當時我最感興趣的還是蛇類，但是與阿拉巴馬州比起來，田納西河谷的蛇種較少，而且也鮮少見到牠們的蹤跡。

令我鬆口氣的是，在這裡不會有讓我踢美式足球的機會；迪凱特高中比布魯頓高中大得多，而且多的是天生運動好手，所以我連練球的機會都沒有，大部分男學生也都是如此。於是，我就不必再承受體能不佳的屈辱了。

選中螞蟻

1945 年秋天，我滿十六歲，就在這還差一年就要進大學的時刻，我忽然體認到，我必須更嚴肅面對昆蟲學家的職志。時候已經到了，我必須要選出一些能使我成為世界權威的昆蟲。

不用考慮蝴蝶，牠們太有名了，而且已經有許多出色能幹的科學家在研究牠們。倒是蠅類看起來比較有希望，牠們到處都是，而且變化多得令人眼花撩亂，此外，牠們還具有環境上的重要性。我喜歡牠們那種俐落的模樣，如同賣藝者般的身手，以及無憂無慮的態度。雖說家蠅以及糞蠅（更別提蚊子了）使得雙翅目昆蟲惡名遠播，然而大部分雙翅目昆蟲，其實都是自然界裡的小小珠寶。牠們細膩、不張揚，而且做起事來效率十足；這裡所謂的做事是指清除有機物、替花朵授粉，或是捕獵其他昆蟲。

我尤其喜歡長足虻科（Dolichopodidae），牠們多半身泛金屬藍或金屬綠光澤，在陽光普照的葉片間快速移動，簡直就像是活寶石。雖然北美洲當時已有一千種以上的長足虻科物種，但是無疑的，還有好幾百種正等著讓人發現。

我開始著手準備蒐集這類昆蟲的工具：毒瓶、標本盒，以及主要由捷克斯洛伐克製造的特長黑色昆蟲針。然而當時正逢 1945 年，捷克斯洛伐克剛剛成為戰區，而且很快就落入蘇聯的掌控之下，所以當時我買不到這種昆蟲針。

一刻也不多擔擱，我馬上又開始另尋一類可供我投資精力的昆蟲，牠們必須要能裝進到處都買得到的酒精瓶裡。很快的我相中了螞蟻。當然會是螞蟻，那是我的老相識，我早先熱情的源頭。我向當地藥房買了好幾打藥瓶，是那種金屬螺旋蓋的老式玻璃瓶，然後

再一一裝滿藥用酒精。我又向迪凱特的一家書店，訂購了螞蟻學家惠樂（William Morton Wheeler）於 1910 年撰寫的經典之作《螞蟻：構造、發育以及行為》。我按照作者的指示，建好玻璃觀測巢，準備展開我的螞蟻學家生涯。

我騎上單車，在迪凱特附近的田野、樹林裡到處打轉，蒐集到物種數可觀的螞蟻收藏，而且還對牠們的習性和巢穴一一加注說明。這一系列珍藏具有永久的價值。將近五十年後的今天，當我在分類學或生態學方面遇到問題時，仍然會不時回頭查對我這套早期在阿拉巴馬州得來的標本。我曾經在歐洲博物館裡看過 1832 年採集的螞蟻標本，牠們全都保存得非常好，外骨骼完整而且細節完好，看來栩栩如生。

大約就在這個時候，我得知國立自然史博物館裡頭有位名叫司密斯（Marion R. Smith）的螞蟻學家。我知道他是一位中年紳士，在密西西比州長大，早年致力於研究該州的螞蟻。

我寫了一封琢磨再三的信，告訴他我想要開始著手研究阿拉巴馬州的螞蟻。司密斯馬上就回信給我，說這是個「好主意！」他告訴我，他本人曾經研究密西西比州的螞蟻，而且信中還附上一份二元分類檢索表的影本，那是他親自撰寫，用來辨識密西西比州螞蟻物種的依據。

根據檢索表核對手頭上標本的特徵，經過一連串二選一的過程，最後就能為標本找到一個明確的學名。以下我就以克里頓（William S. Creighton）於 1950 年撰寫的經典北美洲螞蟻分類學專著中，單家蟻屬（*Monomorium*）分類檢索表的頭幾行為例。在此，我稍加更動了幾個字，好讓文句讀起來不要太過專業：

1. 觸角末端三個關節，朝向觸角末端漸次變粗；蟻窩中所有工蟻體
   積都大致相仿⋯⋯⋯⋯⋯⋯⋯⋯⋯⋯⋯⋯⋯⋯⋯⋯⋯⋯ 下接 2

   或

   觸角末端三個關節中，前兩節大小相仿；蟻窩中的工蟻體型大小
   可分為兩種⋯⋯⋯⋯⋯⋯⋯⋯⋯⋯⋯⋯⋯ *Monomorium destructor*

2. 頭上布滿了小孔，使得頭部表面黯淡無光。屬於美國常見的家
   蟻⋯⋯⋯⋯⋯⋯⋯⋯⋯⋯⋯⋯⋯⋯⋯⋯⋯⋯ *Monomorium pharaoni*

   或

   頭部只有散生小孔，整個頭部表面閃閃發亮⋯⋯⋯⋯⋯⋯ 下接 3

　　就這樣反覆推查下去，直到某個特定地理區域（例如密西西比
州或是整個北美洲），或者甚至全世界所有已知物種均涵蓋完整為
止。我開始大忙特忙，為我採集到的標本找出學名，然後再寄去給

司密斯先生確認。他的回應極快：「你有一半都弄對了，已經有了好的開始！」

他沒有對我說，你有一半弄錯了；他也沒有說，何不多研究幾年之後再來見我？

他說：「繼續努力研究，盡快與我聯絡。」隨著歲月流轉，我愈發珍惜這段來自國立自然史博物館的螞蟻專家司密斯博士的溫暖記憶。

從那以後，我更加倍努力，而且也開始發現了一些極罕見又有趣的螞蟻物種。有一天，我在自家後院發現一隊行進中的行軍蟻，不過不是南美洲雨林當中那種著名的暴食蟻群，而是 Neivamyrmex 屬（姬軍蟻屬）的迷你蟻兵。牠們生活於美國南方，一窩約有一萬到十萬隻工蟻，工蟻會橫越人類住家附近的草叢，或是遍地落葉的樹林。

乍看之下，這群迷你蟻兵看起來和其他蟻種中，身體細瘦的深棕色工蟻沒兩樣，後者經常忙碌的奔波於窩巢和動物死屍或翻灑的糖屑之間。然後，再仔細一看，你就會發現牠們其實是一支正在行軍的軍隊，而且會入侵其他種螞蟻的窩巢，也經常逐日轉換窩巢的地點。我連續追蹤這隊螞蟻好幾天，直到最後，在一個陰雨綿綿的午後，目睹牠們行軍穿過馬路，消失在一戶鄰居院子裡糾纏的野草堆中。在後來的歲月中，我又多次在許多不同的地方遭逢並研究 Neivamyrmex 屬的蟻群，從加州到亞馬遜河流域都有。後來我也撰文討論世界各地的行軍蟻。

大學之門路途遠

在我高中最後一年的時候，我的後青春期原先單純祥和的氣氛，漸漸滲入與日俱增的焦慮：想當科學家，必須要上大學，但我家親戚不論是父方或母方，從來就沒有誰念過大學。他們有的是成功的商人、農人、船東，甚至也有工程師，因為在他們那個年代，高中文憑就足以擔任這些職位。念大學仍然被視為花大錢的奢侈玩意兒，而且當時一般中產階級的生涯路程，還是高中畢業就直接通往就業市場。想完成我的野心，我必須勇敢的邁向前所未知的未來。

很不幸，我父親的健康日漸走下坡。他已經變成細瘦、外貌衰弱的男人——不足 60 公斤的體重，掛在超過 175 公分的骨架上，飽受酒精中毒及支氣管炎所苦。那是因為他長期大量吸菸所致，平均每天二到三包香菸。1945 年冬天，他罹患出血性十二指腸潰瘍，住進南卡羅萊納州查爾斯敦的海軍醫院。在那裡，他可以憑第一次世界大戰榮民的身分接受免費醫療。醫師動手術切除了他大部分的小腸，這場手術幾乎要了他的命。他返家長期療養，從來沒有對我抱怨什麼，對於我們的未來，除了樂觀之外，他也沒多說什麼；但是，我清楚得很。

雖然我很愛父親，但是在這個節骨眼上，我的想法卻相當自私。我明白自己不可能由他那兒得到協助；而且，我擔心自己恐怕得被迫放棄大學，找份工作來幫助他和珍珠（珍珠從未出外工作過）。

後來我才知道，我母親其實非常樂意負擔起我所有的學雜生活費用。那時她已嫁給一位事業有成的商人，並且在美國陸軍軍需部門擔任雇員。總之，不久後母親提供了部分援助。然而，我是個心

高氣傲的悶葫蘆小孩，對於這類人情一竅不通，因此並沒有把父親的窘況或是我心中的焦慮說給她聽。

　　那麼，我到底要怎樣才能上大學呢？在學成績。生平第一遭，我全神貫注於學校裡的功課，開始拿到清一色甲等的成績單。我向田納西州納許維爾一家頗有名氣的私立大學范德比大學（Vanderbilt University）申請獎學金。申請程序包括筆試、成績單，以及師長推薦信。身為迪凱特高中新來的轉學生，過去的學業成績又是高低不齊，想必我一定很容易就遭到范德比獎助學金委員會回絕。我沒有辦法向他們傳達我對博物學的狂熱以及特長，事實上我自己也不認為這些資格能與正式的學業成績相抗衡。也許我想的沒錯，總之，我被回絕了。

　　「美國軍人權利法案」（GI Bill of Rights）也提供了通往大學之路。如果我在年滿十七歲之後，立刻申請加入軍隊，那麼我將搭便車成為第二次世界大戰的美國榮民，因此也可以享受榮民福利，其中就包括了之後念大學的財務贊助。服役三年，大學念四年，畢業時二十四歲。父親和珍珠也都非常贊成這個構想。於是，1946年6月，我搭上灰狗巴士前往阿拉巴馬州安尼斯敦附近的麥克里連堡（Fort McClellan）新兵召募中心，我打算在那兒申請入伍。我的如意算盤是，服役期間接受醫技人員訓練，盡可能學習所有生物學相關知識，可能還會到處旅行，並且把閒暇時間都用來增進我的昆蟲學技術。

絕不屈服

體檢過後，醫師和召募官員將我剔除。他們告訴我說，我不能加入軍隊，因為我右眼目盲。他們指出，現在正值熱戰尾聲，入伍體檢標準必須提高。又一次的，天堂海灘那條小小的魚兒（牠的背棘刺傷我右眼），改變了我的人生方向。

在我等著搭車回安尼斯敦轉車時，我站在總部大樓的走廊上，手扶著欄杆，羨慕的望著下邊操場上順利入伍的新兵。這樣不公平的結果實在太令人失望，我不禁流下眼淚。我暗暗發誓，雖然我在這裡碰了釘子，還是要堅持下去。我一定要想盡辦法上大學，必要的話半工半讀，要我住地下室或小閣樓也可以。我要繼續申請獎學金，接受父母親所能提供的任何幫助，總之，不論在任何情況下，絕不讓任何事物阻擋我。出於青少年抗拒命運的叛逆心，我發誓：我不只要念大學，而且有朝一日還要成為一位夠分量的科學家。

第7章

獵人

　　阿拉巴馬大學成了我的救星，它為所有阿拉巴馬州畢業的高中生敞開大門。不過，這扇門只開給所有順利畢業的「白人」畢業生，這項慣例在當時已沿用了超過二十年。這兒的生活費極低廉：每學季學雜費只要四十二美元，全年四學季（包括暑期）共一百六十八美元；房租每月七美元；洗衣費微不足道；課本每冊二到十美元，而且如果買二手書的話還會更便宜。不論是搭便車或巴士通勤，花費都低於二十美元。我找到一間寄宿舍，提供一日三餐，包括豐富的雞蛋、小薄煎餅、麥片、青菜蘿蔔、玉米麵包，以及炸雞脖子或雞翅，一個月只要三十美元。

　　1946 學年到 1947 學年這一整個學年度，外加一期暑期課程，我在阿拉巴馬大學的總花費大約七百美元。透過提前畢業計畫，我以三年修完全部課程，因此只用二千美元出頭的經費，取得了科學學士學位，這數目比起當時政府雇員或教師一年的薪資還低。

這筆錢全數來自我父母親，沒有申請助學貸款，也不是獎學金。自 1946 年 9 月我進大學以來，我的運氣一直不錯。父親的健康略有起色，於是他和珍珠又搬家了。這一次是搬回莫比爾，住進一棟雙併房屋的其中一戶，房子是在我的一位老嬸嬸名下。父親在布魯克利機場找到會計工作，因此也有能力支付我的部分花費。母親注意到了我們財務拮据的情況，於是又幫我補足餘額。

身為兩對父母的獨生子，我備受呵護，踏上比我原先期待還要更安全的路途。話雖如此，阿拉巴馬大學寬鬆的入學標準以及低廉的學費，也是我能力爭上游的重要先決條件；不止對我，對於其他數千名境況比我更差的學生也是一樣。我始終是阿拉巴馬大學忠誠的校友。

1980 年，我的足跡又兜回了母校，受邀在春季班始業式上發表演講。令我快慰的是，聽眾席裡，黑人學生散坐在白人學生之中，機會之門當時已真正為全體學生敞開。

與「老同學」一塊成長

想當年，父親開著他的新車，載我初抵塔斯卡盧薩的那個 9 月天下午，阿拉巴馬校園簡直是一片混亂。榮民蜂擁進入大學，享受美國軍人權利法案給他們的權益。基礎設施全都過度擁擠，校園附近的交通糾結成一團，師長、行政人員，以及學生顧問也不得不加班工作，以應付這場自 1865 年以來最嚴重的危機（1865 年的那次，一團官校生出征加入聯邦騎兵隊的行列，結果吃了敗仗，眼睜睜看著北軍把大學燒成灰燼）。

我進入大學後，遇到一些比我年長十歲的同學，他們從前多

半都只親歷過一兩年的慘烈戰役，例如我的好友，生物系的羅爾斯（Hugh Rawls）就只見識到十分鐘的戰況。當時，他駕著水陸兩棲坦克車登陸塞班島；上了海灘，日本人的砲彈先是落在左方，繼而落在右方，最後則命中紅心，落在他的坦克車上。當時只有他和炮手能夠勉強爬出車外。正當他蹣跚退回海岸邊時，狙擊手射中他，從此終生殘障。我的另一位好友鮑斯強（Herbert Boschung），則在執行德國上空戰鬥任務時，歷經三次墜機。其實這些同伴也極少再談論這些往事，他們已經開啟了新生活。

他們當中有許多人不是阿拉巴馬州的本地人，因為離他們家比較近的大學都人滿為患，沒辦法再收他們入學了。我和這些老大哥相處得很好，而他們也很習慣好脾氣的和十七歲大的新生混在一塊兒。就各方面而言，大學生活對他們和對我來說，都同樣陌生。也因為如此，和他們一道摸索的我，變得更有自信了。

阿拉巴馬大學為了要解決學生人數過多的問題，在三公里外的塔斯卡盧薩城郊，向一所軍醫院弄到部分用地，並整修了上面的建築物，就這樣創出了諾辛頓校區，而我就住在那兒。

剛開始時，許多上課地點甚至是在活動屋（Quonset hut，二戰時美軍大量採用的半圓筒形組合屋）或是娛樂室裡頭。由於軍醫院是在大戰期間興建的，規模相當大，因此我們大都能擁有自個兒的房間。我的房間位在從前的身心病房區，四周牆壁都鋪滿了軟墊。

1978 年，也就是三十二年後，我望著它那高聳的大煙囪引爆、傾倒，同時周邊建物也一併摧毀——電影中播送著這一幕，那是畢·雷諾斯和莎莉·菲爾德主演的動作片「王牌替身」（Hooper）裡的高潮戲。於是，諾辛頓校園在為華納電影公司效命後，就永遠消失了。

急著規劃生涯

儘管住在軟墊病房中，我還是在這所大學裡找到了家的感覺。開學後不久，我即踏上一段有扶欄的階梯，走進諾特廳（Nott Hall）的大門。諾特廳建於 1920 年代，但是早在南北戰爭前就已經由建築師設計好了。此行我要拜訪生物系主任華克（J. Henry Walker）教授，向他自我介紹一番，進而討論我的學程計畫。

這項略嫌魯莽的舉動，完全不是出於任何自我膨脹的意識（我那時還是個膽小的男孩，狂傲脾氣是後來才發作的），純粹是誤以為一般大學生也都在剛入學時，就會忙著搞定學業方向。既然如此，不如早點兒諮詢師長，以便在研究或特殊科目方面得到指引。另外，由於常常聽到身邊這群榮民成熟的對話（他們大都已擁有紮實的生涯計畫），也更加強了我的這種想法。

華克長得就好像小一號的哈定（Warren Harding，美國第二十九任總統），是英俊的中年男士。藍眼睛、一頭早生的華髮，有著標準美國南方紳士的細膩修飾。他用輕柔的語調和精準的手勢與人打交道，同時對任何事物都很謹慎。我後來才知道，他連系上的郵票都要鎖在辦公室的保險箱中。

華克一邊聽我滔滔講述阿拉巴馬州的螞蟻、觀看我的標本盒，一邊點頭表示鼓勵。他喃喃贊同，彷彿大一學生跑到他辦公室來大談昆蟲學生涯，是一樁例行公事似的：「是啊，是啊，非常有意思，老弟，非常有意思，你做得非常好。」後來我才發現，凡是比他年輕的男性他都稱為「老弟」。接著，他打了通電話，陪我走上一段階梯，來到威廉斯（Bert Williams）的辦公室。威廉斯是年輕的植物學教授，剛從印第安納大學過來。

　　威廉斯年約三十來歲，身材高瘦，有點兒傴僂，臉孔長得有點兒像林肯。他毫不猶疑的熱烈歡迎我，好像我是年度輪休的訪問學者似的。我們討論了一陣子螞蟻、博物學以及植物學，然後他把我帶到實驗室裡的書桌旁，問我想不想在那邊做我的研究？此後，威廉斯對我始終是慷慨無比。他借我解剖顯微鏡、實驗玻璃器皿以及酒精，另外還提議將來可以帶我一塊兒進行田野調查之旅。在那年年底，他讓我擔任兼任研究助理的工作，追蹤放射性磷在植物根部的流動情形。

師恩無價

　　或許是因為威廉斯當時沒有研究生，但他對我的這般照顧，絕對也是因為他天生慷慨又關心他人。威廉斯對待我的態度，就像是對待研究生或是博士後研究員一樣。有時我甚至覺得自己好像加入了他的家庭，成為他家裡的一員，是一個頗受寵的姪兒什麼的。我從來沒碰過比他更仁慈、更有影響力的師長。四十三年之後，也就是 1993 年，我以最快樂的心情迎接威廉斯的孫女來到哈佛大學，展開她的新鮮人生涯，並盡可能協助她。

　　我從另外六名生物系師長那兒，也一樣受到熱誠的照顧，差別只在於私人情誼色彩比較淡。他們已習慣把時間全部奉獻給大班級的醫科預科學生，這些學生的需求一清二楚：解剖學、生理學、組織學、寄生蟲學等正課，以及課本外的各種實驗課。決心從事純科學研究的大學部學生較罕見，他們必須依自己的步伐來學習。在這麼多不同師長的指引下，我的學習進展相當好。

　　除了課業外，他們還把門徒所能領受最無價的禮物送給了我：

讓我知道師長並非無所不能,我很可能會獲得他們所沒有的資料,因此我的努力是非常珍貴的。

我在生物系館的一處入口,安裝了一只水族箱,把我在某次田野採集時捉到的巨無霸蠑螈放進去展示。當牠前後擺動,啃咬活跳跳的小螯蝦時,同學們都看得入迷。另外,我還捉了一整窩 *Neivamyrmex* 屬的行軍蟻,裡頭的數千隻工蟻騷動不已,我在威廉斯的實驗室裡打造人工窩巢,並把牠們養在人工窩巢裡。接著,我開始觀察與牠們共同生活的寄生性甲蟲以及蠅類。這群嬌客之中,有一種 *Paralimulodes* 屬的微小甲蟲,牠們會像跳蚤般騎在工蟻背上,靠著舐食螞蟻身體分泌的油脂而生存。

這些觀察研究後來成為我早期一篇科學論文的基礎。生物系的師長常對我頷首微笑,或是在走廊相遇時與我小談一番,讓我知道

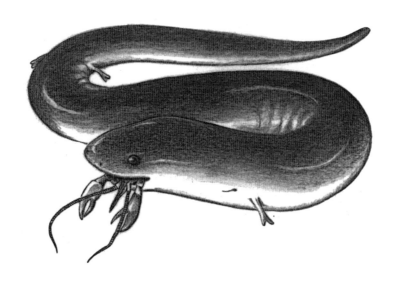

他們認為我投入的努力，不只有用而且很重要。

對美國其他地區而言，阿拉巴馬大學的招牌就是美式足球。會讓人直接想到的是 1930 黃金年代的「玫瑰杯」、1970 及 1980 年代的「糖果杯」，以及與歐本大學（Auburn University）間的嚴重宿仇，當然還有傳奇教練布瑞恩（"Bear" Bryant）的傳奇故事。然而，那些都只是這所傑出公立大學最容易讓人看到的特色。

阿拉巴馬大學以前與現在都擁有一流的學者和師資，而且提供大把機會給學生，讓學生學習這個世界，進入專業領域，就像我 1946 年入學時的情況。如果你不反對比較老式的描述，也可以這麼說，阿拉巴馬大學提供機會讓學生成材。

就科學領域的大學課業訓練而言，阿拉巴馬大學並不遜於哈佛、普林斯頓以及劍橋等一流大學。而我個人曾經蒙受的關照和鼓勵，更是其他學校不可能給我的。

要塑造一位科學家，師長的親和力與讚賞是很重要的因素。然而，真正決定性的因素還是在於學生自己的意願和能力。否則，即使學習環境再好，你依然會失敗，再也沒有任何藉口能辯解。你若是蹩腳獵人，森林永遠空空如也。

在不用花時間打工的情況下，我為自己的大學課業進度擬了時間進度表。我對一般學科付出的心力，僅要求大部分能獲得甲等的成績就好，剩下的時間則專心用來研究、讀書以及和師長或其他同學談話。主要是討論演化生物學，但是話題範圍其實很廣，從地理學、哲學到創意寫作技巧，不一而足。

叛逆的青春年代

我從未加入阿拉巴馬大學校園社交圈的任何一個兄弟會，原因很簡單，因為從來沒有人邀我加入。在大學最後一年的尾聲，我被引介進入一個全國性的榮譽學社「菲‧貝他‧卡帕」(Phi Beta Kappa，希臘文字母為 ϕ、β、κ)，做為我整體成績高超的獎賞。

畢業典禮那天，我從塔斯卡盧薩搭一對中年夫婦的便車去學校。他們載我到校長家附近下車時，那位太太告訴我，她的兒子是「西格馬‧艾波西隆‧阿法」(Sigma Epsilon Alpha，希臘文字母為 σ、ε、α) 的成員，接著就問我是哪個兄弟會的，我答道：「菲‧貝他‧卡帕。」她說：「奇怪，我怎麼從沒聽過這個兄弟會。」我心想，真是太糟糕了。

大學頭兩年中，我身兼大學儲備軍官訓練團（ROTC）的軍訓身分；阿拉巴馬大學所有的男學生都被強制參加。那時我正值青春期尾聲的偏激期，一心急著想看見世界升來觸著我的天空，而且全然討厭道德規範。這時，我對大部分的美國文化都不屑一顧。我這些激進思想的指導手冊為美國作家威利（Philip Wylie）撰寫的《小人年代》(*Generation of Vipers*) 以及《道德論》(*An Essay on Morals*)，書中都是非常幽默的諷刺文章，聲討組織化的宗教、市儈氣習、偶像崇拜，以及其他各式各樣美國人的小毛病。如果在當時就有所謂激進左派學生活動的話，我恐怕也會和他們一樣，手挽著手，每週都進行毫不妥協的抗議活動。

有一天，預備軍官團操練時，我對教官說，行軍和打靶早就已經被原子彈給淘汰了。我說，咱們現在排練的分列式只是沒用的把戲，僅能夠用來紀念過去，就好像五月節時繞著五月柱跳舞般。這

名教官是很平常的職業軍人，待在這個邊陲哨站裡等待退伍，那時他的表情完全不為所動，只咆哮了幾個聽不清楚的字眼，很可能是咒罵人的話。

到了這個時候，我對軍隊的情感相當複雜。在我大二那年的州長日，州長老詹姆斯・福森（James Folsom Senior，他兒子小福森後來也於 1990 年代擔任州長）從首府蒙哥馬利的州長辦公室，跑來校閱預備軍官團。他是相當有分量的民主黨員，也是非常支持教育的州長。由於他有著高塔般的雄偉身材，於是就被暱稱為「大吉姆」；另外，他也因為報章雜誌刊登過的花邊新聞，而被暱稱為「親嘴吉姆」。總之，老福森早就成為阿拉巴馬州的傳奇人物。

我站在行伍前方的傑出預官學生行列中，等待受頒學業優良獎章，而身邊其他人則是射擊獎章的受獎人。老福森在一群鬧哄哄的州警、軍官以及學校行政人員的簇擁下，大駕光臨。那天，他很顯然是處在微醺狀態。但是對他來說，早晨八點以後在公共場所用這副姿態露面仍屬正常，他腳步有點不穩的逐一為受獎人頒獎，同時還說上幾句話。當他來到我面前時，向我問道：「孩子，你打哪兒來的？莫比爾？那是一個好得要命的地方，好得要命。」他轉向旁邊由校方助理捧著的盒子裡，頒給我一枚「射擊獎章」。我非常高興擁有這份得來全不費工夫的獎章，即使只能暫時擁有一下子。

我對射擊獎章的喜愛，遠超過溫吞吞的學業獎章，因為既然是以預官身分受獎，獎項卻是文謅謅的英國文學之類的，聽起來總是有點不倫不類。第二天，我才很不情願的把這個獎章交還預備軍官團總部。

加入博物圈

左派激進思想以及預備軍官團裡不順利的經歷，是我自己選擇路程中的小缺憾。當我找到有助於培育科學家的理想環境，或者說至少是數種可能的理想環境之一時，我要成為生物學家的決心又更加強烈了。這有點像是政治革命爆發的情形。

剛開始，幾個很有野心的學生常常在一塊兒工作、討論，而且合力反抗長者，以便樹立自己獨特的行事準則。這個小圈子至少兩人，至多五人，超過五人就會使得小圈子失去穩定性。他們會從某個地方找來令人興奮的新想法，這個想法必須一方面能轉化成行事準則，另一方面又能提升野心，使他們堅信自己有了少數人共享的劃時代真理，因此未來也是掌控在自己手裡。

再來，一位遠方的權威人物出現，在本例中，可以是寫過革命性文章的科學家，又或者起碼是一群年邁的改革者，曾經創出能令人接受的法則。這群聖者距離門徒愈遠愈好；在本世紀中期，歐洲是最理想的地點，法國或是德國學究尤其具有威力。而且如果他們的論文很難翻譯那就更好了，因為這麼一來，更是需要說英文的門徒來闡釋才行。最後，再有一位年長的地方性代表人物現身，他（或她）推崇這種新想法，而且還能把這些年輕人的準則理念，具體化加入他（或她）的性格以及工作習慣中。

我在大二那年加入的小圈子，都是立志要做博物學家的，而且大家都相當有野心，雖然其他成員的年紀大我二到七歲不等，但和我一樣都是這方面的新手。許多成員後來都成了頗有成就的學者，例如底特律來的鮑爾（George Ball），他後來是亞伯達大學（University of Alberta）的昆蟲學教授；阿拉巴馬土生土長的鮑斯

強，本來留在大學當教授，後來則成了阿拉巴馬州自然史博物館的館長；羅爾斯因熱愛軟體動物，而在伊利諾州當上教授；再來就是紐約人范倫亭（Barry Valentine），他後來成為俄亥俄州立大學的動物學及解剖學教授。

嚴師查莫克

在這個小圈子裡頭，查莫克（Ralph Chermock）擔任我們的指導老師，他剛由康乃爾大學過來，擔任助理教授。他是奧地利植物學家謝馬克（Erich von Tschermak）的親戚；謝馬克是重新發現並確認孟德爾遺傳定律的三位科學家之一。查莫克是非常厲害的蝴蝶分類專家，而且相當深入專研演化生物學。

查莫克年僅三十，令人印象深刻的是，他是業餘拳擊手，長著一副運動家的強健體格，手臂粗壯，經常在辦公室地板上表演單手伏地挺身，來鎮嚇追隨他的學生。不過，他也是個神經緊張的人，菸不離手，而且有時會突然爆笑或格格傻笑。他還有個很令人不安的習慣：全神貫注的傾聽你跟他說的每一句話，歪著腦袋，臉上掛了一副鼓勵但揶揄似的笑容，活像是精神科醫師或是生性多疑的面試主考官。

我把查莫克的行為舉止記得這麼詳細，也許是因為他對我有過特殊待遇。他在 1947 年剛到阿拉巴馬大學時，立刻就看準我因為受到太多誇獎而被寵壞，因此成為了過度自信的年輕人。適時的挫挫銳氣也是理所當然。

他在演化理論課的期末考上，給我打了甲下而不是甲，這令我頗為憤慨，因為我自認表現得非常好。直到三十年後，我重讀當年

的考卷，才察覺到自己的表現確實不夠好。

　　無論如何，只要一有機會，他就要壓一壓我的氣焰。當我仔細、謹慎的在實驗室中，用我自個兒發明的「自助餐」方法，完成路易斯安納瘤顎家蟻（Strumigenys louisianae）選擇獵物的實驗後，我把研究報告拿給他看，他一點兒也沒有為之動容。他很嚴肅的告訴我，除非我能回到田野中，實地在未經人為干擾的蟻窩中，找到被牠們捕獲並殺死的同樣獵物，以證明我在實驗室內得到的結論，否則我永遠都不能發表該篇文章。

　　我知道這有點兒像是大海撈針，但是我還是付諸行動。日復一日，我尋找這些很難看見的小螞蟻，然後再小心翼翼的撥開牠們的窩，最後終於發現一隻蟻窩裡面，有一隻我要找的那種獵物。貪吃的螞蟻幼蟲尚未來得及大快朵頤，所以獵物還算完整，得以鑑定；這件事之後，查莫克對我的態度也變得比較寬厚起來。我一生當中遇到最好的老師，包括查莫克在內，就是那些會告誡我「你應該還可以表現得更好」的老師。

　　鮑爾和范倫亭一來到阿拉巴馬大學，就是擺明了要跟查莫克一道工作。和查莫克在一塊兒之後，他們都受到了康乃爾神祕氣質的影響，那是康乃爾大學昆蟲系的好名聲。這個系的歷史可以回溯到十九世紀偉大的奠基者康斯托克（John Henry Comstock），他獻身於昆蟲學領域，並且用最專業的水準來研究昆蟲，為他博得國際名聲。由於景仰這則傳奇，我覺得自己最好也能加入他們。

　　查莫克小圈子裡供奉的先知人物是那些「演化新綜合論」的設計者。在 1947 年，這群奠立新綜合論的學者，都是在響噹噹機構中工作的中堅份子，像是哥倫比亞大學、芝加哥大學，以及紐約美國自然史博物館等等。查莫克圈子裡的「聖經讀本」，是麥爾於

1942 年撰寫的《系統分類學和物種起源》。麥爾是美國自然史博物館的鳥類館館長,但是他的學術訓練主要是在德國完成的,這一點又更增添了他的崇高地位。麥爾在系統分類學和生物地理學上鼓吹的革命,傳遍了全世界,尤其風靡英國和美國,這兩個地方都舉國大力支持達爾文演化論。

　　請先容我為各位解釋一下,為何「新達爾文運動」會造成這般不尋常的衝擊。大約在 1920 年,也就是我以學生身分接觸到它的二十幾年前,演化生物學瓦解成一團亂糟糟的博物學觀測資料,它最出色的理論是以統計相關為基礎,結合幾條規則和地理動向而成。至於達爾文理論的核心:天擇,則備受懷疑。遺傳學家認為,演化的進展,受突變的影響較大,受天擇的影響較小。前者是以不連續的方式,造成遺傳特徵的改變;後者則是作用在連續變化的特徵(如體型、本能、消化作用)上,以漸進的方式改變遺傳特徵。

　　現在回顧起來，很顯然兩種說法都沒錯。如今我們已經很了解，變異的確會經由突變產生，而有性生殖把突變性質重組的過程，也同時產生新的變異。事實上，變化可大可小；而天擇則藉由各項遺傳特徵，如體型、本能及消化作用等，來讓生存或生殖上有較佳優勢的個體，得以生存、繁殖更多的下一代。

　　這項綜合的觀點，基本上是由達爾文的天擇理論，再加上基因會突變的觀念所合成的。由於它和達爾文主義的關係如此緊密，所以才稱作「新達爾文主義」（Neo-Darwinism），又或是更常稱呼的「新綜合論」。

　　在 1920 年代以及 1930 年代初期，一群族群遺傳學家，例如蘇聯的查佛瑞可夫（Sergei Chetverikov）、美國的萊特（Sewall Wright），以及英國的霍登（J. B. S. Haldane）和費雪（Ronald A. Fisher）等人，他們利用數學模型闡釋出：一個突變的基因，即使它的生存及生殖優勢只比另一個基因高一點點，譬如說百分之一或百分之二好了，它還是有辦法在該族群中取代後者。理論上，這類取代進行的速度可以很快，甚至不出十個世代就可完成。

　　像這樣一個或數個基因發生改變的微演化（microevolution），累積之後就能夠形成巨演化（macroevolation），創造出像是眼睛、翅膀之類的嶄新結構。同樣的，微演化最終也能夠驅使單一物種演化為兩個或更多子物種，而這個過程正是更高層次生物多樣性的源頭。

　　新綜合論使得原本遺傳學家和博物學家眼中不同的世界觀，趨向一致。它讓這兩個領域裡的科學家，把整個演化學當成孟德爾遺傳學的延伸來檢視，然後，再補上因分子生物學而更加完備的遺傳學。

　　新綜合論裡的博物學，已依循了遺傳學及天擇理論。如果一定要替這門「新博物學」定出創始時間的話，1937年杜布藍斯基（Theodosius Dobzhansky）所發表的《遺傳學和物種起源》應該算是它的誕生日。因為這是有史以來頭一遭，來自田野與實驗室的新數據，能精確定義出物種或種族（race）間的差異，並且闡明族群內染色體和基因變異的本質，以及微演化的步驟。

　　看起來演化已經用遺傳學穩穩的打好基礎了，至少接下來的這段時期是如此；在1940年代末期，也就是我念大學的時候，遺傳學家似乎再也說不出任何能巔覆新綜合論的東西。只有靠真正出人意表的重大發現，才可能做得到這點。雖然許多雄心勃勃的生物學家都曾試圖扮演革命家的角色，但是直到今天，還是沒有什麼真正的新變革。

科學獵人

　　博物學家都擁有自己的「獵人執照」，而在查莫克圈子裡，麥爾的《系統分類學和物種起源》以及杜布藍斯基的《遺傳學和物種起源》，就是我們的狩獵指南手冊。

　　我們向麥爾學習如何把物種定義為生物學單位。借助他書上的話語，我們仔細思慮，預期可能發生的「例外」，也探究物種形成的過程。藉由親緣關係的觀點，我們得到了更清晰、更合邏輯的思考方式，來看待分類學。根據這套系統，兩物種間的差異，可以用「這兩個物種分開之後的演化程度」表示出來。

　　我們的基本配備清單裡頭，還有辛浦森（George G. Simpson）於1944年所出版的《演化的節奏與模式》（*Tempo and Mode in*

Evolution）。這名偉大的古生物學家聲稱，出現在現存物種身上的演化證據，其實和化石紀錄是一致的。到了 1950 年的時候，植物學也以史塔賓斯（Ledyard Stebbins）所著的《植物的變異與演化》（Variation and Evolution in Plants），進駐主流陣營。

於是，我們配備了權威性十足的教科書；同時，我們還擁有田野指南以及每個人先前就已經培養的專長：鮑斯強專精於魚類、兩棲類和爬蟲類，羅爾斯專精於軟體動物，鮑爾和范倫亭專精於甲蟲，我則最懂螞蟻。而且我們還有一大優勢——范倫亭有車！

我們是擁有科學執照的獵人，準備隨時上路，探測生態系豐富多樣的阿拉巴馬州。在這之前，博物學家對阿拉巴馬州的探索，算不上很全面。

查莫克鼓勵大家不要只採集個人偏愛的生物，也要為阿拉巴馬大學添加一些兩棲類及爬蟲類的標本。每逢週末或假日，我們就出發前往州內的偏僻角落，而且會來來回回好幾趟。我們把車停在路旁，爬下沼澤，沿著泥濘的溪岸前行，並且在遙遠的山坡樹林裡忙進忙出。

多雨的春季夜晚，我們駕車駛過荒涼的鄉間小路，默默無語傾聽蛙鳴大合唱。有時，我會坐在車子前頭的保險桿上，由羅爾斯或范倫亭以低速駕駛。我用左臂抱著車燈，右手則抓著一只採集瓶，凝神注視是否有青蛙或是蛇被明亮的車燈掃射到，只要一有發現，駕駛就立刻停車，讓我衝過去捕捉動物標本。

有些夜晚，我們也會就近在塔斯卡盧薩的大街上逛逛，觀察、採集那些受到店面或加油站燈光吸引而來的小蟲子。

在這些探測活動中，我吸收了許多有關蟄蜂科、石蠅科、刺蛾科、長角跳蟲科、天蛾科和蜻蜓科的新知，也因此而愈來愈深入生

物多樣性的核心。對於我們日漸增長的專業能力，查莫克實際上並不覺得有什麼了不起，他反而半帶嚴肅的告訴我們說，除非我們能知道一萬種生物的名字，否則就不配說自己是生物學家。

　　我懷疑他自己能不能通過這一關，不過其實這也不重要，因為頭子的誇張用詞，正好可以督促我們繼續努力不懈。

　　當我滿十八歲時，已經徹底走上科學之路，科學成為我唯一的專業。雖然已跨出童軍年代，但我又重新回到爭取勳章的老路子上，不過這回是透過研究、新發現以及發表文章等方式。我開始明白，科學也同樣是社會活動。從前我把大部分時間都耗在博物學上，學習野生動植物的種種，同時享受個人的冒險旅程，而不大在意別人對我的作為有何看法。

　　然而現在，就如同英國數學家懷海德（Alfred N. Whitehead）曾經提過的，科學家並不是為了學習而去發現新事物，是為了發現

新事物而去學習。

我個人的樂趣如今也略具社會價值。我開始不斷自問：這些研究，不只對我個人而言很新鮮，對科學界而言也是嶄新的發現，而我究竟從中得到了些什麼？

鮮少有人探測的阿拉巴馬州野生環境，提供了無限多發現新事物的機會給查莫克小圈子，即使小圈子裡的成員過去的訓練不夠多也無妨。有天晚上，我們駕車緩緩駛過阿拉巴馬州中部，準備駛向佛羅里達的鍋柄狀狹長區域。一路上，我們不時停下車，傾聽群蛙在雨水高漲的路邊水溝中大唱求愛之歌。如果你想模仿蛙群合唱的聲音，只要拿出隨身攜帶的小扁梳，用指甲邊緣順著梳齒刮過去就可以了。

那個時候，我們正在搜尋產於北方，用顫音唱歌的 *Pseudacris nigrita triseriata* 和產於南方，唱歌方式略有不同的 *Pseudacris nigrita nigrita*，這兩個亞種會合雜交的區域。天將破曉時，我們在接近佛羅里達州邊境的地方，遇到了突然大幅改變的蛙鳴大合唱，而且這樣的改變來得非常突兀。於是我們推論，其實這兩種青蛙在生殖上是彼此隔離的物種，牠們無法相互交配，因此，牠們的學名應該正式區分為 *Pseudacris triseriata* 和 *Pseudacris nigrita*。後來經過一些專家研究證實，我們說的果然沒錯。

另外還有一次，我們沿著阿拉巴馬州北部一處洞穴中的地底溪流涉水而行，結果讓我們發現了新種的白色小盲蝦。又有一次，范倫亭和我在一處闊葉樹和松樹的混合林中，採集到阿拉巴馬州第一隻罕見的缺翅目（Zoraptera）昆蟲標本，而且很快的把我們的紀錄發表在昆蟲學的專業期刊上。

有時候我會獨自採集，這已經是老習慣了。有一次我在挖掘塔

斯卡盧薩附近沼澤地周邊的土壤時，發現了一種很漂亮的小螞蟻。這個新蟻種有著深棕色的身體和黃色的腿，於是我把牠們喚作塔斯卡盧薩窄胸家蟻（*Leptothorax tuscaloosae*）。

　　像這樣屬於基礎層次的科學發現，對我來說既簡單又非常愉快。我真沒法了解，為何學校裡大部分的學生竟然都不會想成為生物學家？

外來小害蟲

　　差不多就在這個時候，我對一種外來的火蟻產生了強烈的研究興致。我第一次看到牠們是在 1942 年的莫比爾鎮上，這種惡名昭彰的小害蟲開始不斷傳播開來，侵入城市，也侵入田野及郊區樹林中。

　　1948 年，《莫比爾紀事報》戶外生活專欄的編輯齊巴克（Bill Ziebach）開始撰寫一系列文章，探討這種螞蟻對穀物及野生環境的威脅。他跑來詢問我關於這種螞蟻的資料，然後在報上引用了我的話。結果，1949 年初，阿拉巴馬州環境保育部邀我進行有關這種螞蟻的研究，並評估牠們對環境造成的衝擊。當年春季班開學時，我暫別阿拉巴馬大學，以十九歲的年齡展開為期四個月的昆蟲學家生涯，這是我第一次真正扮演科學家的角色。

　　我和另一位生物學者艾德斯（James Eads）攜手合作，他和之前的許多夥伴一樣，也是二十幾歲的退伍榮民。最重要的是：他有車。艾德斯和我交叉穿越阿拉巴馬州西南方以及佛羅里達州鍋柄帶西邊的鄉間，測繪這種螞蟻入侵範圍擴大的半徑。我們掘出蟻窩，分析蟻窩的構造，探測穀物受損的田地，並訪問當地農民。

到了 7 月時，我們將厚達五十三頁的分析報告，送交位在蒙哥馬利市的環境保育部辦公室，報告的標題為〈阿拉巴馬州的外來火蟻 Solenopsis saevissima var. richteri 報告書〉。報告書中提出了某些原創性的發現，直到今天還獲得引用。例如散播速率（沿各方邊界每年推進八公里）、本土火蟻的局部滅絕，以及因直接食用種子和幼苗造成的中度農作損毀等。

關於這種聲名狼藉小昆蟲的的俗名，也有一段很值得一提的故事。一直到我們第一次在蒙哥馬利市和州政府官員會面之前，這種螞蟻都稱為「阿根廷火蟻」，也就是以推測的原產地來命名（不過現在已經知道，牠們的確在阿根廷北部分布極廣，遠達巴拉圭邊境）。會議中，某位政府人員提出，阿根廷火蟻這個名字可能會惹惱阿根廷人；我們已經擁有太多像是德國蟑螂、英國麻雀之類的名稱。他說，我們應該乘著還來得及之前，趕快把這個名字改掉。這時，又有另一位先生，我已不記得是誰了，建議改成「外來火蟻」（imported fire ant）。於是，外來火蟻這個名字就出現在我的報告裡頭，然後媒體跟著使用，最後，也就出現在科學專業文章中。

第二年，當我在阿拉巴馬大學修習碩士課程時，又更進一步深入研究外來火蟻。艾德斯和我，再加上國立自然史博物館的司密斯，我們三個人一道發現了，這種螞蟻在不同蟻窩的工蟻，身體顏色會有差別，從深褐色到淡紅褐色不等。我更進一步觀察到，淺色工蟻的體型較小，而且牠們的蟻群似乎漸漸擁有優勢，慢慢取代了深色工蟻所屬的蟻群。到了 1949 年，深褐色蟻群多半已經只出現在阿拉巴馬州以及密西西比州的邊緣地帶；在外來火蟻最初的引進地點莫比爾鎮上，深褐色蟻群甚至完全消失。

我設計了實驗，想知道這種火蟻在顏色及體型大小上的不同，

是否肇因於遺傳上的差異？

　　我發明的其中一項實驗方法為：把淺色蟻后引進深色蟻窩中，然後觀察淺色蟻后在轉換過後的環境，飼育出來的子代顏色是深是淺。結果，子代的顏色還是跟蟻后一致，這提供了證據顯示（但是並未絕對證明）：淺色與深色的差異來自先天遺傳。

　　在進行掉包實驗期間，我還發現另一項有趣的事。如果同時引進多隻蟻后進入一個新蟻窩時，工蟻群一定只會留下一隻蟻后，而把其餘蟻后處死。處死的方式是叮螫，然後肢解。工蟻從未一時糊塗宰掉最後剩下的那隻蟻后，這種錯誤將會使得蟻窩失去生育更多工蟻的能力。這項結果也預示了三十年後另一位昆蟲學家的發現：工蟻有辦法在諸多蟻后中，挑出一隻最健康、生育力最強的蟻后。

　　稍後，我在 1951 年發表的外來火蟻發展史中，提出了我的想法：不同顏色的蟻群，屬於物種層級內的「變種」（variety），而非兩個不同物種。1972 年，經過布倫（William Buren）的費力研究後，進一步證實了我原先的發現，但是他把淺色型火蟻提升為獨立的物種，取名為入侵紅火蟻（*Solenopsis invicta*），學名的意思是「無敵的紅火蟻」。

　　到了 1972 年時，即使美國政府全力阻止牠們繼續散布，投下密集人力及超過一億美元的經費，但這種螞蟻仍散播了整個美國南部。當時，我接受了訪談，曾用了一句話來概括說明這整樁任務的徒勞（這句話日後經常受到引用），我說：「火蟻消滅計畫，就相當於我們與昆蟲界的越戰。」

　　我早期在火蟻方面的研究成果，令我極為興奮。我發覺，自己童年時期那些漫不經心的自我學習，竟然也能凝聚成對大眾有益、有實用價值的東西。我從中獲得的自信心，有助於帶領我順利通過

未來關鍵的數年，那幾年我正經歷著智慧成長的嚴苛考驗。

勤能補拙？

差不多在同一段時期，還有另一項令我癡迷的事物，曾經短暫闖入我的學術生涯中。我對於所謂「四分鐘一英里賽跑」的傳奇，深覺震撼，這個速限被認為是人類田徑運動上無法突破的極限。

1945 年，當海格（Gunder Hägg）用四分零一秒四的時間，將一英里（即四百公尺）路程全程跑完的時候，引起熱烈討論，不知這名偉大的瑞典跑者是否已經達到人體所能承擔的極限速度。當然，這類臆測完全失掉了準頭，因為根據歷史資料顯示，完成一英里賽跑的時間，在過去八十年來幾乎是穩定持續的打破紀錄；當海格刷新世界紀錄時，這樣的趨勢也完全沒有任何探底的徵兆。因此，在 1940 年代後期，只要簡單推測一下就不難看出，用四分鐘跑完一英里的紀錄，隨時都有可能被打破。

1954 年 5 月 6 日，這個劃時代的時刻終於來臨，英格蘭選手班尼斯特（Roger Bannister）創下一英里跑三分五十九秒四的成績。從那之後，更是有數百名運動員刷新此項佳績，促使跑完一英里的時間持續降低。在我寫這本書的時候，紀錄已經低到三分四十六秒三一的程度。

然而，在 1948 那年，當全世界的運動員都準備好要參加二次大戰後首次舉行的奧運時，長跑項目依然還停留在浪漫階段。四分鐘一英里賽跑仍然是田徑場上的「聖母峰」。7 月 10 日，我在《週末郵報》上看到一篇文章，它宣稱歐洲運動員將會在長跑項目中「狠狠修理美國佬」。作者寫道，歐洲選手的訓練時間較長，而且也

比軟趴趴的美國選手更願意忍受紀律和痛苦，他們一定會席捲田徑獎牌。上面有張海格的照片，以極寬的大步伐在田徑場上奔馳，黑色長髮高高揚起。

我忽然迷上了一個想法：藉由意志力和嚴格紀律來破紀錄！我自忖，如果身材不夠強健，或許還是能靠精神上的強健而贏得冠軍。這又是我的行事風格——自個兒做，避開團體的拖累，不讓任何人看見你的苦練和失敗，直到你能達成一定的優秀成績為止。

於是，我買了雙陸軍軍靴，以增加雙腳負重和身體的耐力，然後開始練跑。我跑過莫比爾的後街，跑到鄉間，等返回塔斯卡盧薩後，又繼續沿著諾辛頓校園一圈又一圈的跑著，把校區當成我的大田徑場。

1948 年的夏末到冬季，我都在僻靜的地方苦練，通常是利用晚上時間。我在正規運動員離開運動場後，上去煤渣跑道上練習，體會一下跑四分之一英里的感覺。我每次練習一至二小時，既沒有教練，也沒有訓練計畫，更沒把我的努力告訴任何人。我只是默默跑著，腳上穿著一雙重鞋，因為我認為，等我稍後換上輕便的跑鞋後，我的腳會因原先穿慣了重鞋而變得輕盈如飛。

到了 2 月，我試著加入田徑隊。我直接到更衣室報了名，套上生平第一雙釘鞋，然後走上田徑場，在教練用碼錶計時下，試跑一英里。我在「五分鐘多一點」的時間內跑完。教練很好心的沒告訴我確實的成績，而我也不想知道。

我實在失望透了，而且覺得非常丟臉。這一回，不只是我的肉體失敗了，連我的哲學也失敗了。但是，如果我再多練一下，一定能夠表現更好的！教練也很仁慈的同意了，他建議我不妨練習兩英里長跑。在 1949 年的美南運動聯盟（Southern Conference）比賽項

目中，並沒有諸如一萬公尺或是馬拉松等長跑項目，兩英里就是最長距離的賽跑了。

於是，我開始每天下午練習兩英里長跑。然而，一切終究是太遲了，而且顯然毫無指望。我已經是十九歲的高年級生了，此外，在教練眼中，我一定也是他手底下最沒希望的選手。不久之後，當我獲得暫時的工作委託，要去調查阿拉巴馬州的火蟻時，教練和我終於雙雙得以免除更大的窘境。我告訴他我要退出了，並把釘鞋交還回去。他並沒有難過得流淚。

這項失敗令我難受了好幾年。有時候，我會忍不住想到，如果我在十六歲或十七歲就開始練跑，再加上適當指導的話，情況會是如何？也許我至少能達到加入田徑隊的標準？我會不會因此而成為海格的美國敵手？

二十年後捲土重來

　　1970 年，我四十一歲時，我又開始跑步了，不過這次是為了減肥和增進健康。等我達到這些目標後，我察覺到那股昔日的火苗又重新燃起，瘋狂的希望又出現了：或許我還是能在四十多歲的年齡層中，和他人一較長短，跑出世界水準。很顯然，現在不可能跑出四分鐘一英里的成績，但也許能跑出五分鐘一英里也說不定！

　　我一邊花時間獨自練跑，一邊開始查詢不同年齡層的世界紀錄，從小孩查到老人、查各種不同距離、查來自世界各個角落的紀錄。我發現，雖說大部分世界紀錄從某個年齡過渡到下個年齡層時（例如從二十九歲到三十歲，再到三十一歲），都是由散落在世界各地不同的人，在不同的運動會上創下的，然而，每一項紀錄卻形成了一條緊密的點線。在一百公尺短跑項目上，這條曲線的高峰落在二十歲出頭的地方，而馬拉松項目的曲線高峰則落在二十多近三十歲的階段。這份統計數據顯示，所謂世界第一，不論是身為何人、身在何處、何時比賽，只要知道他的年齡，差不多就可以準確預估他將創下的世界紀錄是多少。換言之，單靠年齡就可以說明幾乎所有世界紀錄的變化。

　　這樣的結果令我印象深刻。它似乎證明了遺傳決定一切，至少在這層面是如此：成績會依循預定的軌跡，而這也是人類能力的限制，沒有任何運動員能除外，即使是擁有鋼鐵意志的長跑選手也一樣。我計算出以我的運動能力可以獲得的結果：根據 1949 年我的一英里長跑成績「五分鐘多一點」，和當時的世界紀錄四分鐘多一丁點，做成分數比例；然後，再把它乘上 1970 年代四十歲出頭的男子世界紀錄，得出我當時個人可以達到的最佳紀錄約為六分鐘。

　　多可悲啊！在一場千分之一的遺傳差異即可左右勝負的運動上，我卻帶了相當於百分之二十五的遺傳缺陷！接著，我心中又感受到青春期時代延續下來的波動。我一定要打破這層明顯的遺傳束縛，洗刷 1949 年的恥辱！

　　這事發生在 1970 年代中期慢跑風靡各地之前。當時我住在麻州的萊辛頓，我穿著網球鞋跑在住處附近的大街上，期間幾乎從來沒碰過其他的慢跑者。小狗追著我叫，鄰居瞪著我看，十來歲的男孩子們大聲嘲笑我。我在高中操場上練習四分之一英里衝刺，我參加比賽，也記錄自己的通過時間。我三次最好的成績分別是：六分零一、六分零一、六分零四。

　　我估計，自己的兩英里最快紀錄應為十三分鐘左右。有一天，我終於跑出了個人最佳成績，十二分五十八秒。唉！畢竟，遺傳決定了一切。

　　在這段期間，我親眼看到我那位既是出色昆蟲學家，又是馬拉松冠軍的友人韓瑞契（Bernd Heinrich），一次又一次贏得勝利。他在 1980 年波士頓馬拉松大賽中，贏得四十歲以上男子組冠軍，而且還在五十英里、一百公里，以及二十四小時持久賽中，創下各式各樣的全國或世界紀錄。最後的這項持久賽，他甚至連續跑了兩百五十四公里。

　　有一次，我和他一塊兒出去練習四英里賽跑，期間他一直很有耐心的包容我在一旁慢吞吞跑著。「威爾森，」終於他開口了：「如果你腳上有輪子的話，說不定會快得多呢。」也許他還會說，如果你用力拍翅膀，就可以飛了呢。老韓的身體似乎是用鋁管、鋁線打造成的，肺部也好像有皮革襯裡似的。他就好像是音樂神童莫札特，而我則是在一旁嫉妒不已的薩里耶利（Antonio Salieri）。

尋找成功之路

　　由於這些經驗，我更能客觀認清自己的能力極限，以及更周延的考慮到其他和我同類的人。要對付滿腦子縈繞的願望以及企圖心，唯一的辦法就是：由各方面來探索個人的能力，知道特長究竟在何處，並發現表現平庸或是特別差勁的又是什麼；然後，運用戰術和彌補手段，來爭取可能達到的最佳成果。而且，絕對不要放棄「命運將會送來意外突破」的期待。

　　我有一隻眼睛瞎了，又聽不到高頻率的聲音，然而我卻成了昆蟲學家。我記不住詩文，也不擅長把別人用字母拼出來的單字具象化。此外，我在讀數字或抄號碼時，也常常把數字次序弄錯。於是，我設法另闢了途徑，來表達別人引用一段詩文或一段公式就可以表達的想法。除此之外，我還得力於另一項不尋常的能力。我很擅長比較迥然不同的事物，進而整合出原先與之無關的訊息。我的文筆很流暢，我相信部分原因正是在於，我的記憶很少會受他人措辭或表達方式的干擾。就這樣，我不斷加強我的長處，並盡量迴避我的短處。

　　我的數學能力很差，當我三十出頭，在哈佛當上終身職教授時，還跑去修了兩年正式的數學課程。我想要彌補我的缺陷，但是卻沒什麼進展。這完全是長跑故事的重演，而我的數學也始終只是停留在似懂非懂的程度。經過正規步驟的學習之後，我雖然能解出偏微分方程式，也能領會量子力學的原理，但是過沒多久，我又把所學的忘記大半。我對這些科目實在沒興趣。

　　我曾經藉由和幾位一流的理論數學家合作，在建立理論方面小有成就。依照研究時間的順序，我前後和包塞特（William

Bossert）、麥克亞瑟（Robert MacArthur）、歐斯特（George Oster）以及朗斯登（Charles Lumsden）等人合作過。合作期間，我扮演的角色是提出我們想討論的問題，把我的直覺和他們的直覺結合起來，並且列舉出對他們來說很陌生，但已實證過的證據。

我們在智識上彼此互補，和那些與我一道涉水進入沼澤地、攀爬山坡林地的生物學家同僚一樣，我們都是經過文明洗禮的獵人，各自外出搜尋可能捕捉得到的新鮮事物，或是值得帶回家在部落營火會上展示的東西。

我發現了一條規則，事實證明它對我很管用，而且可能也對其他天生缺乏冠軍潛力的人很管用：不論你的數學能力屬於哪一個層次，科學領域裡仍存有發展得不夠好，還無法支持原創理論的區域供你發展。對於主修科學的學生，我給的忠告是：試著上下左右推展你的目光，好好環顧四周。只要有心，一定會有一條能讓你成功的規則。尋找那些還不大熱門的領域，因為在這些領域裡，天賦上的細微差別並很要緊。

要做獵人和探險家，而不要只是做解決問題的人。這套策略在只有跑道和碼錶的田徑場上也許永遠行不通；但是，把它用在變化莫測的科學前線上，卻是再妙不過的了。

第**8**章

南方再見

　　1949 年，當我從阿拉巴馬大學畢業之際，我父親的健康狀況陡然走下坡。他的慢性支氣管炎因為一天抽兩包菸而更加惡化，整夜不得安適。在他那個年代，手指上有香菸焦油染黃的斑點，讓他深覺驕傲，他一點兒都不打算戒掉抽菸的習慣。父親的酒癮也非常嚴重，對於這個毛病，他倒是非常在意。他很害怕變成自己口中那種「包爾瑞大街上的混混」。他很早就加入了民間戒酒協會，每隔一段時間，會主動跑到身心重建中心去戒酒癮，然後又故態復萌。

　　這個問題似乎永遠無法根絕。既然父親已經求助於專業機構，珍珠和我除了同情以及試著安慰他以外，也沒有別的法子可使。我努力隱藏心裡的煩惱和憤怒之情，畢竟做兒子的不大方便指正父親的行為或自制力。

父親自殺了

　　1951年初，父親愈來愈沮喪，行為也變得反覆無常。但是，我卻沒能及時看出這些徵兆，再說我大部分時間也都不在家。我沒有想到會出事。3月26日一大清早，他寫了語氣平靜的道歉函留給家人，然後把車開到靠近布拉德古德街上，一處靠近莫比爾河的空地，自個兒坐到馬路邊，用他最心愛的打靶手槍抵住右邊太陽穴，結束了他一切的痛苦。他過世的時候只有四十八歲。

　　父親以軍禮安葬在木蘭公墓，除了有鳴槍禮之外，棺木也覆上了美國國旗。他的生命如此受到病痛折磨，因此這場有板有眼的葬禮儀式深深令我感到安慰。我父親葬在四兄弟中最小的哥哥赫伯特身邊。我的這位叔叔在一年前才因心臟衰竭而過世。

　　幾天之後，我的悲慟開始滲進幾許寬慰：因為父親終於從苦痛中解放，因為珍珠不用再拚死奮戰下去，然後，也為了我自己。我原先擔心，子女的義務恐怕會把我緊緊栓在搖搖欲墜的家庭裡，如今這層義務也免了。迫近的悲劇終於成形、發生，並終結。現在，我能全神貫注在自己的新生活裡。時間一年一年過去，內心的悲傷和略帶罪惡感的輕鬆，逐漸轉變為對父親勇氣的激賞。當然，人們也可以很輕鬆的這麼說，他應該鼓起更大的勇氣，再去嘗試，想辦法讓自己的生活步向正常云云。然而，我還是很肯定，他當時是經過通盤仔細考慮過之後，才做了那樣的決定。

　　兒子對於父親的真正了解，永遠來得太遲；然後，對父親的了解，才片段片段的出現。

重新勾勒父親形象

現在，我可以說父親其實是很聰明的人，只是自己誤了自己的潛能。他高中還沒畢業，就逃家跑去過海上生活，在貨船上擔任鍋爐室的小弟，參與了一趟前往蒙特維多（Montevideo）的航程，接著就加入軍隊。父親在軍需聯隊學習怎麼當會計員，這項技能使他往後獲得一長串在私人企業的工作，而且使他在生前最後十二年，能夠替聯邦政府工作。

父親的天性忠誠、溫暖，又有同情心。他在人群裡口舌相當流利，常常懷舊或加油添醋的談論個人冒險事蹟，偶爾發陣小脾氣。父親很喜歡詩文，但是和我一樣，他總是沒法從頭到尾背完任何一首詩。身為四兄弟裡的老么，他在十三歲時就失去了父親，在那之後一直到離家之前，他都深受母親溺寵；我祖母對他的放縱，堪稱家族史中的傳奇。

父親一直未能安定下來，於是他這種終生自溺自縱的情況更加惡化，始終無法找到平靜。我猜，這是因為他心中一直沒有明確目標的緣故。父親的退休夢是這樣的：駕著屬於自己的船，往來於大西洋和墨西哥灣岸區的沿岸水路中，而非選擇某個港口，當成自己安定的家。

我父親的閱讀範圍只限於雜誌和報紙，他並不怎麼關心音樂或是歷史（家族史除外），而且對於時事也不感興趣。父親熱愛打獵和釣魚，但又沒有耐心鍛鍊這方面的技術。後來他轉而從事能快速得到滿足的活動——蒐集各式槍枝來練習打靶。從他那邊，我學會在二十步外，以手槍或霰彈槍射擊欄杆上的空瓶罐，也學會如何用雙手持槍，以抑制大口徑手槍的後座力。

父親由南方白種男性的榮譽戒律中，汲取力量。他告訴我，不要撒謊，不要失信，一定要受人尊重並保護女士；還有，遇到攸關名譽的時刻，千萬不可退縮。他根據還記得的家族傳統，重新編輯、加注後，擬出他的這套格言。這些教條的每字每句，他都非常認真看待。他也是很勇敢的人，我想他是寧死也不願接受屈辱或不名譽。事實上，他最後也確實是這麼做了──寧可自戕而死。

但是從另一方面來看，他所選擇的大千世界，也太過綁手綁腳，太過模稜兩可，甚至是有點兒太過時了，他根本沒辦法以任何果斷具體的方式，來實現自己的榮譽感。

有時候我會想到，父親以及查爾斯敦大街上的那棟老屋，不只是實體上消失了，而是真正徹底消失了，剩下的不過是一堆相片、官方文件，以及我現在所寫的這一小段文字。鄰近的那些老樹和快要崩塌的維多利亞式老屋，也早就夷為平地，取而代之的是水泥磚頭蓋成的公共住宅。等到我和家族中其他較年長的成員過世後，我們家族的人和房子將會永遠消失，就好像從未存在過一般。

人類竟是這般平凡得教人訝異，也永恆得令人吃驚。我大伯的兒子傑克雖然一輩子都住在莫比爾，但是當他於 1993 年過世時，也一併帶走了一大串有關大伯和我父親那一輩人的光采回憶。對於這件事，我覺得有一點兒快樂，當然不是因為傑克過世，而是因為我現在變成了唯一繼承父親、而且還存在著的人。我可以毫無負擔的重新勾勒我的父親，不單是靠著心中殘存的片段記憶，而是我現在已經能夠重組他的特質。其中有些部分，我會保存在心中，當我死去的時候，也和我一塊兒灰飛煙滅。

強悍的父親，軟弱的兒子；軟弱的父親，強悍的兒子。不論是哪一種情形，做兒子的，終生都會受痛苦驅策。我不敢真正估算父

親對我的影響，但是，有機會的話，我願意對他說，他內心裡的自我影像是很好的榜樣，而且我也試著使它成真。

　　母親英妮茲自從和父親離婚後，掙得了比較好的生活，而且她也鼓勵我、幫助我過比較好的日子。她的出身背景在很多方面都和父親十分類似，她在阿拉巴馬州扎根的時間也十分久遠。母親的先祖全都是英格蘭後裔，來自密西西比三角洲和喬治亞州，後來在阿拉巴馬州北部落腳。其中，不少人還曾在 1800 年代初期及中期，參與布雷門、福克維爾、霍利池等小城鎮的興建。

　　他們大多務農或是從商。我的外曾祖父羅伯特既是農人也是「著名」（我對惡名昭彰這個字眼有點猶豫）的馬販子。他的太太伊慈則扮演「鄉村醫師」的角色，也就是說，在正牌醫生短缺的鄉下，她的工作相當於護理師兼助產士。由於母親家的族人，多半在北部棉花田地帶，以及主要的河港擁有大片地產，因此他們對於南北戰爭以及南方聯邦不怎麼熱中。我的祖父羅伯特當年遭到北軍俘虜後，立即欣然承諾不再參與任何戰事，好讓自己能盡快返回家園。

　　1938 年，我母親嫁給哈洛德，他來自阿拉巴馬州的史蒂文森，那兒靠近田納西州邊境。他是很成功的生意人，由銀行副總裁的職位上退休。從我十來歲開始，一直到大學畢業，每年 9 月我都會到母親和哈洛德的家裡小住，最初住過路易斯維爾、肯塔基，後來住到傑斐遜維爾鄰近的小城，那兒位在印第安納州橫過俄亥俄河的地方。

　　對於我計劃要上大學，並且接受訓練成為生物學家，他們都非常支持。哈洛德本人就曾念過阿拉巴馬大學。「力爭上游，進入專業階級」正是他和我母親熱心擁護的基本信念。他們經常帶我去當

地的公園，好讓我蒐集些昆蟲、螞蟻之類的。

在我十四歲那年，有一次，母親陪我前往肯塔基洲的猛獁洞（Mammoth cave），對她來說，這可以算是很勇敢的冒險旅程。這裡名列世界最大的洞穴之一，當時才剛剛成為國家公園。鑽入地底的黝黑世界後，我就落在旅遊團的後頭（這行為是違法的），開始沿著步道搜尋叫做洞穴蟋蟀的盲眼穴螽科黃色小甲蟲。我也盡可能搜集其他各類穴居昆蟲。每有斬獲，就交給母親保管。然而，她卻在靠近洞穴出口的某個地方把牠們給弄丟了。結果，我一路嘔氣嘔回路易斯維爾。

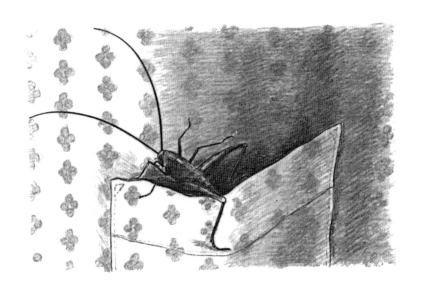

演化論違法公案

當我進了大學之後，母親除了不斷給我精神上的鼓勵之外，還額外給我財務上的支援。後來，在我預備進哈佛大學攻讀博士學位時，她甚至主動提議願意幫我付醫學院的學費。照她的說法，她想要確定我不是因為付不起學費才放棄醫學生涯的。但是，我就是對這項比較傳統的職業絲毫不感興趣。昆蟲學家才是我想做的，而且我相信往後的道路我都可以自食其力。

打從我成為阿拉巴馬大學碩士班研究生，一直到五年後於哈佛完成博士課程，我的確做到了自食其力。我靠著獎學金以及兼任助教的方式修完學業，而且從未負債。當時很少有人不靠長期助學貸款。然而，我就是從來沒有申請過貸款。

1950 年，我轉到位於諾克斯維爾的田納西大學，開始做博士生的研究工作。我來這裡，主要是因為這邊有一位擅長螞蟻分類的昆蟲學教授柯爾（Arthur Cole）。那一年，我在附近的奇爾豪伊（Chilhowee）以及大煙山國家公園搜尋我最心愛的昆蟲，建立我個人的收藏，同時也一邊研究柯爾從美國、菲律賓和印度各地採集回來的標本。另外，我還完成了一篇論文，詳盡回顧外來火蟻的歷史和遺傳變化，投稿到《演化》（Evolution）期刊上。

在我擔任柯爾的實驗助教期間，更是加緊磨練自己在昆蟲解剖上的技巧和分類學知識。

田納西大學在學術方面的挑戰性並不很強，這使得我愈來愈定不下心。由於太過無聊，我開始變得有些莽撞起來。我對於當時法律仍然規定禁止在該州教授演化學一事，深感好奇。1925 年，田納西州當局立法宣布：凡是任何質疑人類神聖起源的學說，皆屬違

法。年輕的高中老師史克普斯（John T. Scopes）就在那一年被告上了法庭，原因是他在生物課上教授演化論。

這是美國歷史上極為著名的法律案件，代表檢方的是檢察官布瑞恩（William Jennings Bryan），律師戴羅（Clarence Darrow）代表辯方。由於史克普斯並未否認罪行，因此他被定罪，罰款一百美元。但是這場判決，完全沒有讓任何贊成演化論的科學家出來作證，而且戴羅嚴詞批評法庭完全站在《聖經》這一邊，也在基督教基本教義派當中引發軒然大波。田納西州最高法院後來判決史克普斯無罪，但是理由卻僅僅是基於罰款太高了。等我來到諾克斯維爾的時候，這條法律依舊停留在原地，而且也不曾被更高等的法院質疑。

那年秋天，當我正在田納西大學帶普通生物學的實驗課時，我得知有關南非人猿首次出土的大發現。這些直立、小腦袋的人科動物，似乎正是一百萬年到二百萬年前，在非洲大陸出現的人類源頭。他們正是介於遙遠的猿人祖先，和最原始的真正人類（人屬）之間的「失落環節」。在史克普斯判決案中所謂的「爪哇猿人」以及「北京猿人」，現在已經歸類為同一物種：直立原人（*Homo erectus*）。

我認為，這真是本世紀最大的發現之一：正如達爾文所料，伊甸園出現在非洲！我對於人類完整的親緣關係極感興趣，因為它對人類這個物種的自我形象具有深刻意義；此外，我心裡還有著惡作劇的渴望，想要撼動一下現實狀況，看看會發生什麼事。

我是有可能惹上像史克普斯那類的麻煩，但是我會立刻脫身（我猜啦），因為證據已經是這麼的紮實（我覺得啦），而且其他同仁也一定會聲援我（我希望啦）。總之，我是沒法忍著不去散播南

非人猿出土這麼迷人的事件。

激不起一絲漣漪

　　校方准許我在普通生物學課堂上，針對這個主題上一堂課。於是，我告訴學生說，事情已經水落石出，我們「確實」是由猿類或是非常接近猿類的物種演化來的。而且，科學家已經知道這些老祖宗存在於何時，甚至也知道他們如何過活──他們會吃肉，而且伊甸園也不是什麼樂園。

　　學生裡有些人和我差不多年紀，大多是新教徒，而且很多都是在基本教義派家庭裡長大。我敢說，其中有些學生一定被教誨過「達爾文是魔鬼的使者，是邪說異端的代言人」之類的話。

　　他們隨手塗著筆記，有些人不時抬頭瞄一瞄時鐘。最後，下課時間到了，我準備好面對他們的反應。只見學生魚貫走出教室，開始聊這聊那的，但是就我所能偷聽到的，沒有任何人談到演化，直到有一名學生留下來。他是高大的金髮男生，兩眼直視著我，開口問：「這些內容期末考會考嗎？」我告訴他不會，請不用擔心；他看起來鬆了一口氣。就這麼一件不值得記憶的小事。此後，我再沒有聽到更多有關我課堂上講授的東西，彷彿剛才那一個鐘頭講的，只是果蠅生活史。

　　田納西州當局，不知是因為明理還是迫於無奈，終於在 1967 年廢除了反對教授演化論的法規。反對演化論的宗教活動也曾在其他幾州小小發作了一陣，想要通過強迫學校教授《聖經》創世論的法案，但是沒能成功。不管怎樣，我倒是從自己在田納西州的親身經驗裡學到一課：偉大的歷史問題並沒有解決，它們僅是遭人遺忘。

1951年初，我決定要轉到哈佛大學，那兒才是我的目的地。那裡有全世界最豐富的螞蟻標本，而且對於昆蟲研究的傳統，也是既深且久。這一次，我有夏普（Aaron J. Sharp）支持我。他是田納西大學的教授，也是很傑出的植物學家，他私下勸我申請哈佛大學，並且推薦我申請哈佛獎學金。

第二個支持則來自布朗（William L. Brown），當時他還是哈佛大學生物系的研究生。我第一次和布朗接觸是在1948年，那時我還是阿拉巴馬大學的大學部學生，從國立自然史博物館的司密斯先生那兒，聽聞布朗對螞蟻的生物學很有興趣，結果我發現他對於這個領域簡直就像是著了魔。

此外，在我認得的人裡頭，布朗也是最溫暖、最慷慨的人之一。他以連珠炮式的勸告與建議，鼓動我原本就已滿懷的熱誠。還有一點也同樣重要，他從頭到尾始終把我視為成年人，以及專業夥伴來看待。他的注意力都集中在良好的生活紀律上，號召大家為理想奮鬥，而且鼓勵大家從事有意義的研究主題。

布朗曾經寫信對我說了許多鼓勵的話：你必須拓展自己的研究領域，不要再掛心調查阿拉巴馬的螞蟻了；趕快選一個重要的螞蟻分類群，然後為牠們寫一篇專論；如果環境許可的話，盡量讓研究範圍擴及整個美洲大陸，甚至全世界；你、我以及其他加入的夥伴，必須要一起來推動「螞蟻學」（myrmecology）；目前，你享有一大優勢，因為你住在南方，那兒盛產刺針家蟻族（Dacetini）的螞蟻，這是一類極有趣的昆蟲，而我們仍然不大了解牠們。現在可有機會做些真正原創性的研究了。看看你能得到什麼進展，別忘了隨時告訴我。

刺針家蟻獵人

我馬上一頭栽進刺針家蟻的計畫中，一種一種逐個追蹤，翻開
石塊，撕開枯朽的斷木殘幹，取下蟻窩，把牠們養在實驗室裡。刺
針家蟻族的螞蟻，身材修長，生著細細長長的大顎。牠們身上的細
毛呈小棒狀、鱗片狀，以及彎彎曲曲的鞭狀。其中許多刺針家蟻成
員的腰部，還會長出一圈或白或黃的海綿狀物。乾淨又細緻，牠們
可以算是顯微鏡下最具美感的昆蟲。

工蟻會捕獵彈尾目（Collembola）的小蟲，以及其他柔軟、不
易見的昆蟲。她們（工蟻都是雌性的）先以極端謹慎的動作移向獵
物，腿兒高高抬起，輕巧的向前游動，好像慢動作似的。潛行當
兒，她們的口顎大張，有些物種甚至張大到一百八十度，露出一排
排針尖般銳利的牙齒。等這批女獵人靠得非常近之後，她們就能利
用口中翻出的一對細毛尖端碰觸獵物。在觸著目標的剎那，她們的
口顎立刻像捕熊陷阱般，迅速合上，把獵物刺穿在她們的牙齒上。
這種捕獵技巧在每一種刺針家蟻身上都可以看到，不過會有些許變
化，通常是潛向獵物時的速度和謹慎程度不同；另外，每個物種會
獵取的獵物也不大相同。

我的刺針家蟻研究計畫相當成功，主要原因在於我能手腳並
用挖掘土壤、朽木，並深得其樂。我分別於 1950 年和 1953 年發表
了兩篇論文，詳細列出美國南部地區刺針家蟻的行為比較。1959
年，布朗和我把各自的資料集合起來，發表刺針家蟻生物學的綜
論。我們針對世界上的各種刺針家蟻，找出牠們覓食習性與社會組
織間的關聯。

我們發現刺針家蟻族中，具有較原始解剖構造的物種，是原

生於南美洲及澳洲，牠們會在地面上搜尋體積較大的獵物，而且獵物的種類也較多，例如蒼蠅、蚱蜢、毛蟲等。牠們多半會組織很大的聚落，而且社會階級的分工也多樣化，包括頭部較大的「大頭兵蟻」，以及頭部較小的「小頭工蟻」，各有各的職責。例如，高階者專門負責保鄉衛土，抵抗外來欺侮，而低階者則負責育嬰以及伺候女王。

而在解剖構造發展較晚近的物種，隨著演化腳步的前進，牠們愈來愈擅長獵捕跳蟲以及其他非常小的昆蟲。此外，工蟻的體積也相對的減小，並且變得愈來愈一致，分工的現象也逐漸消失。每窩蟻群的大小變得較小，而蟻窩也日趨往地下發展，愈來愈難找到。

這是很新潮的行為學研究。就我所知，這項刺針家蟻研究還是動物社會生態學演化研究的創舉。它比克魯克（John Crook）等人於 1960 年代做的靈長類社會生態學還要早上好幾年；而且就某方面而言，結果更明確，主要是因為我們擁有更多物種，而且可以應用食物抉擇的實驗。

然而，雖然我們把這些新發現發表在世界一流的期刊《生物學評論季刊》（*Quarterly Review of Biology*）上，但是我們的文章卻很少受人引用，而且引用它的人幾乎都是同行的昆蟲學家。這篇論文對日後行為生態學以及社會生物學的發展影響不大，部分原因在於猴子、鳥類以及其他脊椎動物的體型與人類較接近，而且一般人對這些較大型的動物也比螞蟻來得熟悉，因此，教科書以及一般說法都認為，這些大型動物比較「重要」。

這位日後讓圈子裡的年輕昆蟲學家暱稱為「比爾大叔」的布朗，極力建議我到哈佛來看一看。1950 年 6 月，我真的去了。從莫比爾搭上灰狗巴士，奔波了三天三夜才抵達波士頓。我們的車似

乎每經過一個人口超過五萬的小城小鎮，都要停一下，等我終於來到比較動物學博物館的螞蟻研究室時，早已筋疲力盡。

比爾和他的夫人桃樂絲是非常好客的主人，他們把我安置到他倆劍橋的公寓裡，讓我睡在長沙發上，長沙發旁邊就是他們兩歲大女兒艾莉蓀的搖籃。第二天一大早，我發現艾莉蓀正把手伸出嬰兒床，想抓比爾剛剛完成的幾頁博士論文，真讓人捏把冷汗。

接下來那幾天，比爾一邊打包整理行囊，準備和桃樂絲一塊兒到澳洲進行田野調查工作，一邊抽空帶我參觀螞蟻標本。他再次鼓勵我選擇大型、重要的計畫，而且要把目光瞄準在能發表的研究結果上。他說，刺針家蟻和火蟻都很有希望，但是現在你真的應該到哈佛來，才能更有效率的從事視野更廣大的計畫，把眼光放向全世界，不要太低估自己，以為只能做些區域性的研究，或只能達成有限的目標。

他介紹了昆蟲學教授卡本特（Frank M. Carpenter）給我認識，他是昆蟲化石及演化方面的權威學者，日後也成為我的博士論文指導教授。他們兩人都建議我申請哈佛大學的博士班。我照辦了，雖然我先前已經在田納西大學註冊了下一個學年度（1950 學年至1951 學年）。

第二年春天，哈佛核准我的入學申請，讓我進入當年的秋季班，另外還給我獎學金以及助教津貼，足夠讓我支付所有的花費。1951 年 8 月底，我把僅有的一套西裝以十美元賣給諾克斯維爾的舊衣店，打包好個人物品，包括我的研究筆記，塞進一只小提箱，然後搭上巴士，去路易斯維爾探望母親和哈洛德。哈洛德只看了我一眼，馬上就把我帶到男仕服裝店，替我添購了 1951 年代哈佛學生穿扮的服飾行頭（數量足以塞滿整個衣櫃！），因為我當時的穿

著，怎麼說呢，簡直像是救世軍發放的雜亂衣物。

踏出店門時，我身上穿著愛爾蘭斜紋軟呢外套、領口有鈕扣的牛津式白襯衫、編織細緻的領帶、斜紋棉布休閒褲，以及白色的帆布鞋。再加上清新可喜的平頭，我已經準備好要去迎接新生活了！

展開哈佛歲月

我搭乘巴士來到波士頓，然後再坐地下鐵到哈佛廣場，過街來到緊鄰麻州州政廳的哈佛校園入口，攔住第一個碰見的人，詢問校園內的路該怎麼走。他顯然是個學生，操著一口很有教養的英式英語。所以啦，我對自己說，這就是著名的哈佛口音吧。

數週後，這名學生竟然出現在我帶的基礎生物學實驗課上，原來他是大學部二年級的學生。後來，我知道他的名字叫作貝克（John Harvard Baker），是最近才來美國的英國人；貝克是傳奇人物約翰·哈佛（John Harvard）的叔叔的後代。約翰·哈佛沒有兒女，他在 1636 年捐款創辦了哈佛大學。

我在想，用這種碰面方式，把我引介入這所任職終生的學校，這種象徵意味也真的是滿適宜的。

於是，在那個 9 月天，我來到理查樓（Richards Hall）。這是研究生宿舍，我到辦公室拿了鑰匙之後，就走到我的房間：101室。我的室友已經先到了，還把他的名字貼在房門上：歐魯瓦薩米（Hezekiah Oluwasanmi）。他是哪裡來的？我暗忖，波蘭人？還是薩摩亞人？結果他是奈及利亞人，也是博士班研究生。我們很快就結為好友，而且一直到他日後當上艾菲大學（University of Ife）副校長時，我們的友情依然持續。

　　1951年秋天，當我坐在書桌前念書時，耳裡經常傳來陣陣歐魯瓦薩米和他的友人（有些人臉頰上還有部落刺青）談論即將解放的奈及利亞。他們是英屬非洲地區最早密謀這類運動的知識份子。我不禁要想，我會不會就因為和他們同處一室的關係，而捲入某些非法活動？我可以想像到《莫比爾紀事報》上的大標題：「聯邦探員出擊，阿拉巴馬人與非洲革命黨人同時落網」。

　　多刺激啊，這樣的開場實在太適合引介我進入這個遼闊、樂趣無窮的新世界了。

第9章

前進熱帶

　　我幾乎一輩子都夢想著要去熱帶。我童年時的幻想之地，距離自然文學作家梭羅及繆爾（John Muir）等人探索的那些安全、美好的溫帶地區，老遠老遠。而我對北極冰山或是高聳的喜馬拉雅山，也絲毫沒有興趣。相反的，我最渴望的是專門捕獵熱帶珍奇異獸的探險作家巴克（Frank Buck）和山德森（Ivan Sanderson）的世界，以及探險家兼博物學家畢比（William Beebe）深入的委內瑞拉叢林。我最鍾愛的小說則是柯南‧道爾筆下的《失落的世界》（*Lost World*），書中暗示說，在某些無人攀爬過的南美洲高地上，可能仍有恐龍的蹤跡。我也沉迷在《國家地理雜誌》中有關金花蟲和蝴蝶的文章裡，昆蟲學家（我從小就立志從事的工作）前往連名字都很難發音的遙遠地方旅行時，網住這些宛如長了翅膀的珠寶。

　　蘊藏在我心底的「熱帶」，是世界上最具野性的地方。

　　在我小的時候，大部分的熱帶雨林及大草原仍然維持著十九

世紀時的野生風貌。它們涵蓋了大片等待人類足跡探測的土地，上面散布著許多湍急的河流以及神祕的高山。在亞馬遜—奧里諾科河流域（Amazon-Orinoco basin）和新幾內亞高地上頭，還住著白人從未見過、還在過石器時代生活的人類。然而，比起這一切奇妙事物：滔滔巨浪、神祕鼓聲、帳篷柱上顫動的箭矢、等待探險隊插上旗幟的原始山峰……，我覺得更為動人的是熱帶動植物的呼喚。它們是我的希望，我渴望進入的世界：令人暈眩的美麗複雜世界。

到了青春期接近尾聲時，我實在沒有耐性等到實際前往熱帶區，於是開始在住家附近尋找替代的地點。我知道，像是阿拉巴馬沼澤區以及河邊的闊葉樹林等，都帶有一點兒縮小版的熱帶雨林味道。進入大學後，我開始探索莫比爾—田索三角沖積平原的邊緣，心裡將它比作是熱帶。

這兒長有濃密的灌木植物，以及無法行船的淺泥灘小溪，它們深深吸引我。這是還沒有野外生物學家探測過的地點，而且幾乎想不到有什麼原因會讓人想來這裡。因此，我在想，這裡搞不好藏有未知的螞蟻物種，或是其他居住在全新生態區位裡的昆蟲。我決定組個一人探險隊，深入這塊地區，開創我的熱帶探險家生涯——最起碼在精神上是如此。

然而，我始終沒有進入三角沖積平原。我太忙了，忙著應付大學生活，忙著一直在進行的火蟻研究以及其他的州內研究計畫。之後，我又轉進田納西大學和哈佛大學，繼續研究所課程。這一切，都使我距離這塊地區愈來愈遠。

在哈佛的第一年，我的進度又更加落後了。我找到了很有意義，而且有把握在三、四年內完成的論文題目。接下來我想，我就可以到真正的熱帶去了。我的研究對象是毛山蟻屬（*Lasius*）的螞

蟻，這是北半球溫帶昆蟲相中產量最豐、但是所知卻非常有限的螞蟻。大約有四十或四十種以上的毛山蟻，分布在歐、亞及北美洲較涼爽的地區。在美國和加拿大境內，那些散布在玉米田、草皮、高爾夫球場，以及人行道邊的小坑洞，有相當大的比例都是這類螞蟻挖出來的。如果你走在像是費城、多倫多或波夕的街道上，想尋找小巧褐色的短胖螞蟻，你第一個看見的，最有可能就是出外尋糧的毛山蟻屬工蟻。

我的研究計畫需要花相當多的時間在博物館及實驗室裡，但我內心深處的探險家慾望，卻把我引向更開闊的天空。1952 年夏天，我總算很堅決的回到田野，當時，我和艾斯納（Thomas Eisner）一塊兒工作。艾斯納和我一樣，也是哈佛一年級的研究生。我們發現彼此在科學上擁有許多共同的興趣，因此很快結為最要好的朋友。

就某方面來說，他可以說是最理想的哈佛知識份子：擁有多種文化背景。他的父親漢斯·艾斯納（Hans Eisner）是德籍猶太裔化學家，於 1933 年希特勒掌權時，帶著妻子瑪格莉特、三歲大的兒子艾斯納和大女兒離開德國。他們在西班牙首都巴塞隆納定居，不料卻又碰上西班牙內戰暴發，以及法西斯黨的擴張。1936 年，當這家人計劃逃到法國馬賽，然後再轉往巴黎時，年僅七歲的艾斯納親耳聽見炸彈落在城裡的聲音。

1937 年，他父親又帶著全家人來到烏拉圭的蒙特維多。艾斯納在這個中立的國度裡，消磨了相對來說十分平靜的後半段童年時光。戰事大半都遠在天外，但他對於大戰的進展卻一直很注意。當德國的主力艦史畢伯爵海軍上將號（Admiral Graf Spee）被英國巡洋艦追得落荒逃入佩雷塔河（River Plate）河口時，艾斯納親眼遙望史畢伯爵號冒出煙柱。

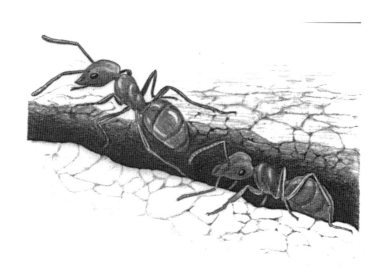

到了烏拉圭，艾斯納奠下了對於蝴蝶以及其他昆蟲的興趣，而且終生如此。等他到了進大學的年齡，他們又舉家遷到美國紐約。艾斯納進哈佛時，不僅能說流利的德文、西班牙文、法文以及英文，而且還略通一點兒義大利文。另外，他還精通鋼琴，而對我來說最重要的，他也是忠誠的昆蟲學家。

在這個中心目標上，我們非常類似。我們童年的生活模式十分相近，而艾斯納又更誇張些——從一個國家被拖到另一個國家，因為焦慮、不安，轉而向博物學尋求慰藉。

艾斯納當時是瘦長的高個兒，頂著不甚濃密的髮型，舉止緊張但充滿活力，從一個計畫忙到另一個計畫，整天團團轉。就連現在也一樣，這些年來他的相貌變化真是少得驚人。他是了不起的生物學家，不只因為擁有非比尋常的獻身精神，同時也在於他有很強的「點描畫」技巧，擁有這種能力在演化生物學上能發揮得非常好。

艾斯納完成了一項又一項細膩的研究，主要是研究昆蟲或其他節肢動物，看牠們如何利用化學分泌物來彼此溝通或禦敵，各項研究都有精確的分析。如果分開來看，他每一篇論文的貢獻，似乎都只適用於幾個物種，因此引不起什麼興味；但是，如果你把所有論文都合起來，並且用宏觀的角度來看，嶄新的生物演化模式即展現在眼前。

博物遊民環美採集

1951 年秋季，我剛認識艾斯納時，他就和我一樣，正處在生涯中最關鍵的時刻。我們兩人的運氣都很好，能結識好些似乎命中注定將來會大有作為的同學，而這些人對我們造成了立即且深遠的影響。其中包括了日後當上史丹佛大學校長的甘迺迪（Donald Kennedy）、後來成為孟山都公司研究副總裁的史奈德曼（Howard Schneiderman），以及細胞學及醫學研究生涯非常傑出的伍爾夫（Sheldon Wolff）。

艾斯納和我決定要把 1952 年的暑假用來研究昆蟲，我們打算快速、逍遙的橫越北美洲。6 月底，我倆開著他那輛 1942 年出廠的老雪佛蘭出發了，這輛車他命名為「查魯阿二世」（Charrúa II），典故來自烏拉圭古老的美洲印第安勇士部落名稱。我們由麻州朝北開到安大略，然後橫越北美大草原上的幾個州，來到蒙大拿及愛達荷，再從那兒到加州、內華達、亞利桑納、新墨西哥，然後穿過墨西哥灣沿岸數州，最後，再於 8 月底往北開回學校。

我們好似兩個博物學家遊民，生活在社會的邊緣。每天晚上，我們都席地而眠，有時睡在不收費的州立公園露營區，但最常過夜

的地方，還是在曠野邊緣或是馬路邊的小林地。我們三餐吃罐頭食物，到露營區的水龍頭下面洗衣服，並且將我倆拮据的經費，大都放在照顧查魯阿二世和為它加油上面。

這輛車每跑一百多公里就得耗掉大約一公升汽油，而且還經常需要補胎。當我在蒐集、研究螞蟻時，艾斯納則為他日後的解剖學論文研究，蒐集需要的螞蟻，另外還蒐集粉蛉科和其他的脈翅目昆蟲。

在那個年代，國家公園裡的遊客還不算很多，而且許多主要幹道仍然是蜿蜒的二線道。我們幾乎是漫無目的穿過柏樹林、高山上的草地以及乾旱的沙漠，一邊觀察並採集昆蟲。在某個熱得彷彿身在烤箱裡的 7 月天夜晚，我們飛快駛過死亡谷（Death Valley），暑熱難當，只能把溼手巾綁在頭上，稍稍解熱。我們親眼目睹了北美洲大部分的主要生態系，而我們在這難忘的暑假裡學到的東西，更是牢牢強化了我們對於野外生物學的終生熱情。

幾個月後，也就是 1953 年春天，我獲得了畢生難得的大好機會，我獲選為哈佛大學研究生獎助學會（Society of Fellows）的青年會員。這個學會是仿照劍橋大學三一學院的獎助模式，提供三年的財務支援，給那些具有超群潛力的男青年學者（數年後也包括女青年學者）。他們鼓勵青年會員鑽研任何主題，進行任何形式的研究工作，前往他們興趣所在的世界任一角落。

學會由二十四位青年會員以及九名資深會員共同組成，其中資深會員都是哈佛大學傑出的教授，他們扮演的角色是這群年輕人的導師以及共同進餐的伴兒。每年，資深會員都會新選出八名研究生，以替代三年級生（也就是畢業班）。1953 年，我成為少數的幸運兒，得以免費住進羅威爾之家（Lowell House），領著優裕的薪俸、圖書津貼，以及只要提出申請就能拿到的差旅費。

　　那年秋季在學社第一次共進晚餐時，我們這群新會員起立聆聽學會主席：歷史學家布林頓（Crane Brinton）朗誦羅威爾（Abbott Lawrence Lowell）撰寫的宣言。羅威爾在 1932 年擔任哈佛大學校長時，將大部分私人財產捐出來，成立了這個研究生獎助學會。這篇宣言如下：

　　你們已經獲選為本學會的一員，這是因為你們在個人選擇的領域中，展現出成功的潛力，而你們也允諾要為人類知識及思想提供卓著貢獻，千萬要以全副心智和道德力量來實踐這項諾言。

　　你們未來所要追求的不是眼前的目標，而是更遠大的目標；而你們也不得因既有的成就而自滿。所有你們可能達成或發現的事物，都可以看成是更巨大圖像中的碎片，而這個圖像，正是每位真正的學者，努力由各種不同方法想要觀察的目標。

　　真是夠美妙。在第一次晚宴上，我細細品嘗美酒、鮮嫩牛

排、飯後雪茄，以及自許為學者的清談。就好像英國小說家薩克萊
（William M. Thackeray）筆下的林頓（Barry Lyndon），我這幸運的
窮小子竟能躋身上流圈中。

這個社團漸漸轉換了我的自我形象以及職志生涯，最大、最
立即的衝擊，即是陡然提升了我的期望。我竟然受拔擢為專門領域
的第一流研究生，獲得認定將來能在廣闊的領域內，進行傑出的研
究。我想，我有三年的時間可以用來證明學會對我的信心，我當年
贏得童子軍鷹級獎章所花的時間就是三年，我相信自己辦得到。學
會出身的校友及資深會員均是傑出有成之人，包括多位諾貝爾獎及
普立茲獎得主。對我來說，這是很合理且值得努力的目標。

研究生獎助學會贈給我的第二項厚禮是，使我每週都能與其
他二十來歲，開始在各類學習領域嶄露長才的青年朋友相聚。我這
群新朋友包括杭士基（Noam Chomsky，麻省理工學院語言學家），
我可以和他討論動物的本能行為；霍爾（Donald Hall，美國知名詩
人、文學家）；以及羅梭夫斯基（Henry Rosovsky），他是經濟史學
家，後來成為哈佛大學人文暨自然科學院的院長。身為青年學者的
這三年期間，我在晚餐桌上碰見許多顯赫貴賓，像是歷史學家狄佛
托（Bernard DeVoto）、詩人艾略特（T. S. Eliot，1948 年諾貝爾文學
獎得主）、歐本海默（J. Robert Oppenheimer，原子彈之父），以及拉
比（Isidor I. Rabi，1944 年諾貝爾物理獎得主）等等。

其中有個夜晚特別令人難忘。我和拉比爭論有關原子彈試爆對
演化的影響，他辯稱，試爆是好事，因為輻射能加快突變率，進而
加快演化速度。「所以，試爆是樁好事，不是嗎？」他這麼說是認
真的嗎？我不能確定。但是不管怎樣，這終歸是內容豐富又令人興
奮的對談。

　　學會送給我的最後一項大禮，是終於把我送到了熱帶地區。我盡快安排這件事。6 月中旬，我動身前往古巴。由邁阿密飛往哈瓦那的飛機上，駕駛員邀請年輕的乘客到駕駛艙去。從那兒，我目睹古巴海岸出現在視野中，我的夢想終於能夠實現了。

古巴熱帶行

　　到了哈瓦那，我加入由幾位哈佛研究生組成的熱帶植物調查隊。我們先乘車到靠西的皮納里約省（Pinar del Río）去探訪許多塊位在石灰岩殘丘（mogote）上的樹林。這類殘丘是石灰岩的露頭，因為太過粗糙、無法轉成甘蔗田。至於剩下的土地，幾乎已經完全被砍伐得乾乾淨淨，只剩下泥土或草皮，大部分地區都只剩下高聳的大王椰子點綴其間。幾天後，我們前往艾特金士園（Atkins Garden），這是植物園，也是哈佛大學的置產，位在古巴西南沿岸靠近豬玀灣東邊六十公里的西恩非哥斯。

　　然後，我和三名植物學家：崔思樂（Robert Dressler）、瓊斯（Quentin Jones）以及講師韋伯斯特（Grady Webster），一塊兒由艾特金士園出發，探訪殘存在維雅斯省（Las Villas）的古巴原始林。這趟搜索工作最困難之處，是親眼目睹該島生態遭到嚴重破壞之後，還得忍受這種令人震驚的感覺。連續幾世紀以來，古巴的地主毫不憐惜的砍伐森林，完全不顧當地的動植物相。為了要抵達最後一塊動植物的「避難所」，我們必須前往堆土機和電鋸到不了的地方。那些地方大部分是位在陡峭的山坡上，再不然就是位在低窪的河谷岸邊。1953 年，當我橫貫該島西部中央地帶時，我對熱帶地區的觀感，開始起了重大的變化。

　　我還記得那個難忘的早晨。我們乘上吉普車，前往布蘭可林地（Blanco's Woods）。這裡是當地很有名的林地，它之所以逃過劫難，未遭砍伐，完全是因為富有的地主不住在本地，因為某種原因忘了去「開發」它；布蘭可林地是整個維雅斯省（也可能是全古巴）少數倖存未受干擾的低地森林。

　　我們沿著印有車輪痕跡的泥土路，穿過甘蔗田及養牛場，橫越了流淌於成排雜草及次生林中的淺溪。有時候我們還得停下車，把路上的牛欄門打開，通過後，再關上。我們發覺，要在這片太陽烘曬得又乾又硬的泥土地上搜索原生植物及昆蟲，幾乎是白費工夫，因為它們稀少得近乎是零。同樣的，如果想在這尋找古巴的特有鳥類和脊椎動物，也一樣是徒勞。沙氏變色蜥倒是數量豐富，是附近可以看到的少數生物之一，牠們多半棲息在籬笆上。有一次我們十分好運，看見一隻巨大的古巴變色蜥停棲在大王椰子的樹冠上。

　　好不容易等我們終於來到布蘭可林地時，卻發現它看起來一點都不迷人。不像是一般人期待中的熱帶雨林，布蘭可林地只有一堆中小型的樹木，大多是芸香科，樹林底部則生著密實的灌木矮樹叢。我們要是認不出這些樹種的話，恐怕會以為自己正站在愛荷華州的哪一片林地裡。然而，事實證明，這塊小森林還是擁有許多代表性的古巴動植物。當我們找到了一個又一個的原生種時，不禁欣喜若狂。

　　顧不得蚊蠅在我滿是汗水的手上、臉上大肆叮咬，我找到了螞蟻世界裡的兩個寶貝。一是產於古巴的 *Thaumatomyrmex cochlearis*，牠們顎部的形狀像是長柄的叉子，大得不成比例，幾乎能將整個頭部環住，所以超長的齒叉會超出頭部範圍。另一種叫作 *Strumigenys nitens*，是世界上最罕見的螞蟻之一，體表黑亮，這個物種只有在古巴才找得到，而且事後我才得知，這種螞蟻先前只被採集到一次而已。我們在短短數小時內採集到的這些標本，為哈佛大學比較動物學博物館裡的螞蟻標本室，增添了數量可觀的收藏品。

　　接下來，我們決定要探訪鄰近的千里達（Trinidad）山區，那兒殘存的森林頗有研究價值。這一回，我們的汽車之旅甚至比前往布蘭可林地那趟旅程更為艱困。我們駕車沿著標線不清的雙線道路南行，從西恩非哥斯到千里達鎮這一大段路途中，大多是沒有鋪設柏油的路面，而且我們還在愛瑞模河（Río Arimao）的淺灘上，塞在一堆貨車、小汽車中整整一小時。

　　我們早就聽說這座山東面的斜坡上新開了一條路，於是為了彌補剛才耽擱的時間，我們決定要抄捷徑到聖柏拉斯（San Blas）附近，因為我們認為森林最可能位在那一帶。結果，這條路簡直就是

泥巴大噩夢。我們艱苦的向上跋涉，一路上得不時停下來，把我們那輛深陷在爛泥中的四輪傳動車，奮力推拉出來。途中，我們遇到許多的挖土機，以及一車車往山下送的新砍伐原木（那可是我們的寶貝森林呀！）。

到了山頂，我們總算可以喘口氣，開始採集標本了。這時，一群群居民由屋裡跑出來向我們道賀：原來，咱們的車子是第一輛經由這條新路成功登頂的。

當天，在我們遙望的另一端，年輕的卡斯楚正預備猛攻蒙卡達軍營，那兒有獨裁者巴蒂斯達（Fulgencio Batista）手下的一千名守軍。卡斯楚這項近乎自殺的攻擊行動於一週後展開。七年後，哈佛大學的基地也被占據，美國的博物學家幾乎完全被古巴擋在門外。

我們在千里達山上所見到的小樹叢，幾乎全都是小型、家庭式經營的咖啡園（cafetal）。我找到一些古巴原生種螞蟻，以及一些其他的昆蟲，並一一採樣留存。接下來，我們離開馬路，步行攀爬到更高的山坡上，沿著絕壁的邊緣，繞過犬齒般的石灰岩。雖說這裡土地的肥沃程度，足以供養一大片熱帶雨林或是農業耕作，但地勢卻太陡或太過崎嶇，所以農作物無法生長。我暗想，要不是因為有高山和石灰石的關係，整個古巴將會是一座大甘蔗田。

身處夢想之地

抵達了米拿卡羅他（Mina Carlota）之後，我們終於發現自己置身於古巴山區內一大片豐富、原始的動物與植物相中央。四十年前，昆蟲學家曼恩曾經來到同樣的地點，當時他還是哈佛大學的研究生，專門研究螞蟻，如今，也就是 1953 年，他已經當上了史

密森國家動物園的館長。當年他來到這裡，隨機採了幾個小時的
樣本之後，偶然發現了一種未知的螞蟻。後來他把這種螞蟻命名為
Macromischa wheeleri，以紀念贊助他的惠樂教授。1934 年，曼恩
在《國家地理雜誌》上，敘述這樁發現的經過：

　　我還記得那天是聖誕節，當時我待在古巴千里達山脈的米拿卡
羅他。我翻開一塊大岩石，打算察看石頭下方有些什麼，不料岩石
卻從中裂為兩半。而且，就在最中心的地方，出現了半茶匙左右的
小螞蟻，牠們在陽光的照射下，發出閃亮的綠色金屬光澤。事後證
明，牠們是還未經發現的新種。

　　自從十歲那年讀過這段文字之後，我就一直夢想著，要到很遠
很遠的地方，尋找如同活翡翠般的螞蟻。
　　現在，我就站在同一處地點，在米拿卡羅他攀爬陡峭的森林坡
地。為了要搜尋螞蟻，我翻開一塊又　塊的石灰岩塊，其中搞不好
有幾塊正是曼恩當年曾翻過的。有些石頭碎裂了，有些石頭滾開，
但大部分的石頭一動也不動。然後，有一塊石頭裂成兩半，露出洞
穴，裡面湧出一滿茶匙的小東西，牠們正是美麗、發出金屬般光澤
的 *Macromischa wheeleri*。
　　在隔了這麼長的一段時間之後，還能夠完整重複曼恩當年發現
這種螞蟻的每個步驟，令我感到特別滿足。因為，這正是自然界和
人類心靈能夠永續綿延的保證。
　　在和大夥一塊兒橫越千里達山脈，前往馬亞里的途中，我又找
到了另一種螞蟻，學名是 *Macromischa squamifer*，牠們的工蟻在陽
光下也會發出金色光澤。這種顏色和世上多處可見的金龜子的閃亮

色澤非常類似。這種搶眼、不可思議的光澤，很可能是昆蟲體表的微小隆起反射強光的結果。

在西印度群島所產的 *Macromischa* 屬（這個屬後來又經重新分類，歸到 *Temnothorax* 屬）螞蟻中，亮麗色澤是常見的特徵。滿合理的推測是，牠們利用這身華服來警告天敵，說牠們腹部尾端長有強大的針刺，或是牠們體內的腺體能分泌有毒的化學物質。

在大自然裡，美麗「通常」代表致命的危險；但若是美麗再加上隨意的行為舉止，則「總是」代表致命的危險。

在這個特別的日子裡，原始的古巴動植物就彷彿像聖殿廢墟中殘活的精靈般，不斷出現在我們面前。來到納倫紐（Naranjo）附近海拔一千公尺左右的地方，我在一株蕨類植物上找到了新種的變色蜥，體色淺褐，略帶綠色，背部再疊上奶油色的矩形線條。牠在逃避我的追捕時，不像同屬中其他成員那樣奔跑，反而是像青蛙般跳躍。

同行的幾位植物學家還幫我找到另一種變色蜥，就一般變色蜥的標準而言，牠算是巨無霸，接近 30 公分那麼長。牠的眼皮有部分闔起來，所以看起來永遠都是一副瞌睡相。此外，牠的腦殼後方還長了一塊很古怪的新月形隆脊。和其他蜥蜴比起來，這傢伙的動作真是慢得可以，另外牠還擁有獨特本領，就是兩眼能分別轉向不同的方向。我後來發現，這隻小怪物是已知種，學名為 *Anolis chamaeleontides*，是古巴的特有種。當十九世紀動物學家為牠命名時，就已經知道這種動物和非洲及馬達加斯加的真變色蜥（ture chameleon）一樣，擁有我說的那些特徵。

然而，這些蜥蜴在解剖學上的高度雷同，卻不是因為親緣關係，在古巴生活的牠們，並不是非洲變色蜥的後代，也不是由非洲漂過大西洋來到西印度群島的。牠們其實是道地的古巴原生動物，

至於那些怪異的共同特點則是趨同演化（convergent evolution）的結果。

我為這隻蜥蜴取名為「麥修撒拉」（Methuselah），因為牠的相貌粗獷而且長著一身灰色皺皮，很像《聖經》〈創世紀〉中的那位高壽老人。接下來的暑期旅程中，我都把牠當成寵物來飼養；一方面是因為我很喜歡牠，另一方面也是因為我知道這是進行原創性研究的難得機會。在那之前，從來沒有人研究過活生生的安樂蜥屬（Anolis）屬蜥蜴。不知道在行為方面，安樂蜥屬是否也在解剖構造上一樣，與非洲變色蜥雷同？

那年秋天，我把麥修撒拉帶回哈佛大學，繼續仔細研究，結果如我所料，牠在行為方面也和非洲變色蜥有趨同現象。

麥修撒拉為捕食蒼蠅及其他昆蟲而潛行時，身體移動得非常緩慢，眼珠也非常小心的隨著獵物打轉。然後，以驚人的超快速度彈出舌頭捕食，然後再迅速闔住上、下顎。牠的獵食方式和其他變色蜥十分不同，變色蜥會從憩息地點衝向前方捕食獵物，然後又退回原處。雖然這些動物和麥修撒拉擁有共同祖先，但是牠們卻朝不同方向演化發展。於是，我相信我的寶貝在古巴博物學歷史上，擁有未曾報導過的重要性。接著，我把我的發現寫成論文發表。

直到後來，我才得知這種蜥蜴很可能是已列入生機受到威脅的物種；所以，即使是為了進行科學研究而把牠抓走，對我也不是件光采的事。

7月底，我在崔思樂、瓊斯以及寶貝蜥蜴麥修撒拉的陪伴下，由哈瓦那飛往位在墨西哥猶加敦半島上的梅里達（Mérida）。我們一下飛機，就立刻出發進行為期一週的採集之旅。沿著波羅格里梭—坎培齊路（Progreso–Campeche Road）進入荊棘林中，順便再到

烏斯馬爾廢墟一遊。我們見到了馬雅人遺留下來的宏偉廟宇及庭院，這些遺跡只剩下部分沒有被植物淹沒。

真正的新熱帶區

沿途並沒看見其他遊客的蹤跡，我們可以自由自在跑上跑下。傾頹的宮殿中，螞蟻成群，隨處可見。想必早在一千四百年前，這兒剛奠下第一塊石基的時候，牠們就已經在此忙忙碌碌了。我沿著魔法師神殿的階梯往上爬，在頂端一株無花果樹的枝幹上，採集到了 *Cephalotes atratus* 的工蟻。這種螞蟻的體型頗大，個性害羞，體表黑得發亮，長有複合的針刺。我倚著樹幹，小憩片刻，心中忍不住想：這些欣欣向榮的昆蟲生命，是任何人類作品都比不上的。

接下來，我們又從梅里達飛往墨西哥。從這兒開始，我要與崔斯樂和瓊斯分道揚鑣，獨自展開孤獨的純粹昆蟲學之旅。我搭上往東行的巴士，穿過松林散生的墨西哥高原，然後又行經蜿蜒小路往山下走，來到海拔高度降低數千公尺的海岸平原，抵達維拉克魯斯州。

有生以來第一次，我終於來到所謂「像樣的」熱帶地區。這裡不像是那些住有島民的西印度群島，那兒雖然洋溢著異國情調和趣味，但是動植物的數量和物種卻很有限；這裡也不像佛羅里達南端四周生著紅樹林的狹長珊瑚群島或加勒比海沿岸，雖然那些地區的外觀也是一片青蔥；這裡是大陸內地低窪熱帶地區，真正的新熱帶區，擁有形形色色的生物。從墨西哥境內的坦皮科穿過中美洲，一直到南美洲阿根廷北部的米西奧內斯省，各地區的生物相千變萬化。在這裡，我花一小時在任何一片潮溼林地中找到的螞蟻物種，都可能超過我在古巴旅行一個月的收穫。

造訪生物避難所

我沿著海岸線，尋找消逝中的熱帶雨林殘跡，發現它們在艾爾帕馬（El Palmar）、普伯羅努弗（Pueblo Nuevo）以及聖安地列斯圖斯特拉（San Andrés Tuxtla）附近，全都遭到重大破壞，森林外圍幾乎砍伐殆盡，內部也受到高度開發。

離開大馬路，舉目所見，只剩遙遠的山頂，再不然就是在峽谷的陡坡上才能看見這類生物避難所。

全世界的熱帶雨林，都只剩下這種通行方式才能造訪，我們可以用標準路線來說明：離開馬路，翻過圍著倒鉤鐵絲網的籬笆，走過一片牧場。沿斜坡滑到小溪邊，涉過小溪（如果溪水夠淺的話），然後從對岸往上爬到森林邊。把四周低矮的次生樹叢砍出一條路來，直到你終於遇到濃密樹蔭為止。等你抵達這個地方後，就會發現你的目的地很可能正好位在陡坡上，你必須緊抓樹幹、樹根，才能避免倒栽蔥摔到谷底。

這些處境岌岌可危的生物避難所到底還能支撐多久？何時會被砍光？心裡存著這些想法在墨西哥旅行，真是令人又懊惱又心痛。好不容易，等我終於進入維拉克魯斯州境內的熱帶雨林後，我好似吸塵器般，拚命採集各種我能找到的螞蟻標本。晚上的時間，我都用來辨認標本，在小瓶上標記，並撰寫博物學筆記。就昆蟲學的標準來看，我的成就來得可真快，我採集到前人不曾研究過的 *Belonopelta* 以及 *Hylomyrma* 這兩屬的蟻窩，而且還觀察記錄下牠們的社會組織以及獵食行為，準備日後發表。

兩週後，在我準備離開維拉克魯斯海岸時，注意力又被奧里薩巴山給吸引住了。它是非常巨大的火山，位在奧里薩巴城北方。它

那美麗、對稱的圓錐山頂，足足有海拔五千六百三十六公尺高，因此山頂上終年白雪皚皚。奧里薩巴火山並不像波波卡提佩火山以及阿空加瓜火山那樣，只是搶眼、高聳入天的山脊或高原而已；奧里薩巴火山是更孤絕、更有神祕氣息的山脈，是墨西哥火山帶某次大爆發所形成的，現在正守著中央高原南面的通路。

令我著迷的不只是它令人讚歎的外貌，也在於奧里薩巴火山本身代表的意義。我把這座山想成是具生態學意義的島嶼，和墨西哥高原並未相連。

我相信一名孤獨的登山者，可以在相對來說很短的直線距離內，由熱帶雨林來到寒冷的溫帶森林，最後到達山頂那狀似極地的不毛碎石堆上。

但是，我之所以說這座火山是座島嶼，是因為這座山本身是由涼爽的棲息地組成的，因此四周環繞的熱帶及亞熱帶高溫低地，則彷彿是海洋一樣。奧里薩巴火山和墨西哥高原的距離相當近，所以生長在中高海拔高原的動物與植物，能夠遷徙到環境條件類似的奧里薩巴火山上；然而，由於兩者低處生活環境的落差，可以看作並未相連在一起，這使得奧里薩巴火山足以隔離演化出當地獨特的物種。

所以，如果我去爬這座山，可以期待找到些什麼呢？從來沒有人為了研究螞蟻這類數量極為豐富的小動物，以及可能伴隨而來發現的體型更小的蟎及跳蟲，而長途跋涉到這座山上來。

在這座山上每找到一隻鳥，就意味著牠背後可能有著十萬或百萬隻螞蟻。因此，我大可合理預期，只要快速橫越一次山區，就能很有效率的採集到多種螞蟻。另外我也知道，從熱帶轉變到溫帶地區，動植物相的變化將十分具有戲劇性。

墨西哥高原的東南面，也就是奧里薩巴火山坐落之處，是全球

生物地理區變化最突兀的地方，或許僅次於印度和西藏間的喜馬拉雅山。高原上，住有許多典型的新北極區（Nearctic region）動植物，這個區帶一直向北延伸，把整個北美洲都包圍起來。早先當我由普埃布拉州沿著彎曲小路穿過高原，下到維拉克魯斯平原時，我從長滿山毛櫸、橡樹、楓香以及松樹的世界，進入了新熱帶區域，只見一叢叢長得密密的天南星科和蘭科植物，攀爬在筆直的樹幹上，而樹木水平伸展的枝椏間，則懸掛著有如繩索般的藤本植物。

攀登生態寶山

如果我能攀登奧里薩巴火山，我期待能發現上述這一切，甚至更多。且讓我說得再強烈些：我命中注定要來此地一試身手。

我打算從標高九百公尺的拉波拉（La Perla）啟程，沿著一條我曾聽人提過的驢隊小徑，前往倫可索米克拉（Rancho Somecla）的小村落，那兒海拔約三千三百公尺。這時，我只需請當地居民接待一下（聽說他們對陌生人非常友善），這樣就能夠在次日攀登到海拔四千八百公尺的雪線附近。沿途，我將一邊採集螞蟻，一邊記錄四周的天然環境。

我當然是個傻子沒錯，獨自步行攀登高山，居然不帶地圖，而且身邊也只帶了一本西班牙文詞典。但是，我竟然真的完成了大部分的旅程。8月底的一個美麗清晨，我起個大早，搭上由奧里薩巴開往拉波拉的巴士。到站後，就開始步行。這座山的南坡大多無人居住，我走完整條小路，一個人也沒碰著，直到抵達我的目的地倫可索米可拉，那時已接近傍晚。

我的旅程由亞熱帶的植被開始。在一千七百公尺的高度，我

進入了以千金榆屬和楓香屬為主的森林，它們都屬於溫帶樹木；林內低處則到處長滿了蕨類植物。海拔較低的地區，四處散生著濃密、陰溼的熱帶林。而在這段隨海拔高度而變的路上，螞蟻的物種組成，也和由新熱帶區過渡到新北極區的環境一樣，混生著熱帶與溫帶的物種。有行軍蟻、火蟻，再加上一些典型北溫帶區的山蟻屬（*Formica*）螞蟻。後來證明，其中兩種山蟻屬螞蟻都是新物種。

到了海拔兩千四百公尺的地方，我發覺一些松樹開始初次現身在山脊上，而山坡上的闊葉樹則以千金榆為主。林地則因為牧場和堆滿新砍原木的空地，切割成一塊塊的格子狀。

等我終於登上倫可索米可拉後，才發現所謂的小莊落全部大約只有十二戶人家，這時我已累得快要癱了。人們跑出來迎接我，而我只能盡可能解釋我來到此地的原因。我不知道他們是否真的明白我的話語或手勢，不過，很快就有一戶人家願意提供我膳宿。當他們在準備雞肉晚餐時，我先休息了一會兒。

天黑之後，我又到附近的松林地裡，試著採集更多的螞蟻。這一回，我身邊還有好幾名青年跟著，他們面容嚴肅的聽我解釋，為何我要剝開腐木的樹皮，或是把小蟲子塞到瓶子裡。其中一名青年答應隔天要當我的嚮導，帶我登上雪線。

當晚，我幾乎徹夜未眠。我的床就是一張桌子，而他們給我的唯一一條毯子，在溫度降到攝氏四度時，根本就不足以保暖。我不時爬起身，走到門口張望高掛在晴空中的皎潔滿月。這裡真是適宜人居的好地方，我暗想，只要你帶足了毛毯。

第二天早晨，硬塞了些錢給招待我的主人後，我就和嚮導出發登山去。當我們來到海拔三千六百到三千九百公尺的高度時，進入了一片開闊的雲霧林。這兒的松樹幹上生滿瘤節，而枝幹也被附

生植物壓得往下垂落。我愈來愈覺得興奮，然而卻沒辦法再往上走了。對於平常慣居於海平面的人來說，這兒的空氣實在太稀薄，我已經快喘不過氣來了。

　　我推估，我們距離高山林線只剩一百多公尺，而距離積雪的峰頂約九百到一千二百公尺。當然，我的生理狀況已達到極限。我先前實在太天真了，竟然認為我能夠在三十六小時之內，由低地攀往高山，歷經海拔四千多公尺的變化還能繼續往上爬。

　　再說，螞蟻也開始變少了，即使是在陽光普照的空地上。我搜尋了一個小時，才在一片木材下翻出一窩螞蟻。接著，我們轉身下山，回到倫可索米可拉。我和嚮導握手道別後，獨自沿驢隊小徑下山。現在速度就快多了，不久就到了拉波拉，然後回到奧里薩巴的客棧。在這兒，冒險者別無所求，我倒頭大睡了十二個小時。

第二部

說故事的人

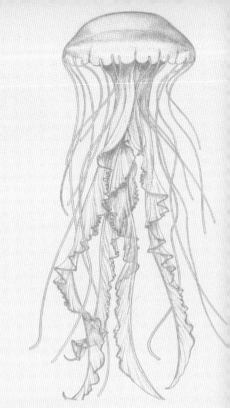

如果你是說故事的人，

且找個好故事，

說出來吧！

——美國電影導演霍克斯（Howard Hawks）

第10章

南太平洋巡禮

　　1954 年的一個寒冷 3 月天，在這個劍橋最不可愛的季節，達林頓把我叫到他的辦公室去。他問道：「你想不想去新幾內亞？」原來，哈佛研究生獎助學會以及比較動物學博物館，願意贊助我去那裡進行長期研究。

　　從來沒有專家曾經到過這個動物相異常豐富，而且大部分都還人跡未至的地區去採集螞蟻。途中我還可以順便探訪其他島嶼，像是新喀里多尼亞。大約一百年前，年輕的博物學家華萊士（Alfred R. Wallace）就在這兒，開始把專門研究動物地理分布的動物地理學（Zoogeography）納為一門科學。如今，我也可以積極投入這個競技場。有誰能預料，身為動物地理學家，這趟經歷會令我的思想發生什麼樣的變化？此外，如果我還能順道蒐集些陸生甲蟲（這是達林頓的最愛），那也很好啊！

　　對於年輕的田野生物學者來說，這真是大好的機會。恐怕還

要好多年之後，才會有另一批經費充裕的研究人員，能夠結隊來到新幾內亞及其他南太平洋群島上設立田野調查站。我將成為先驅人物。達林頓又說，乘著你現在還無拘無束、沒有感情牽絆，快去吧！

但是，我可不是無拘無束、沒有感情的牽絆。事實上當時我正在戀愛。就在前一年秋天，我結識了美貌的年輕女孩凱莉（Renee Kelley）。她來自波士頓的後灣，而且我們已經決定要結婚了。她內向、害羞，喜歡靜靜的與人長談。她還是剛剛嶄露頭角的詩人，熱愛文學，具有學者氣質。也因此，她雖然不從事科學工作，卻很能了解我想要到遙遠地方去的夢想。我們的婚姻將會快樂又長久。

然而，1954 年時的我們還非常年輕，才剛訂婚就要分隔兩地簡直教人沒法忍耐。不過，我倆還是一致同意，我應該去新幾內亞。我將會離開十個月，大部分時間都待在偏遠地區。當時還沒有噴射客機能載我飛來飛去，由於距離遙遠，而且其他交通工具的價格又昂貴，使我不可能在這段期間中途回國探望。至於越洋電話，也是又貴又難打，只能用於緊急狀況。

11 月 24 日早晨，東方航空公司飛往舊金山的班機，由波士頓的洛根機場（Logan Airport）登機門滑出，駛向機場跑道。我可以看到凱莉靠在訪客觀景台的玻璃上，徐徐揮動右手。她的頸子上繫了一條很長的羊毛圍巾，上頭有代表哈佛的深褐與白色條紋，帶著流蘇的末端幾乎碰到了地板。我們兩人都在流淚。

我彷彿是年輕的水手，正要展開另一段長期、不確定的遠航，但是我的內心卻被兩份熱情撕扯：熱帶地區以及對凱莉的愛。在我返回美國前，我倆每天都寫一封長信給對方，總共有大約六百封日記般的長信。

　　我決定要到美拉尼西亞外緣的群島走一趟，然後去澳洲，最後再到新幾內亞。我從舊金山搭乘泛美航空公司的螺旋槳飛機橫越太平洋。中途，飛機在檀香山附近的鳳凰群島加油，地點是其中一座乾巴巴的無趣環礁島坎頓島（Canton Island）。加完油後，再繼續飛往斐濟。

　　第二天早晨，當飛機終於俯身飛向維提島上的機場時，我低頭下望，看見一片白綠色的環礁浮現在湛藍大海中。在那短短的幾分鐘內，我感受到一股今生（不論是之前或之後）未曾再有過的高昂期待之情，一股全然的狂喜。

　　現在，我知道，那樣的時代在生物學史上已經結束了。在那個時代，年輕科學家可以到世界偏遠地區旅行，可以全憑著自己一個人的力量成為探險家。沒有專家小組在旅程中陪伴我，或是在目的地等我，一切由我自己作主。這正是我想要的。

　　我沒有隨身攜帶高科技工具，只帶了放大鏡、鑷子、標本瓶、筆記本、奎寧、磺胺，再來，就只有年輕、熱切以及無盡的期待。

　　南太平洋好似由成千島嶼組成的銀河，島嶼的分布情況造就了諸多演化生物學上的重要進展。達爾文根據他觀察加拉巴哥群島上的鳥類，建構出他的天擇理論；而華萊士也是在研究過馬來群島、汶萊及印尼的蝴蝶和其他生物後，有了同樣的想法。

　　當我步出維提島的機場大門並環顧四周之際，我知道踏上了真正具有生物地理學意義的島嶼，這是一個把島上大部分生物，緊密安置在境內的世界。這樣的島嶼，是研究演化的理想單位。有足夠的生物自外地遷移而入，不管是用飛的、用游的，或用漂流的方式登上島嶼，落腳繁衍；然而，自外地遷入的生物，每個世代的數量也不至於讓自己的族群獨大。如果這座島嶼夠大、夠老、夠遙遠的

話，自外遷入的子子孫孫，將會針對新島嶼的環境，演化出獨特的變異。如果時間夠長，這些逐漸產生的變異，將使牠們與鄰近大陸及鄰近島嶼上的同種姊妹族群，分歧發展得愈來愈遠，最後終於達到能在分類學上分屬不同物種的標準。

我們把這類區域性的物種（或亞種、變種）稱作「特有的」：牠們只生長在這座島嶼上，世界上其他地方都不見其蹤跡。夏威夷的孤鶯就是特有種的絕佳例證，另外還有牙買加的牙買加鳳蝶，以及原產於諾福克群島的小葉南洋杉等。生物學家可以根據島嶼的年齡以及外來生物移入的時間，分析重建當地動物與植物的演化過程，這要比分析大陸動植物演化的過程容易得多。正因為具備這種「單純性」，使得這種島嶼成為天然實驗室中的佼佼者。

這兒的實驗進行方式和一般實驗室剛好相反，是在追溯過去已經發生了的事件，而非預測未知的結果。大多數生物學家都是在人

為控制的情況下改變幾個因子，然後再觀察各項因子改變後所造成的影響。但是，演化生物學家卻是先觀察已經由博物學研究得來的結果，然後再推論演化過程中的變因。於是，實驗生物學家預測實驗結果，但演化生物學家則反推大自然已經做完的實驗過程；也就是說，是反過來用歷史考證科學。又因為在整個演化以及新種生成的過程中，曾經有過這麼多的導引因子，因此，反推方法只有在較小、較單純的生態系中，才能得到最理想的結果。島嶼正是這樣的生態系。

和實驗生物學家不同，演化生物學家對於博物學十分精通，自然中總有豐富的答案等著人們來挑揀。對演化生物學家來說，最重要的是提出適當的問題；最重要的演化生物學家，就是能發掘出最重要問題的人。他們汲汲尋找大自然要告訴我們的精采故事，因為他們正是負責說故事的人。

如果他們同時也是博物學家（一流的演化生物學家絕大部分也都是博物學家），他們會張大眼睛，敞開心胸，進到田野中，朝各個方向觀察；尋找重大問題、尋找主要的機會，他們是全然的機會主義者。

要進展到這樣的程度，博物學家必須精通一到二個動物或植物分類群，熟到有辦法能鑑定樣本的屬別或種別。而這些被挑中的生物類群，就是他想像中的戲院演員。而缺乏這類知識的博物學家進到野外後，將會發現自己迷失在一片綠霧之中，無所適從，既分辨不出其間的生物，也無法認出什麼是新現象，什麼是早已為人熟知的普遍現象。然而，要是他有備而來的話，他可以一邊飛快的蒐集資訊，一邊不停思考：我蒐集到的資料，會形成什麼樣的模式（pattern）？這模式代表什麼意義？它們能解答什麼樣的問題？我

能根據這些說出什麼樣的故事？

我就是帶著這樣的策略，去拜訪太平洋島嶼上的螞蟻。我打算蒐集每一種能找到的螞蟻，觀察牠們的生態及行為，完整記錄下來。同時，一邊留心觀察地理趨勢的形成模式，以及物種適應環境的模式。我對於自己學門裡的現存理論和一般知識，都非常清楚，但是我仍然會敞開心胸，隨時準備迎接美妙的新現象。

我的田野日誌

1954 年 12 月，維提島，那達拉（Nadala）。

就某個可怕的層面而言，斐濟簡直就是古巴和墨西哥的翻版；當地原生的生物早已被驅退到零星、且幾乎沒有通路可到達的地區。我在南迪（Nandi）雇了司機，沿著維提島的北部海岸公路而行，一路穿過小村莊、住家的小樹叢以及牧場。事實上，完全沒有天然森林能在這條大道的兩旁生存，因為沿途早就擠滿了來自東印度的移民。我們由塔夫哇（Tavua）轉向南行，前往中部小丘尋找原始林區，它們全都位在斐濟土著島民居住的土地上。

我遇到的長者告訴我，他還記得大約四十年前，也曾碰到一位專程收集螞蟻的人，那個人曾經到附近的南達瑞瓦圖（Nadarivatu）拜訪。他已經記不得那人的名字了，但是我知道他就是曼恩，也就是先我一步到古巴的前輩。

他是在 1915 年到 1916 年間，由哈佛大學派遣到這座島嶼為比較動物學博物館採集標本。我去的森林與曼恩當年去過的森林大同小異，只除了一點不同：如今，木材業的高度發展讓森林飽受侵擾，火耕方式也讓森林坑坑疤疤。

在那達拉，我爬過位於浮石岩堆上方的陡坡，來到一處蔭涼凹地，那兒長滿了原生的樹種，樹上掛著濃密的攀藤植物，我在其中找到了好幾種當地特有的螞蟻。其中有一種令我血液中的腎上腺素激增，那就是 *Poecilomyrma* 屬，這個屬只有斐濟才有，而且在這之前只被採集到一次——當然囉，採集牠們的人就是曼恩。

第二天，我在靠近柯魯佛（Korovou）的沿岸道路工作時，又發現了另一樁保育上的難過事實。在一小片顯然是天然林的樹林中，我卻只能找到外來的蟻種。據我了解，島嶼上原生物種的多樣性若是很有限，那麼，島嶼上的生態系將很容易遭到外來生物的進犯（即使環境看起來沒有改變）。許多太平洋原生的動物相，都已臣服在豬、羊、老鼠、阿根廷蟻、芒草，以及其他經由人類商業行為引進的高競爭性物種之下。外來種攻占了世界上的眾多島嶼。

我沒在斐濟多逗留。這兒的螞蟻早已為人所熟知，這要感謝曼恩曾在這兒長期居留。第二天，我搭乘澳洲航空公司的水上飛機，由蘇瓦前往努美阿，那是新喀里多尼亞的法國殖民地中心。

1954 年 12 月，新喀里多尼亞，茂山（Mount Mou）。

現在回想，我一抵達新喀里多尼亞的那一刻，就踏上了此生最鍾愛的島嶼。她位在澳洲海岸東方一千二百公里處，是美拉尼西亞群島的最南端。這座巨大、鉛筆狀美麗島嶼的名字，對我來說，應該是「異國」加「遙遠」——直到現在我依然這麼覺得。

根據博物學前輩的研究，我知道這兒的動植物是在數百萬年間陸續進駐這座島嶼的，而且大部分的島上生物，是由澳洲往東遷移，或是由所羅門群島往南經過新赫布里底群島遷移過來的。這些生物彼此交流、一同生活，並演化出獨特的生態系。

這些原生生物包括一些原始的樹種以及其他植物，某些是源自古南方大陸（Gondwanaland），它們的祖先曾經遠居到南極洲（當時地球氣候是溫暖時期）。此外，也有許多生物在這兒演化出極端奇特的形式，是世上其他地方都見不到的。著名的「鷺鶴」（kagu）就是其中之一，牠是鷺鶴科鳥類唯一的現存物種。這種不會飛的當地特有鳥類，叫聲尖銳得可以撕裂夜空。自從1860年代法國開始殖民該島之後，鷺鶴的數量就開始減少，幾至滅絕。

根據早期的博物學紀錄顯示，螞蟻也具有同樣寬廣的生物地理分布模式，來源複雜卻又獨見於特定地區，其中某些物種極為罕見。我決心要把牠們找出來。

獨行探險

此時南半球正值盛夏，在燠熱的日子裡，我由努美阿搭上北行巴士，在帕伊塔的小村莊裡下車。然後，我沿泥土小徑走了六公里的山路，來到鮑迪尼特家的莊園。我把裝備放在涼亭裡，準備在那兒紮營。那一週，他們剛好沒人在家，因此也沒法招待我。但是沒關係，我很高興能夠完全專注在工作上。我又徒步走了一公里路，到鮑家最近的鄰居潘提寇斯特家，這趟路程的垂直高度約有三百公尺。我的目標是再往上爬高一千二百公尺，前往位在茂山頂上的原始森林。為了要趕到那兒，我強行穿過一大片濃密、乾燥的蕨類樹叢。當我終於來到西邊山脊上時，我發覺自己依然置身在蕨類叢中。但是，好歹我已經來到了登頂的路上。接下來的路程就容易多了，滿布森林的山頂也已經在望，就差一公里而已了。

我完全是獨自行動，而且打從路過派依塔後，就沒再碰到過任

何人。這時，我忽然想到，如果我發生意外，例如扭傷腳什麼的，我在努美阿地方的聯絡人必須等三、四天後，才會發覺事情不對勁。因此，在接下來的攀爬過程中，我開始步步小心。

正當山頂新起的大霧將我團團圍住之際，我終於進入了森林。最先遇到的是一堆低矮的灌木以及散生的樹木，接著，就是一大串像南洋杉、羅漢松等針葉樹，它們的樹幹和枝椏間爬滿了苔蘚或是其他的附生植物。再往前走一些，到了靠近山頂的地方，我總算進入了真正的雲霧林。這裡的樹木滿身節瘤，發育受阻，而且枝葉交織成的樹冠層，就只在我頭頂上方約十公尺處。另外地面以及樹木的枝幹上，全都蓋著密密的苔蘚，好似溼黏的地毯。

我已經來到了島嶼中的島嶼，一處純然屬於我的世界。我童年時期所擁有的溫暖私人情感，又重新湧流出來。我讓想像力穿透時光隧道，奔向過去。

這裡的針葉樹都是南極洲地區的古老成員，直到現在依然分布在澳洲南部、紐西蘭、南美洲的溫帶區，以及這兒，新喀里多尼亞的高地。這裡的某些動植物，甚至可以回溯到中生代（Mesozoic Era，二億四千八百萬年前至六千五百萬年前）時期，當時，它們想必都曾讓恐龍嚼食過，而且當時的南極大陸，有些區域還很適合各種生物棲息。

當我開始尋找螞蟻時，有一隻嬌小、長著紅帽冠的綠鸚鵡，降落在附近的樹枝上，並且一直停在那兒。隔不多久，牠就會用神祕的鸚鵡語對我嘀嘀咕咕一番。在這座長滿苔蘚的森林中，我倆真是絕配，原生的牠與外來的我，暫時和諧的結合在一起。我告訴小鸚鵡，我不會做什麼壞事，而且很快就會離開。但是，這個地方將永遠活在我的記憶中。

不只是螞蟻，我在這兒看到的每一種動物和植物，對我來說都是新奇的，而這樣「新」的生物相，全是從外地遷移而來。現在正是我向各位坦白的時候：我是熱愛新鮮的人，極端熱愛新事物，熱愛多樣性的本身。如今，我竟然置身在這樣事事令人驚喜的地方，而且只要我願意，隨時都可以提出具有科學價值的新發現。我那原始的夢境變得清晰起來：

主啊，請帶我到無人探測過的星球，與新形式的生物為伍。把我放到點綴著小圓丘高地的處女沼澤地邊緣，讓我以自己的步調穿越它，並攀登最近的山峰，在適當的時機，越過遠方的山坡，尋找更遙遠的沼澤、草地，以及山峰。

讓我成為這個世界裡的林奈，我只求帶著標本盒、植物採集罐、放大鏡、筆記本，但是不要只賜我幾年的時光，請賜我幾世紀的時光。

此外，萬一我對大地有些厭倦時，請讓我上船出海，尋找新的島嶼和群島。請容我至少有一陣子能夠獨個兒行動，而我，將會不時向您以及我所愛的人報告，另外，我也會為同事印行我的發現報告。因為，如果是祢賜給我這樣的精神，那麼就應該為它的實際用途，設想出最恰當的回饋。

1954 年 12 月，新喀里多尼亞，卡納拉山附近的智歐（Ciu）。

北部海岸的螞蟻居住在潮溼的低地以及小山丘樹林中，為了採集牠們，我必須前往一些彷彿天涯海角的地方。這裡的昆蟲和努美阿附近所能找到的昆蟲種類似乎不同，而且可能包括至少兩種罕見的特有屬，前人也曾採集過牠們。

　　我在清晨三點三十四分起床，搭乘每天發一班車的巴士，前往卡納拉。這輛老爺車行走的路線穿過該島的中央山區，共繞行了一百七十公里。司機不停的繞路、停車，接送當地的新喀里多尼亞人。十點半的時候，我們在傾盆大雨中抵達卡納拉，這場雨持續下了一整天。我在卡納拉旅館用過午餐後，就倒頭大睡。在夢中，我見到了晴朗的藍天。

　　1954 年的卡納拉，總共就只有二十間破房子、一家旅館，以及一所天主教會。村民最重大的社交活動為板球，男女同隊一塊兒打，旁邊還有啦啦隊長敲打竹杖助陣。不過，異國情調的魅力也僅止於此。卡納拉旅館裡有一間廚房、一間餐廳以及一排六間的方形小房間。每間房間約九平方公尺，擺設了一張床、一張書桌，以及一只臉盆。每晚住宿費用為四塊八美元。我隔壁的小房間是一位女性性工作者的營業室，她做起買賣來，聲音吵得要命。所有的旅客都共用同一間浴室以及惡臭難當的戶外茅廁。這兒的餐點教人看不出是什麼東西做的，而且通常冷得令人費解。不過，這些我都不在乎。晚餐包括酒在內，只收一塊六美元，再說，我只要求營養足夠，讓我能來回附近的森林，而且不致染上痢疾就可以了。

孤獨真好

　　第二天早晨，我帶著三明治和一瓶稀釋了的紅酒，沿著泥土路徒步向南方七公里外的智歐走去。

　　智歐是農莊聚集的地方，位在內陸森林的邊緣。途中，小路曾一度越過一處溼地，在那兒，成群的斑蚊在炙熱的陽光下如烏雲般蜂擁而出。牠們彷彿是狙擊手發射的子彈（世界其他地方的斑蚊

也一樣），只要一觸著裸露的皮膚，立刻就開始叮咬。我往身上猛灑驅蟲劑，但對牠們幾乎沒什麼作用。我把這條路命名為「蚊子大道」，然後拔腿就跑，低著頭，屈著臂，就好像在兩道人牆中邊跑邊挨揍一樣。

我的目的地是費瑞農莊（Fèré farm），外圍環繞了一條河。不過，以阿拉巴馬州的標準來看，那只能稱為小溪。又一次，我遵循進入熱帶雨林的通則：爬過一面有倒鉤的鐵絲網籬笆，走過牧牛場，涉過河流的淺水部分（只不過這一次，還妝點了一簾瀑布），然後爬上小丘，進入森林。結果證明，這樣大費周章的努力非常值得。我很快就走進一片原生林的濃蔭下，步入了史前的新喀里多尼亞世界。

由卡納拉到智歐的路上，我並沒遇見任何人，而且當我進入森林工作時，也看不出最近有人來過的痕跡。如同往常，這份孤獨的感覺非常好。雖然有人陪伴能有幾許安慰，但同時也意味著浪費田野生物學家的時間、打斷原本專心一志的你。此外，對於置身未知地區的陌生人來說，人類多少也意味著某種程度的人身危險。

費瑞農莊這兒，並不是一般人所熟悉的、亞馬遜式的熱帶雨林。它總共只由兩層樹林組成，頂部的樹冠約二十公尺高，而且樹冠的開裂處也夠多，使得大把陽光能夠灑在樹林的地表上。這樣的棲所實在太適合螞蟻居住了。

這兒盛產新喀里多尼亞特有的螞蟻，其中有許多都是科學界還未發現的新種。令我訝異的是，到處都看得見紅黑相間的工蟻，在地面上來來回回尋糧。但是在努美阿附近的查波甘達米（Chapeau du Gendarme）地區，同種的螞蟻幾乎都是黃色的。

體色有玄機？

　　這個地區特有的顏色到底有什麼含義？或許這只是巧合，但是我懷疑它和擬態（mimicry）有關。依我猜測，在當地的螞蟻當中，一定至少有一種是有毒的，就如同我以前猜想古巴的金屬色螞蟻那樣，而且那次我也猜中了。牠們身上明亮的惹眼色澤，可以告訴視力良好的潛在天敵（諸如鳥類及蜥蜴）：「要吃我？最好想都別想，否則你會吃不了兜著走。」理論上，這樣做要付的代價是，這塊區域所有的有毒物種都得演化出同樣的顏色，形成具有「廣告效果」的集團才行；此外，還得付出另一樣代價，也就是無毒、但味美可口的物種，也會演化出一樣的外表，因為模擬令人憎惡的外形讓牠們有搭便車的利益。然而，此刻我實在沒有辦法、也沒有時間去驗證上述的假說。

　　我的注意力很快轉移到另一個現象上，這個現象除了比較容易進行即時研究，事後也證明對於追蹤螞蟻演化過程的某些主題非常重要。我在努美阿附近採集到粗角猛蟻屬（*Cerapachys*）及粗角蟻屬（*Sphinctomyrmex*），是新喀里多尼亞首次的採集記錄，後來甚至把新喀里多尼亞所有記錄過的粗角蟻族螞蟻都採集齊了。牠們在智歐這兒的產量真是豐富，所以到達這兒雖然才幾小時，我已經可以細細觀察牠們了。

　　我發現，這些身體堅硬、呈圓筒狀的工蟻，會吃食其他蟻類。為了征服厲害的獵物，工蟻會以類似熱帶大陸地區行軍蟻的方式，集結出獵。我親眼看過牠們的出擊行動，雖然規模較行軍蟻小，組織也較鬆散，然而還是能夠有效破解目標蟻窩的防禦力。

　　真正的行軍蟻，是亞洲和澳洲那種排列成厚厚一大隊的螞蟻，

牠們從來沒能橫渡珊瑚海，到新喀里多尼亞來定居。於是，這類比較不壯觀的粗角蟻在此地頗為「成功」，即使牠們算是比較不可怕的女獵人，但是牠們在此擁有類似行軍蟻的生態區位。我想，或許這就是牠們在新喀里多尼亞產量特別豐富，但是在其他大陸地區卻很罕見的原因。當時，這個想法在我心裡並未成形。我之所以記錄牠們的習性，純粹是因為深感興趣而已。然而，三年之後，在我重新建立行軍蟻的演化起源時，這份田野觀察紀錄派上了用場，成為關鍵資料。

1955 年 1 月，新赫布里底群島，聖靈島，盧甘維爾的瑞塔（Ratard）林場。

好奇心外加機緣，帶領我來到這座遙遠，而且在南太平洋諸島中最不著名的大島。新赫布里底北部大多數地方，依然覆蓋著未受人類侵擾的雨林，從來沒有人來過這裡採集螞蟻，因此，我在筆記本裡留下的每一行紀錄，都將會是新發現。即使只是短暫掃視該地整體的動物相，可能就足以讓我把新赫布里底（也就是現在的萬那杜共和國），擺在更巨觀的生物地理版圖上。

這列群島能夠成為前往西太平洋更偏遠島嶼的踏腳石：往北方看，新赫布里底能接收以亞洲大陸為起點，經過索羅門群島遷移而來的熱帶生物；往南方看，又可以收留由澳洲大陸出發，經過新喀里多尼亞而來的亞熱帶生物。

然而，我在這個地區的探測活動被迫縮短。我發了一場高燒，臥病在床。令人不解的是，在病中，我的腦海裡淨是《天鵝湖》的旋律，一遍又一遍，把我的思路攪得一團糟。更讓我難受的是，我還得忍受不時發生的餘震，因為三天前才發生過一場地震，震央在

馬勒庫拉島附近。我的胸口上整齊排列著巨大的圓形瘀痕，那是讓
盧甘維爾的一位醫生（他「自稱」是醫生）弄出來的，他想用強力
的吸杯，把熱病直接吸出我的身體。想必我一定是西方世界最後一
位接受這種古老無用療法的病患。

　　接待我的主人是瑞塔、他的妻子蘇珊，以及兩個十來歲的兒
子。瑞塔是聖靈島上兩百戶經營椰乾農業的法國家庭中，最富有
的幾戶之一。從他們家沿海的產業往下走，可以看到臨時機場和活
動屋，這是二次大戰時留下的美軍基地。美國作家米契納（James
Michener）寫作《南太平洋的故事》時，靈感正是來自美軍及新赫
布里底的居民。

　　差不多十年前，米契納本人也曾是瑞塔家的住客，而瑞塔正是
《南太平洋的故事》書中及音樂劇中，法國農場主人的靈感來源。
晚餐桌上，瑞塔告訴我書中的那位「血腥瑪莉」目前依然住在埃法
特島上維拉地區的中央行政城鎮裡。站在海邊的產業上，他指給我
看，書中的「巴里—海伊」（Bali-ha'i）其實也就是塞岡海峽對面的
馬洛島。

競爭少，長得好

　　然而，當我把注意力轉向我們身邊的野生環境時，這兒的人文
歷史馬上就被我置諸腦後。在剛剛來到這兒，且還未害病之前，我
曾散步到茂密的雨林中。從那兒隨處都可通往海邊沙灘，這樣的雨
林出現在人口過剩的熱帶地區實在罕見。這兒是成群不受干擾的鸚
鵡，以及咯咯叫個不停的野雞（家雞的野生祖先種）的家鄉。樹頂
上，可以看見吃食水果的大蝙蝠悠閒拍著翅膀。很快的，我就把在

這兒發現的螞蟻之間的異同搞了清楚。如先前所預料的，美拉尼西亞群島中的螞蟻，和所羅門群島的非常相似，若追本溯源，可以追回到亞洲。

我對這些小東西進行了綜合性的生態觀察，這份觀察內容在我日後提出的島嶼演化綜合理論中，占了很重要的地位。我的觀察大致如下：居住在聖靈島的螞蟻物種相對最少，這座島嶼因為位置太偏遠，地質年代也太年輕，所以沒有太多的外來物種遷入。在缺少激烈競爭的情況下，某些遷入的生物，大大的擴展了自己的生態區位。結果，牠們的數量大增，分布在廣大的生態環境和築巢據點中。後來，我稱這種現象為「生態釋放」（ecological release），而且將它視為生物多樣性發展的早期關鍵步驟。

1955 年 1 至 2 月，西澳大利亞，艾斯帕蘭西到瑞吉山（Mount Ragged）。

我很不願意才剛剛開始研究聖靈島的動物相時，就啟程離開。但是我現在卻不得不動身前往澳洲，進行更具潛在重要性的探險計畫，這趟行程也是數個月前就已排定。

我搭乘每週一班的澳洲航空公司飛機返回努美阿，然後再到雪梨稍事停留。在雪梨近郊做了趟採集之旅後，即飛抵卡爾古利。從這處西澳大利亞牧羊業的中心地，再搭乘火車往南，前往諾斯曼，準備採集螞蟻。在當地的酒吧裡，我認識了一群建築工人，他們邀我到工地去採集螞蟻，地點就在附近的尤加利樹叢中。

在小樹堆裡待了一整天，我整個人都快要脫水了；由於前兩個月都待在水氣充足的熱帶地區，我的生理系統幾乎沒辦法馬上調整過來，以招架如此高熱、又接近半沙漠環境的蒸散作用。傍晚時

分，當我們終於返回酒吧時，我一口氣灌下四大杯啤酒。工人大吃一驚（他們可是這個奧林匹克級啤酒國的豪客呢！）。我也大吃一驚，因為在平常的日子裡，我只是個偶爾小酌、最多只喝一杯啤酒的人。

接下來，我又更往南行，來到了艾斯帕蘭西。這是一個相當遍遠的海邊小鎮，位在大澳大利亞灣的西邊。我在這裡和海斯金士（Caryl Haskins）會合，他是昆蟲學者，也是卡內基華盛頓研究所新任的所長。我倆朝艾斯帕蘭西出發，進行螞蟻研究的朝聖之旅。往東走了一百公里，越過沙原裡的石南樹叢，我們的聖杯就住在那兒：響蟻屬的「恐龍化石蟻」（*Nothomyrmecia macrops*，又稱黎明蟻），這是已知最原始的螞蟻，自從二十三年前首次發現後，就銷聲匿跡，而牠們很可能正是螞蟻社會生活起源的關鍵。我們希望能夠重新找到這種螞蟻，也希望能成為最先實際研究牠們如何生活的人。

出發前，我們決定要先搜尋艾斯帕蘭西附近的螞蟻。我們出了這座小城，來到附近的電報山（Telegraph Hill）山頂。電報山是一座花岡岩構成的小丘，丘上覆滿灌木樹叢以及一片片碎石地，那正是螞蟻的理想築窩地點。我們在山丘頂上靜靜佇立片刻，欣賞這一大片延伸到艾斯帕蘭西灣的綠地，從那兒可以聽到來自南極洲的捲浪所發出的陣陣轟隆聲。地平線外，則是無人居住的雷歇什群島，聽說那兒是成群毒眼鏡蛇的故鄉；此外，大白鯊也經常出現在這片深藍色的水域中。我們離家非常遙遠，離波士頓、凱莉，以及美國的所有事物，都遠到不能再遠了。

電報山以及四周的環境都非常奇異、動人，看起來賞心悅目，然而並不舒適。1月是澳洲全年最熱的季節。四天前，艾斯帕蘭西

的氣溫曾高達攝氏四十一度。我們出外採集那天，太陽的熱火由萬里晴空中往下灌，半沙漠內陸的乾風從我們身後熱騰騰的襲來。家蠅的兇悍親戚灌木蠅，蜂擁包圍住我們的頭部，在臉上、耳朵上爬來爬去，想要吸吮我們眼睛、鼻孔以及口中的液體。我們的應對之道是，不斷的行「澳洲式敬禮」，雙手不停在頭邊揮舞，以驅趕灌木蠅。

海斯金士捉蟻好身手

　　海斯金士立刻就開始動手蒐集他最喜愛的昆蟲 ——鬥牛犬蟻（bulldog ant）。這可不是輕鬆的差事。工蟻身長達三公分，生著一對視力良好的大凸眼、有著長長的鋸齒大顎以及厲害的針刺。牠們名列世界最好鬥的昆蟲之一。

　　試著想像一下：一只寬約一到二公尺的蟻窩洞，中央有一道數公分寬的開口，十來隻體積跟大黃蜂相若的螞蟻，顏色當然是紅黑相間，在那裡忙著進進出出。只要打擾牠們一丁點兒，牠們都會還以顏色、毫不懼怕。你轉身逃跑後，有些螞蟻甚至會追離巢穴大約十公尺那麼遠。簡單的說，這些螞蟻可不是美國那些鬼鬼祟祟、專門偷吃野餐或廚房食物的傢伙。

　　海斯金士向我露了一手，表演如何在不傷及螞蟻性命的情況下，採集整窩鬥牛犬蟻。採集者需要具備一點兒勇氣以及忍受疼痛的意志力。只見他直接走向蟻窩，抓起每一隻距離他最近、正在守衛蟻窩的螞蟻，把牠塞進大瓶子裡 ——動作要快，要趕在螞蟻逮到機會，弓起腹部用螫刺攻擊之前，就把螞蟻放進去。這套方法通常很管用，但是偶爾還是有些工蟻能搶在被掃落之前，爬上海斯金士

的足踝，狠狠的刺他一記。等蟻窩外的守衛全都擺平後，他就開始由蟻窩入口向內挖。一群更氣憤的工蟻湧出洞穴，結果統統都加入了瓶中室友的行列。

海斯金士就這樣一路挖下去，直到掘出深達一公尺左右的坑道，而且，每一次他都會發現蟻后躲在最深處的某個小室中。於是，他乾淨俐落、幾乎毫髮無傷的把整個蟻窩都弄到手，然後轉送回美國，好好的實驗研究一番。

第二天，我們的心思又全部都轉回到恐龍化石蟻身上。對於昆蟲學者來說，有關這種「失落的環節」螞蟻的想法，真是再浪漫不過的了。

整個故事要從 1931 年 12 月 7 日開始說起。當時有一小隊度假遊客從巴拉多尼亞分乘卡車及馬匹出發。巴拉多尼亞位於艾斯帕蘭西的西北方，是澳大利亞橫貫公路上一處綿羊集散地以及啤酒休息站。這群人非常悠閒的往南方旅遊了一百七十五公里，穿過廣大、無人居住的尤加利灌木林以及沙漠石南樹叢。在這段路程中，他們越過地形險峻、寸草不生的花崗岩小丘瑞吉山。然後，他們在已荒廢的湯瑪士河（Thomas River）谷地停留了幾天，再往東走到艾斯帕蘭西，由這兒搭火車或汽車回家去。

這群人在旅途中所穿越的地方，是世界上植物相最豐富的地區之一，那兒生長了眾多其他地區看不到的灌木及草本植物。巴拉多尼亞的博物學者兼藝術家克勞可（A. E. Crocker）女士，曾在事前請他們沿途代為採集昆蟲標本。於是，他們將採集來的標本泡在酒精瓶中，然後把酒精瓶繫在馬鞍上帶回來。這些標本當中，包括兩隻巨大、形狀古怪的黃色螞蟻，標本後來轉送到位於墨爾本的維多利亞博物館。

這些螞蟻於 1934 年由昆蟲學家克拉克（John Clark）鑑定為新的屬與新的種，學名定為 *Nothomyrmecia macrops*。

搜尋神祕螞蟻

當我們在第二天離開艾斯帕蘭西的時候，心中滿懷希望，我們要沿著 1931 年那隊人馬所走過的路線，再走一遍。和我們同行的還有澳洲籍的博物學家塞文堤（Vincent Serventy），以及充當營隊管理和大廚的當地居民道格拉斯。我們乘坐在大卡車的載貨平台上，這種卡車是用手曲柄（hand-crank）發動的，就好像二次大戰時，滇緬公路上常見的那種卡車一樣。沿著幾乎看不見轍痕的泥土路，我們開往湯瑪士河農場，路上半個人也沒碰見。大太陽自夏日晴空中灑下，灌木蠅集結成一群群無情的隊伍。當我們停車之後，耳裡唯一聽見的，只有野風吹過沙原石南樹叢的聲音。

我們發現湯瑪士河床是乾的——乾涸的小谿谷，河底比沙原低了二十五到三十公尺左右。河床地面一度曾長滿高大的尤加利樹，而且綠草如茵。1890 年代，第一批居民抵達後沒多久，尤加利樹林就日益薄弱，而居民飼養的羊群也把草地給毀了。如今，半個世紀之後，這裡的樹叢主要是由尤加利、白千層，以及相思樹混生所構成，原先的牧草地被一片片耐鹽的多肉植物給取代。巨大的澳洲肉蟻窩寬達五至十公尺，裡頭翻滾著成百上千隻紅黑相間的大工蟻，宰制了這塊遭嚴重干擾的空曠地區。

在這樣變化多端的環境中，響蟻屬的螞蟻可能躲在任何一處角落。我既興奮又緊張，知道我們極可能一眼閃過地面，就找到科學上的金礦。海斯金士和我立即開始工作，我們都希望自己成為那

名幸運的發現者。我們在河谷樹叢裡來回搜尋,翻動原木、審察樹幹,查看每一隻在遠處移動、色彩鮮豔、可能是響蟻屬的螞蟻,但是卻一無所獲。於是,我們又登上石南樹叢,拿著網子,來回搜索矮樹叢,捕捉正在尋糧的螞蟻。但還是一樣,沒有成功。

那天晚上,我們倆拿著手電筒和網子,又回身走到沙原上,這一次,我們可迷了路。在這樣類似沙漠的危險環境中,到處漫遊可能會走離營地更遠,因此我們留在原地,等待天明。海斯金士找了一只足球大小的石塊,把它當成枕頭擺好,然後仰身一躺就睡著了,這讓我好生驚訝。至於我則心情太過興奮,不打算依樣畫葫蘆,整個晚上我都在附近搜尋螞蟻。我心想,如果我能在海斯金士睡醒時,遞給他一隻螞蟻標本,那該有多妙啊!

這該死的響蟻在這裡!

然而,還是一樣,手氣不佳。我們待在湯瑪士河谷地的那四天(其間曾往瑞吉山做了一趟附屬之旅),簡直就是澳洲野生環境的教科書簡介。每逢夜晚,澳洲野犬總會在我們營地附近嚎叫,但是卻又神出鬼沒,不見狗影。白日裡,常可看見袋鼠及鴯鶓行經遠方的沙原。有天早晨,當我們全神貫注的近距離觀察沙原上的昆蟲時,忽然聽見背後傳來動物噴氣的鼻息聲,不禁嚇一大跳。回過身,我們看見一匹白色的公馬站在約十公尺開外的地方,靜靜的望著我們,彷彿在等待我們替牠上鞍似的。過了一會兒,牠總算轉身走開了。我們又回到自己的工作裡,但不時會抬起頭來看看牠走到哪兒去了,直到牠消失在遠方灰綠色的石南樹叢中,再也看不見為止。

在湯瑪士河谷的採集進度非常快速,令人滿意,至少以一般田

野生物學的標準來看是如此。我們發現了一些新種，期間還為擅長在夜間於矮小植物中尋糧的沙原螞蟻，訂定出完整的生態導引。大眼睛和亮麗色澤，是巨山蟻屬、虹琉璃蟻屬以及響蟻屬這三個屬的成員特徵，牠們顯然是因為同樣住在這塊不毛之地，而趨同演化出來相似的特徵。響蟻屬也同樣具備大眼睛和淺淡色澤，所以我們推斷，牠應該也是生活在類似的環境。於是，我們集中精力在沙原上探索。

我們始終沒能找到響蟻屬，但是卻令牠聲名大噪。接下來那幾年，美國及澳洲的其他研究小組也曾到該地搜尋過，但是都一樣沒能成功。這種螞蟻在博物學界贏得了近乎傳奇的地位。

後來到了 1977 年，事情總算有了突破，我在哈佛教過的博士班學生，後來成為澳洲國立昆蟲館館長的泰勒（Robert Taylor），在澳洲南方距離湯瑪士河整整一千六百公里處，靠近浦奇拉鎮（Poochera）的尤加利樹林中，碰巧找到了響蟻屬的螞蟻。這項發現完全在他意料之外。泰勒衝進營地，用標準澳洲式的語氣大聲嚷道：「這該死的王八蛋在這裡！我逮到了這該死的響蟻！」

螞蟻專家圈立刻興起了小型的專題研究風潮，大家開始從生物學的各個層面來探討這種螞蟻，許多人也親自前往浦奇拉。這些研究細節使一項理論更為紮實，這項理論是惠樂還在擔任哈佛大學昆蟲學教授時，首先提出來的，之後又由海斯金士加以延伸。理論的大意如下：螞蟻的社會生活，始於次階的女兒們留在巢中，協助母親養育更多的姐妹。在以地質年代計的遠古時代以前，由獨居的小蜂按照這種理論，演化成為螞蟻。

轉進「最道地」的熱帶

1955 年 3 月，巴布亞的布朗河營區（Brown River Camp）。

搭火車返回卡爾古利之後，我飛往伯斯，然後到雪梨，最後再轉往新幾內亞。這座大島將會是「最道地」的熱帶地區，而且它也將會是我流浪旅程中的高潮。

當我搭乘澳洲航空公司 DC-3 型客機來到首都莫士比港之後，立刻和任特艾文尼（Joseph Szent-Ivany）連繫，他原籍匈牙利，戰後逃離共黨接收的祖國，是新幾內亞托管地唯一的昆蟲學家。我們一同拜訪在當地住了很久的農夫史坦利，由於他在大戰期間擔任盟軍的平民斥候尖兵，立下不少英勇功蹟，所以後來博得「叢林野豬」的封號。

任特艾文尼和史坦利兩人都是新幾內亞野外旅遊專家，在提供我一大堆建議以及數頓大餐之後，他倆親自陪我到布朗河附近紮營。布朗河是雷羅吉河（Laloki）的支流，位置很靠近莫士比港。真要感謝他倆無私的大力協助，使我在短短五天之內，就得以在原始雨林中展開工作。我的這支迷你探測隊除了我之外，只包括一位當地的廚子、一位司機，以及一位隨從助手。雖然當時我只是一文不名的博士後研究員，但是卻雇得起這些人員，沒有問題。他們每個人的日薪為三十三美分，另外再加上食物配給；這樣的待遇很符合當地的標準，而且任特艾文尼和史坦利都曾特別警告我說，千萬不可付超過這個價碼。

我們把帳篷搭在小小的空地上，四周圍滿了高大的樹木，這些大樹長有彷彿魚鰭似的支撐物，使得它們的樹幹看起來就好像是等待發射升空的火箭一般。濃密的樹冠層高掛在我們頭頂上方超過三

十公尺的地方，其間還妝點著各式藤蔓及附生植物，把大部分的陽光都遮住了。只有在樹木自然傾倒或枝條自然折斷所形成的空隙之處，才能見到幾束陽光。

接下來，我陷入混亂吵雜的日子。鸚鵡及其他鳥類、青蛙以及昆蟲製造出來的喧囂，未曾停息的灌入我耳中，真是刺耳得很。不過，如果分開來個別傾聽，倒是都不失為美妙嗓音，只要別同時大合奏就好。另外的惱人事物，則是蚊蚋和尾端沒有刺的蜜蜂，牠們成天圍著我的腦袋打轉，毫不留情的前來光顧。準備一些自己的體液奉送給這些討厭的小蟲子，正是在熱帶進行田野工作必須付的代價。但是話說回來，這裡正是全世界我最想要待的地方，所以沒什麼好抱怨的。

樹幹、葛藤以及腐爛的原木中，聚集了上千種昆蟲。我從早到晚不停的審視牠們，我的助手也緊緊跟在後面，他很快就變成了業餘的昆蟲學家。我倆聯手採得超過五十種螞蟻，其中有許多還是新種。在那段期間，我的眼光始終盯著地面以及低矮的植物。偶爾，我難得抬頭張望，也是為了觀看在空中翻攪的巨大鳥翼蝶，再不然就是來回穿梭在樹冠層中的鸚鵡群。

鸚鵡的種類繁多，先是棕色羽毛的，接著是隻綠色的，然後又來一隻黃色的。有一次，我聽見天堂鳥的叫聲，但是頭抬得慢了一步，沒能看見牠。我待在新幾內亞四個月期間，從沒看到半隻天堂鳥，雖說我一定曾經多次和各種天堂鳥近距離擦身而過。我主要還是把眼光鎖定在地面上，低著頭，拱著肩，這個姿勢我早在十幾二十歲的時候就養成了。傍晚，大夥兒一塊共進小袋鼠、野鴿子；另外，為了開胃，我們也從附近的腐木中，挖出天牛的幼蟲，把牠們像棉花糖一樣串在樹枝上燒烤，吃起來有堅果的味道。

　　在新幾內亞，我覺得自己就像是真正的探險家。我的確是探險家，至少就昆蟲學的領域而言是如此。從布朗河返回沒多久，我又再度出發進行第二趟為期一週的旅程。這次的目的地是蘇加利高原（Sogeri Plateau）下方的雨林（我在那兒找到了一類很特別的螞蟻，牠們以寄生形式生活在其他種螞蟻的窩巢中）。兩趟旅程結束後，我立刻和任特艾文尼一塊兒駕車到莫士比港機場，迎接葛利錫特（Linsley Gressitt）的到來。在那次會面後，這位鼎鼎大名的昆蟲學家，不久後就將夏威夷主教博物館（Hawaii's Bishop Museum）改造為研究太平洋昆蟲的世界級中心。他公認是此地區昆蟲生物多樣性的先驅專家。那天，是葛利錫特生平第一次拜訪新幾內亞。因為我比他早到這兒兩個星期，因此我還能奉送給他一些關於在當地採集標本的建議。直到現在，回想起來，我還是覺得很光榮。

1955 年 4 月，新幾內亞東北部，休恩半島。

休恩半島是新幾內亞大島東北邊的尖角，由大島東北部山地延伸突入所羅門海中。它的主幹是沙拉威吉山脈（Sarawaget Range），這座山脈幾乎綿延整座半島，最後才向東分歧為羅林桑山（Rawlinson Mountain）以及克倫威爾山（Cromwell Mountain）。在半島頂點上，也就是重重山脈環繞的山腳下，有個海濱小鎮芬什港，我於 4 月 3 日來到這裡，展開生命中最冒險的一段旅程。

我是應澳洲巡邏官員柯蒂斯（Bob Curtis）的邀請，陪同他進行一趟政府出資的山地之旅。他此行的任務是代表官方視察赫伯鄉間的村莊，視察的範圍向西延伸到沙拉威吉高地上。柯蒂斯要與村落裡的酋長碰面會談，解決發生在村內或村間的糾紛，並且提供農業方面的建議。再來，如果可能的話，要順便把兩名殺人嫌犯逮捕回芬什港受審。儘管有謀殺犯要抓，柯蒂斯並不認為此行有多危險，然而，此行當中還是有著一些未知數。海邊和山區之間，雖然定期有當地人來來去去，傳遞消息，然而這些村落通常每隔一兩年，才會有政府官員親自視察。有些莊落甚至從 1952 年起，就不曾與政府官員有過接觸。

這趟巡察最引人矚目的地方，也許要算是柯蒂斯的年齡了。他只有二十三歲，而且要在旅程接近尾聲的 4 月 19 日，才滿二十四歲。然而，當他和我一塊檢查行程表時，他所流露出來的沉著和幹練，卻彷彿是年紀大他兩倍的人才具備的。柯蒂斯長著一頭金髮，肌肉強壯，而且還擁有電影明星般的俊美相貌。我不禁聯想起，大約在二十五年前，來自澳洲塔斯馬尼亞的男影星弗林（見第 70 頁），他原先也曾經擔任過新幾內亞的巡邏官。

　　到休恩半島上任之前，柯蒂斯曾在澳洲打過半職業性的橄欖球，是那種非常粗暴的澳洲橄欖球，結果撞掉了大門牙。所以，現在他只得乖乖戴著齒橋。對於這次巡察，柯蒂斯若存有任何憂慮，他也只是擺在心裡，沒有說出來。

　　最重要的是，柯蒂斯似乎很高興有我作伴，而我其實更高興，除了在從未有昆蟲學家造訪過的偏遠山區裡頭，採集並研究螞蟻之外，我什麼都不必做，只管跟著隊伍走。柯蒂斯還告訴我額外的好消息：我們將要攀過三千六百公尺高的中央山區，它的頂端冷得幾乎結凍，只有草原，長不了樹木。

　　許多當地人試圖翻越中央山區時，都死在上頭，而且還謠傳說，1944 年，被澳洲軍隊從芬什港驅趕入山的日本軍士，也凍死在山頂上。我們很好奇，那些木乃伊般的凍死骨是否還留在山上，是否就像寓言故事裡頭，有如吉力馬札羅山頂上的豹子般完整的保存著？

　　我並不奢望能在那麼高的山上找到螞蟻，但是卻依然滿心期待這趟攀登。這可能會是十分艱困、甚至十分冒險的長途跋涉。事後回想，我不禁要問，柯蒂斯和我究竟算是大膽的十九世紀風格冒險家，或者只不過是興奮的大孩子在玩樂而已？

　　我幾乎可以肯定的回答：兩者皆是。

曲折山路難行

　　我們離開芬什港時，身後跟了四十七名腳夫和三名營地助手，以及一名身穿制服、肩著來福槍的「警察小子」。在殖民統治日漸式微的那個時代，當地的土著警察仍然還是被喚作「警察小子」。

　　至於其他的人手，則各有不同的任務，諸如廚師小子、獵人小子等等。除了柯蒂斯的陸軍班長作風外，大夥彼此都非常客氣有禮，而且一旦上路後，我們馬上就變得非常親密且平起平坐。要是不這麼做的話，或許會很危險也不一定。因為當地人最大的文化特色，依然是「征戰」和「血債血還」。

　　沿途每到一個村落，腳夫就會跟著更換，每名腳夫的日薪介於美金二十五分到五十分錢之間。旅程進行了一段之後，成年男子的數目不夠，於是柯蒂斯也開始雇用女人及小孩來補足人力。

　　當我們穿過梅佩河（Mape River）往北行進時，來到了一片人跡罕見的地方。這塊區域大部分都給雨林占滿了，鮮少受到人為干擾的跡象，只除了居民住處附近會出現一些耕地而已。村落到村落之間，約需步行七到八小時。每一個村落都住有數百名男人、女人及小孩。

　　由於這些村落千篇一律位在山區，我們在整個旅程中幾乎都沒走過平地。最典型的每日行程如下：早晨大約九點出發，踏上彎彎曲曲的狹窄山路，一路蜿蜒下降一千公尺高度。到了谷底，我們來到水流湍急的河邊，越過橫跨的吊橋，有時吊橋只有一個手掌那麼寬，上面再加一條竹竿扶欄做為平衡。過了橋，我們又開始沿著迂迴小路上山，再爬一段和下坡差不多長的距離，到達另一個村莊。道路多半泥濘、溼滑，而且經常加寬變成一灘幾乎沒法通過的爛泥水潭，就好像豬最喜歡打滾的那種泥灘。陡峭、滑溜的泥岸則長滿了濃濃密密的矮樹叢，想要離開小徑通過它們，幾乎是不可能的事。大部分時候，我們都不得不以單人行列前進。

　　這樣的路況對於腳夫來說，實在比對柯蒂斯和我，以及那位只管背著來福槍和隨身用品的當地警察，要艱困得多。每名腳夫都必

須背負二十公斤或更重的物品。這些包裝簡單的物品,多半都只用一條頭帶撐住,堆集在腳夫的背上,再不然就是掛在一根竹竿上,由兩名腳夫一前一後挑著。

然而,所有的腳夫看起來都很快活。對於巴布亞的山地居民來說,背著重物辛苦爬山,本來就是日常生活的一部分。雖然我當時的身體狀況非常好,但是他們卻比我更堅韌,尤其是在高海拔地區。我不禁懷疑,這些人是否在遺傳方面就已經更能適應他們所處的艱難環境?我很好奇,他們會不會是天生的馬拉松好手?

在漫長的旅程中,腳夫對於不斷偷襲他們腿和腳的血蛭,也是一樣滿不在乎。久不久,他們會停下來,把這些吸血蟲拔掉,那神情平淡得就好似我們停下腳來繫鞋帶似的。每逢經過水蛭出沒頻繁的樹林,他們的皮膚上就會出現一道道小溪般的乾涸血痕。但是,我卻從未看到任何因為這類吸血蟲而引發疾病的證據。

為了這本自傳,我重新研究當年這趟旅程,仔細查遍所有我能找到的這塊地區的地圖,其中主要是官方根據巡查報告繪成的地形圖,以及 1973 年拍攝的立體空照圖。結果,我只能找出我們於 1955 年探訪村落中的半數:馬拉魯村、波印邦根村、南杜村、永健村、赫摩哈葛村、瓊井村、欣欣谷村、碧魯村、甘彌漢村、然閣魯村、湯南村、艾伯巴恩村、瓦慕吉村、山彬村、布塔拉村。

會不會有些村落已經遭到棄置了呢? 1955 年的時候,我曾拍下部分村落的照片以存檔,而且村落的名字,我也全都記在筆記本裡。

我們愈是深入赫伯山區,當地人就愈是興奮,愈是開心的迎接我們。在欣欣谷村,當地人招待我們欣賞耗時大半天以上的「欣欣舞曲」,這是一種載歌載舞、舞步複雜的表演。在甘彌漢村,酋長

舉辦了一場射箭比賽，採用一公尺長的竹箭，以黑色的棕櫚弓來發射，箭靶是位在十步外的香蕉樹幹。我也射了一箭，結果偏離靶心一公尺遠，心裡馬上準備好要接受大夥兒的嘲笑。沒想到，我卻聽見身邊有人咕噥道：「他還不錯。」這話的意思也許是「對於一個不需工作討生活的人來說，這樣的成績還不算差。」

在鄉民眼中，柯蒂斯和我是最罕見的怪物。在許多偏遠村落，女人和小孩見了我們就跑、就躲，直到我們受安置在招待賓客的茅草屋中，他們才靜悄悄的溜回家。一整天，我們的屋外都站滿了人群，觀看我們的一舉一動，毫不掩飾他們的好奇。柯蒂斯面對他們，依然維持一貫的輕鬆自若，和大夥兒用洋涇濱英文暢談。有一次，我們在瓊井村還表演了一小段魔術，做為回敬，觀眾大多是兒童。我們站在房門口，柯蒂斯把他的門牙齒橋拔下來，高高舉給大家看。我呢，則轉過身，把眼鏡取下來，戴在後腦杓上，然後對著背後的群眾指指點點，假裝我能從身後看到他們。我們兩人的表演都令大家驚異不已，其中一個孩子還嚇哭了，因此我決定再也不要玩這套把戲了。我覺得自己不像藝人，反倒像騙子。再說，誰敢保證我們沒有犯了他們的忌諱，又或是為他們召來了什麼樣的鬼怪？

我變成了「叢林人」

只要逮到機會，我都不忘採集螞蟻。我會先獨自往前衝個數百公尺，工作幾分鐘，等大夥兒經過時，再重新歸隊。要不然，就是落在腳夫之後，先在一片很理想的森林或空地上採集，然後再快步或小跑步追上隊伍。

每段旅程終了，大夥兒來到小村莊時，我都會在傍晚薄暮時分

出外走走。如果我們預定在該處停留二、三天的話，我甚至會出外進行更長程的採集之旅。

　　最為困擾我的問題是天氣，大部分的午后，整個山區都會瀰漫著霧氣或是陣陣的小雨。不論白天黑夜，氣溫通常總是介於寒冷的攝氏十度到勉強宜人的二十度之間。只有在正午時分，陽光照射得到的地方，氣溫才可能超過攝氏二十度，而這時也正是螞蟻數量最多、最活躍的時候。

熱心居民幫倒忙

　　赫伯鄉民也為我的工作帶來一些阻礙，他們實在是好奇又熱心得讓人受不了。由於我老是待在樹林裡，他們把我喚作「叢林人」。剛開始，我身邊總是圍著一大群各種不同年齡的小男孩，再加上幾名大人，他們相互推擠著想看清楚我究竟在幹什麼；大夥兒靠近到幾乎使我沒法工作。當他們弄清楚我的目標之後，馬上就開始代我搜尋，結果呢，附近所有的原木殘椿全都快速被撕為碎片，但是成效卻極低。於是，我只好盡可能禮貌的請他們走開。

　　不過，也有好幾次，我請這些「隨從」替我蒐集蜘蛛、青蛙和蜥蜴等，放過螞蟻或是其他小昆蟲，讓我自己來蒐集。他們聞言立即向四面八方散去，一下子就把我帶來的空瓶都裝滿了。我特別記得其中一位年紀約十二歲的男孩，手裡抓著一隻大蜘蛛向我跑來，當時蜘蛛的口器正啃咬著他拇指上的厚繭。他一邊開心的咧嘴而笑，一邊把蜘蛛往我手上遞。我是個有輕微蜘蛛恐懼症的人，這時不禁慌了一下子。然後，我也對他咧嘴一笑，欣然打開我的午餐袋以收容這隻小怪物。

　　我們始終沒有捉到謀殺嫌疑犯，這令我鬆了一口氣。此外，我們也沒能成功登上沙拉威吉山頂。當我們抵達碧魯村時，一名來自芬什港的信差帶了消息給柯蒂斯：他得盡快返回莫士比港報到，以便參加面談，爭取另一個薪水更高的職位。

　　於是，第二天，我們沿著布倫河（Bulum River）南行，離開沙拉威吉山區，來到位在河岸邊的布塔拉。有輛卡車早已等在岸上，準備送我們完成剩餘的旅程，然後返回芬什港。

　　在最後這段返家的旅途中，有一天，我心裡突然對熱帶螞蟻的多樣性，生出了全新看法。我待在新幾內亞的這段期間，曾經研究大片算是未受人類干擾的雨林區，首先是布朗河區，接著是萊城附近的布蘇河（Busu River）區，現在則沿著休恩半島縱向而行。我曾經密切注意我能找到的所有螞蟻，為牠們鑑定身分以及各自的相對數量，摘記下每一個蟻窩的資料。我發覺，在海拔高度相同的森

林，每公里和每公里間林相的外觀變化雖然很小，但是螞蟻動物相的結構變化卻通常大得驚人。例如，我們很可能會在這一公頃林地內，找到五十種螞蟻，然後在不遠處的另一公頃林地中，也找到五十種螞蟻，但是兩地之間通常只有三十或四十種螞蟻是相同的。

　　這些變異有些是起自於棲息地的實質環境變化。譬如說，第二塊公頃林地上，可能包括一小塊可讓蘇鐵生長的沼澤地，或是一塊因樹木倒塌所形成的空地。這種類型的生態變化很容易理解，現在稱為「β 多樣性」，也就是因不同棲息地點的環境差異，進而產生不同的物種多樣性。但是，許多差異並沒有這麼容易解釋；綜觀表現出來的，即是現今所謂的「γ 多樣性」，也就是隨著地理區域延伸或距離增加，而造成物種組成變化的程度。

不一致的片狀分布

　　在這兒所觀察到的模式和溫帶林地大不相同，在溫帶林地只有相距超過數十公里或數百公里的距離時，才會表現出同樣程度的 γ 多樣性。我已經發現了一些新東西，是與熱帶地區螞蟻動物相的結構有關，或許也同樣與熱帶雨林驚人的動植物相多樣性有關。

　　1958 年，我就以這項主題，寫成下面這篇正式的專文：

　　不論從比較生態學的哪一個層面來看，新幾內亞螞蟻動物相的最大特點，莫過於「物種多樣性高」以及「超級大的生物量」。……除了單純的數量外，另外有一項因素大大增加了整個動物相的複雜度。那就是，個別物種不一致的片狀分布……這樣不一致片狀分布的結果是，沒有任何兩個地點擁有完全相同的動物相。

想想看，上百物種在此地交織，很顯然，整個新幾內亞動物相的時空結構必定具備萬花筒般的面貌。這種結構對於螞蟻個別物種的演化，甚至對其他動物的演化，肯定能產生非常可觀的影響。它很可能促進了地方族群在遺傳方面的分化，而且也可能在熱帶地區最大的演化特色「豐盛」與「寬廣」上面，扮演了很重要的角色。

後來我才得知，法國植物學家奧伯瑞維爾（André Aubreville）和英國鳥類學家莫洛伊（Reginald Moreau）兩人，早就分別注意到非洲雨林的樹種及鳥類，也有類似的片狀分布現象。所以說，正如我在 1955 年所期望的，片狀分布的確是普遍現象。後來，在發展我的「分類群循環」（taxon cycle）理論，以及更晚期與麥克亞瑟合作的「島嶼生物地理學」理論時，我個人先前這份有關片狀分布的見解，成為理論的基石。最重要的是，由於這份見解，促使我把注意力定在生物多樣性上頭，認為它本身就是值得研究的主題。

我很高興（正確的說，應該是狂喜），能從我那未經刻意訓練的採集和日誌中，悟出事後證明應用範圍極廣的生態學模式。

然而，這才是理所當然的。大自然優先，理論次之。又或者，更理想的情況是，當你把全副心智擺在這個主題上頭時，大自然和理論就能夠緊密結合在一起──首先，你要熱愛生物本身，然後，再去尋求普遍性的解釋，之後，如果運氣好的話，新發現自會隨之而來。即使沒有新發現，這份熱愛與樂趣的本身也將值回票價。

這份見解是我待在瓦慕吉（Wamuki）時所想到的。瓦慕吉就位在分隔西邊布倫河谷以及東邊蒙吉河谷（Mongi Valley）的山嶺上，坐北朝南。從這兒往南行約一天路程，布倫河即匯入蒙吉河，河面變得更寬廣，然後直接由布塔拉出海。在我最後一趟旅程接近

尾聲時,有天傍晚我散步歸來,凝視著籠罩在整個布倫河谷上空的雲彩。這時,我能看見連綿不絕的森林一直向下延伸,直達河岸,而且還繼續再往下擴展十五公里,到達羅林桑山區內較低處。

這整片區域都沐浴在一片寶藍色的薄霧中,陽光滲入後,更使整座河谷看起來彷彿一片汪洋。在離河岸約三百公尺的地方,一群黃色羽冠的大鸚鵡正在樹頂懶洋洋的盤桓飛翔,好似隨波逐流的亮麗白色魚群。此刻,耳中聽到的,只有鸚鵡的叫聲以及遠方河水的隆隆聲。

站在這幕壯麗景致前,我心中原先無比熱中、有關演化的含糊思想,逐漸淡去;反倒記起《聖經》描述的創世第四天,「水要多多滋生有生命的物,要有雀鳥飛在地面之上,天空之中。」

1955 年 5 月,沙拉威吉山脈中央山頂。

當我返回新幾內亞東北部的行政中心萊城時,我的心卻依然還留在沙拉威吉山區。有天清朗的早晨,我站在萊城大街上,朝北望去,可以一眼看盡整座藍灰色的沙拉威吉中央山區。我從別處得知,從來沒有歐洲人踏上過這座山脈的中央主峰頂端,也就是眼前如此明晰聳立的山峰。過去曾經有八個人,包括鳥類學家麥爾在內,分別由芬什港出發,沿著部分我和柯蒂斯走過的路線,登上沙拉威吉山脈的西端山頂。然而,從來沒有人從東邊登上中央山脊。

在 1955 年那個年代,探險活動如此稀少並不怎麼奇怪;萊城直到 1920 年代才有居民,等到我去的時候,當地的農人、伐木工人,以及政府官員的人數依然非常稀少;而且很顯然,他們還有很多登山以外的正經事要忙。

心繫登頂

　　我萬分渴望能登上沙拉威吉的山頂。一想到我可能成為第一位探訪中央山區的白人，我就覺得非常興奮。問題是，要怎樣才上得去？我聽說，位在萊城和山頂間的邦伯克河谷（Bonbok Valley）半山腰上，有個名叫波亞那（Boana）的地方，那兒有一家路德教會。於是，我向農業部詢問有關波亞那的消息。沒多久，就接到當地牧師柏格曼（R. G. Bergmann）的回音，表示非常歡迎我前去作客。此外，如果我決定要登山的話，他也很樂意在當地提供援助。柏格曼本人，就是前面提到那八名登上沙拉威吉山脈西端的歐洲人之一，他相信，要登上中央山區的頂峰應該也不至於太過困難。

　　5月3日，我踏進克勞利航空公司的辦公室，因為這是前往邦伯克河谷的主要交通工具。該公司總裁兼唯一員工克勞利先生，端坐在破破爛爛的木製書桌後頭。他站起身，我們握手為禮，然後他在一堆文件裡頭翻揀了一番。接著，我付清前往波亞那的來回機票錢，總共是澳幣四磅十先令。幾天之後，克勞利和我一同穿過柏油碎石砲道，走向他那架每週往返波亞那一次的1929年份雙翼飛機。

　　克勞利進入前座駕駛艙，我則進入後座乘客艙，然後咱們倆就起飛前往邦伯克河谷。從機艙往外看，我非常能享受眼前開闊的低空飛行視野。另外，我還注意到在飛行途中，左右兩側的雙層機翼都會輕微上下波動。我猜想（或許該說我希望，來得更貼切些），這種像鳥類拍翅般的動作，只是雙翼飛機正常的空氣動力學現象。

　　在波亞那降落時的情況非常詭異。教會盤踞在河谷東邊橫嶺上，而那條臨時飛機跑道又只能由支流河谷以南的方向降落。於是，我們只好在兩側高聳的山脈間，沿著河流往北飛，在分流的地

方往右轉，然後緊接著再右轉，現在方向正好朝向正南方。很快
的，山嶺上出現了飛機跑道。當我們滑降到雜草叢生的地面時，我
看到了克勞利公司裡的另一架飛機，同樣也是 1929 年份的雙翼飛
機；這架飛機不久前撞毀了，仍然機鼻朝地趴在跑道邊。

雨水、爛泥、血蛭

　　接近中午時分，藍灰色的沙拉威吉山嶺襯著陰霾的雲岸，看起
來似乎離波亞那非常近，大概只有一天的路程吧，我實在渴望能夠
馬上出發。事實上，這段路程需要走五天。我在兩天後出發，隨身
雇了六名巴布亞青年擔任嚮導及腳夫。結果，這是我一生中最累人
的旅程。剛剛結束的那段沙拉威吉巡邏，即使是最艱苦的路段都給
它比了下去。

　　第一天，我們抵達班丹（Bandang）的村莊，之後就開始進入
沒有路跡可循的鄉野，每日持續「行軍」五到七小時。我們單日行
進的水平直線距離，很少能超出幾百公尺。我們兜來轉去、跌跌撞
撞，涉水、攀山，有時手腳並用，沿著溪岸前行，跟蹤動物留下的
足跡往上翻越山嶺；之後，下到溪谷，接著，又開始往上攀爬。令
我緊張的是，我們的嚮導竟然會不時走迷了路；遇到這種狀況，我
們也只好待在原處，先派一兩個人爬到地勢較高的地方，重新確定
方位。

　　我們這一小隊人馬幾乎老是全身溼答答的，因為午後不久，總
會來幾陣雨，下下停停，直到傍晚時分。由於經常在溼黏、積水的苔
蘚地上掙扎，我們的衣服也全都被泥汙濺得斑斑點點。等我們來到海
拔二千一百公尺以上時，夜晚的氣溫會降到攝氏十五度以下，而白天

的氣溫也從未超過攝氏三十度。血蛭更是無所不在，牠們粗大、兇猛、烏黑，不一會兒就能飽飲鮮血，脹大成半根拇指粗。於是，我們必須每隔一段時間就停下來，拔掉腿上和腳上的血蛭。我們幾乎是筋疲力盡的在泥水岸邊坐下，脫下靴子，剝掉襪子，用打火機把半打左右圓滾滾的血蛭，從腳上燒下來。然後，望著鮮血自傷口緩緩流下。多年以後，這種經驗仍然是在我記憶中最鮮明的一幕。

　　旅途中，我經常擔心會發生意外，造成傷殘；也擔憂我的助手不可靠，因為我和他們言語不通，幾乎沒辦法溝通。但是，最教我擔憂的，還是不可預測的未知狀況。我可不可能因為身體欠佳或是意志薄弱而病倒？我是否會被迫中途折返，就像上回在墨西哥，只差一點就可以上到奧里薩巴雪原？還有，我到底為什麼要跑到這裡來，難道就只為了能自誇自己是第一位攀上沙拉威吉中央山區的白人？這項光榮當然是一部分原因，但是我期望的不只如此。我期望擁有更為奇特的經驗：成為第一位登上沙拉威吉山區頂峰草原的博物學家，並且還能在那兒採集動物標本。此外，我也希望能夠就此把縈繞在心中的登頂壓力解除乾淨。我決定要堅持下去，哪怕得手腳並用或是靠人抬著，都要登頂。

我，可以安心回家了

　　我們一路埋頭苦幹，終於越過半山腰的雨林區，進入海拔二千公尺以上的蘚苔林帶。在這兒，低矮錯結的樹林枝幹上，綿綿密密的纏繞著蕨類植物、蘭花，以及其他的附生植物。到了海拔三千公尺的地方，蘚苔長成了彷彿沒有盡頭的大地毯，滿天覆地，從樹幹蓋到林地上。樹林裡的樹冠層也變低了，離地只有五公尺左右。接

下來，在海拔三千二百公尺的地方，我們終於來到中央山脊，蘚苔林也拱手讓位給散生的蒲桃屬灌木以及高山禾草類。

第五日上午，在那不可免的烏雲尚未沉降、冷雨尚未落下之前，我們終於完成登頂前最後兩小時的路程。海拔三千六百公尺，我們站在一片高草原上，其間散布著蘇鐵植物。那是和棕櫚樹很類似的粗矮裸子植物，生存年代可以回溯到中生代；恐怕早在一億年前，類似現在的景象就已經出現在這兒了。

由於這裡大部分地區都是難以定位的山頂沼澤區。我設法來到最近的高地，坐下來，把我的名字和當時的日期寫在小紙片上，然後將這份紀念品塞入一只蓋得很緊密的瓶子，最後，我把瓶子埋在由碎石圍成的圓錐形石堆下面。

從這個位置朝南望去，我可以一覽無遺的望盡馬克漢谷地（Markham Valley）裡的草原，以及更遠處的何索格山（Herzog Mountain）。向北望，則可看見俾斯麥海。在彎彎曲曲繞下大草原的路途中，我趁同伴忙著用弓箭和獵狗來追捕高山小袋鼠的當兒，盡可能採集所有能找到的小動物，其中有一種小型青蛙事後證明是新物種。

然後，我們返身踏上為時兩天的波亞那歸鄉之旅，回程遠比上山之路容易得多。當我們健步如飛的滑下山脊，來到邦伯克河谷高處時，存在我心中的某種堅持和困擾終於破除消失了。冰冷、嚇人的沙拉威吉山，已經讓我通過測試，證明我的意志力夠格。我也已經去到我想望世界的邊緣，並且還因此而更加了解我自己。

遠渡重洋，來到熱帶的山巔，我終於讓夢想已久的熱帶地區層層環抱。現在，我可以安心回家了。

第 11 章

未知事物的形態

　　我的環球之旅從新幾內亞繼續向西進行。在澳洲昆士蘭雨林區逗留一週，進行田野調查工作後，我在雪梨登上一艘義大利客輪，讓它載著我往南繞過維多利亞海岸，接著再往西越過大澳大利亞灣，抵達伯斯。之後，客輪從這個地球上離我家最遙遠的都市，緩緩朝北穿過印度洋，駛向它最終的目的地——歐洲。中途，我在錫蘭（現在是斯里蘭卡共和國）下船。總之，它就是號稱「亞洲之珠」，懸吊在印度尖端、形似淚珠的小島。

　　我由可倫坡港出發，到錫蘭內陸旅行，找尋一種全世界最罕見的螞蟻——斯里蘭卡子遺蟻（*Aneuretus simoni*），這種螞蟻很明顯是世界上兩大類螞蟻：家蟻亞科及琉璃蟻亞科之間的演化環節。

　　五千萬年前，針琉璃蟻亞科（Aneuretinae）的螞蟻廣泛分布於整個北半球；如今，這整個亞科卻只剩下一種螞蟻：瀕危的斯里蘭卡子遺蟻。我以皮洛迪尼亞（Peradeniya）的植物園做為這趟搜

尋的起點，因為這裡的博物館擁有世界上唯一的斯里蘭卡子遺蟻標本，採集到的時間約為 1890 年。

　　我希望能在原先採集到這種螞蟻的地方找到牠，也就是靠近島嶼中央的地方。但是我的運氣頗差，這個地區的原生植被已經消除近盡。我又到烏達瓦達塔凱勒保護區（Udawatta kele Sanctuary）附近的樹林裡，工作了三天以上，還是沒有結果。

　　這個保護區很靠近佛牙寺，裡頭供奉了據說是佛陀的一只大牙齒。顯然我並沒有受祂的恩澤嘉惠，於是我又搭乘巴士南下，前往珠寶中心拉特納普勒（又名寶石城）。

　　在通往斯里蘭卡最高點亞當峰的路上，還散布著一些殘存的雨林，其中某些地方也許可以找到我要的寶貝。我住進政府經營的旅客之家，滿心渴望立刻開始工作。我走進房間，卸下軍用粗呢旅行袋，拿出汗漬斑斑的帆布採集袋，往肩上一搭，就出門去也。

　　我拾階而下，走到後門外約一百公尺的地方。那兒種了一排樹木，圍在這座城的水庫四周。我環顧四方，隨手從地上撿起一根枯樹枝，把它折斷，結果看見一大群細小的黃螞蟻奔出樹枝，爬到我的手上來。是斯里蘭卡子遺蟻！就算是在這寶石城的地上撿到無人認領、價值連城的拉特納普勒藍寶石，我也不會比此刻更開心！

　　回到房間安頓好之後，我把標本瓶放在掌中，一次又一次，緩緩旋轉著，觀看有史以來第一次採集到，活生生的斯里蘭卡子遺蟻后、幼蟻以及兵蟻（前人在 1890 年採獲的標本全都屬於工蟻階級）。這真是我一生中最悸動的時刻。當天的晚餐吃起來美味至極，餐後我很快的就睡著了。

　　接下來那幾天，我開始探測亞當峰附近的森林。雖然，我的工作有時會因為傾盆大雨而耽擱（也就是老家所謂「沖得水溝清潔溜

溜」或是「連青蛙都能淹死」的那種大豪雨），而不得不留在屋內
好幾小時，但我還是很輕易就找到了更多蟻窩，同時還發現斯里蘭
卡子遺蟻在某特定地點是最常見的螞蟻。不多久後，我就能為這種
碩果僅存的螞蟻，拼出社會生活的藍圖。

　　而在二十年後，我的大學部學生，來自斯里蘭卡的傑亞蘇瑞亞
（Anula Jayasuriya）發現，原先很常見到斯里蘭卡子遺蟻的地點，
如今卻已經變得非常難見到那種螞蟻了。我立即建議國際自然保育
聯盟（IUCN）把斯里蘭卡子遺蟻列入「紅皮書」當中，使牠成為
早先正式鑑定為瀕危物種的數種螞蟻之一。

與美國生活脫節

　　我的野外探險至此告一段落。我再度登上票價低廉的義大利
客輪，前往義大利的熱那亞，研究義大利昆蟲學家艾默利（Carlo

Emery）採集到的**螞蟻標本**，牠們保存在當地的自然歷史博物館中。接著，我又搭乘火車行經瑞士和法國，最後抵達倫敦，沿途探訪各家博物館收藏的螞蟻標本。這就是我以青年學者身分進行的歐洲之旅：探訪世界上的重要螞蟻標本收藏品。當其他哈佛人大談異國文化的種種經歷時，我回憶的卻是我在日內瓦和巴黎親眼看見的奇特螞蟻標本。

　　1955 年 9 月 5 日，我飛抵紐約，然後轉搭火車赴波士頓。最後這四小時的火車旅程，成為我一生裡最漫長的四小時。我反覆閱讀當期的《生活》雜誌，也只能稍微放鬆一點點而已。終於，我撲進了凱莉的懷抱──那時的我，身穿卡其服和笨重靴子，理著平頭，體重整整輕了九公斤，而且皮膚還因服用抗瘧疾藥物奎納克林而泛黃⋯⋯，不過這一切都無所謂了。

　　我回到劍橋家裡，對於呼拉圈熱潮、紅遍大街小巷的「大衛克羅傳」（Davy Crockett）系列影集，以及名媛曼維爾（Tommy Manville）的第九度離婚，還有 1955 年其他的西半球新聞事件，全都一無所悉。我沒有聽到尼克森（Richard Nixon）副總統所說的：「誠懇是只存在於電視上的品性。」我也與當時的男士流行服飾脫節──包括穿著緊身套頭棉衫、V 領衫，以及軟鹿皮套頭衣，以簡潔的搭配組合，營造出歐洲風味。在離家的十個月中，美國文化對我來說，開始逐漸淡褪到不重要的邊緣地位。不過，我還是很快就恢復常態，辦法是到「白塔」（White Tower）速食餐廳，吃個十分錢的漢堡，以及連續看幾個鐘頭的電視。

　　六個星期後，凱莉和我在波士頓的聖西西莉亞教堂成婚。我們搬進「綠堡」（Holden Green）居住，那是學校的教師宿舍，坐落在劍橋和薩默維爾的邊界上，是哈佛大部分年輕夫婦的起跑點。有許

多年輕的綠堡住戶搬進搬出，同時也有一些年長的綠堡老住戶，露出一副希望永遠待在綠堡和哈佛的模樣。

　　1955年，我獲得哈佛大學的博士學位。那年接近冬天時，哈佛生物系願意聘我擔任助理教授。我的主要任務是協助老教授真菌專家威斯頓（William H. Weston），一起為非科學背景的學生開創全新的生物學課程。系主任卡本特，也就是我博士論文的指導教授，耳提面命提醒我，這份工作的聘用期只有五年。五年後，我還是有獲得續聘的可能，但仍然不會是終身職。這樣的話，我是不是還是對這份工作有興趣呢？

　　當時我已發出三十封求職信，而且也已經收到佛羅里達大學及密西根大學的聘書，兩所學校給我的都是終身職；也就像現今大部分大學和學院要求的一樣，只要在頭幾年有傑出表現，就能贏得終身職的保證。

　　哈佛提供的暫時職位並未令我擔憂。我還年輕，只有二十六歲，很想在這個擁有世界一流標本及圖書館的地方，再多留久一點，好發展我的研究計畫。於是，我接受了哈佛提供的職位，開始準備教授我的第一門課程。然而，第一年才過了一半，我就開始精神衰弱了。

　　和所有大型大學裡的助理教授一樣，我覺得自己就像免洗的教員。而且很顯然，我的確隨時都可以被替換掉。在凱莉的協助下，我開始準備另謀新職。我打算提早進行這件事，以免等到五年任滿後，還得公開拍賣自己。

史丹佛誠意挖角

幸運的是，1958年春天，距離任期屆滿還有三年多之時，史丹佛大學準備聘用我擔任副教授，而且還是終身職。這項邀約完全出人意表，那是來自史丹佛大學生物系主任特維堤（Victor Twitty）的一封信，措辭平直而且肯定，並沒有任何猶豫的詢問，也沒有提出要我親自去一趟或是給個演講，以供他們參考品評的要求。特維堤語氣肯定：我們提供這份工作，你願意來嗎？

過了沒多久，史丹佛教務長特曼（Frederick Terman）親自來到哈佛拜訪我的辦公室。同行的還有另一位年紀較長的男士，特曼介紹說那是史特林（Wallace Sterling）先生。當兩位訪客都坐定後，我向史特林詢問道：「您也在史丹佛大學工作嗎？」特維堤代他答道：「是的，他是校長。」

兩位男士先給了我一點兒空檔恢復鎮定，然後語調平順的開始解釋，史丹佛大學生物系希望我將來能夠前往帕洛奧圖（Palo Alto）建立全新的昆蟲學計畫；而現任的昆蟲學教授是介殼蟲專家，不久後即將要退休。我聽了非常興奮，史丹佛就相當於美國西岸的哈佛，而加州在1950年代又是有名的黃金州。「到這片充滿機會的地方來吧，並且也協助我們一同成長」，他們這樣對我說。據我所知，有好些學者都回應了美西的召喚；那年年初，《時代》雜誌還撰文報導過，來自東部歷史悠久大學的科學家及學者，正流行著一股西進的風潮。

對於史丹佛大學的允諾，凱莉和我都覺得非常興奮。對方想聘用我的主要原因，在於我的昆蟲學專長以及我的「螞蟻狂」──我超熱愛螞蟻。就當時的標準來說，薪水也相當不錯，年薪七千五百

美元。此外，校方還打算協助我們購屋，這項政策在哈佛真是前所未聞。第二天早晨，我告訴卡本特，我打算去史丹佛大學。我說，多謝你長久以來的照顧。但卡本特說，先等幾週再做決定吧，我們且看看哈佛能有些什麼動作。

接下來那兩個月，生物系教授以及人文暨自然科學院教務長邦迪（McGeorge Bundy）開始審查我的資格，並討論是否要對我開出和史丹佛大學一樣的條件。在等待消息的期間，我心中不斷翻來覆去想著這件事。直到現在，哈佛大學大都還是採用這種方式，來聘用自己的年輕教員擔任終身教職。外校來搶人的時候，哈佛會有正面回應；而且即使如此，還是可能回絕掉一些很有希望的年輕人。

這兒的聘用程序看起來好像比梵諦岡以西的所有事務都要來得沉重、遲緩，通常要花上一年或更久才能完成。不過，他們對我的案子倒是格外施恩，步調加快許多。最後，我接到邦迪給我的聘書，而且我也決定要留在哈佛。如今，每逢天寒地凍的劍橋 1 月天，我穿越甘丁斯基（Kandinsky），走在妝點著汽車汙漬和狗尿的雪堆上時，不禁在心裡提醒自己：新英格蘭的冬天的確令人難受，但是為了在全球最佳的螞蟻收藏地點附近工作，這也算是合理的代價。

最初的感動

接受哈佛大學終身職聘書已經三十五年，我的年齡也已經和當年在第一學期的 9 月早晨，陪我走進伯爾堂（Allston Burr Hall）開始授課的威斯頓教授一樣大了，而我，依然還在教授這門專為非主修科學的學生所開的生物學入門課程。

我之所以對重複教這門課程很滿意，並不是因為終身教職帶來的安逸停滯。相反的，我會這樣做，是因為我發現哈佛大學部的學生才智驚人；再說，每一年和他們接觸，也能帶給我一些新東西。大部分學生都能與我分享我個人心底不止息的波動，以及樂觀的理性主義。教授非科學背景的學生，是尤其重要的投資。因為我知道，他們將會帶著在大學溫室裡最初的感動，進入各大領域，像是法律界、政府機構、商業界以及藝術界。此外，有些學生未來還可能轉讀生物學（這的確發生過）。

我對這些學生講課時，採用對待知識份子一視同仁的態度，提醒自己，不要忘記他們未來可能達到的水準。1992 年，由大學部學生組成的「大學部教育委員會」，推選我為院內傑出終身教師，把「李文森獎」（Levenson Prize）頒給我。事實上，我為非科學背景的學生講授生物學，還有比較自私的理由：如果不把行程表塞得滿一點兒，大學教授的中產階級生活方式，很容易會使人變得心思遲鈍、缺乏創造力。

1958 年，我暫時放棄田野生物學，轉而加強實驗室和博物館裡的研究工作。我的主要目標在於分類與分析新幾內亞和鄰近亞洲熱帶地區、澳洲以及南太平洋地區的螞蟻。我開始從事一些平凡無聊的工作，需要大量的描述。不僅費時、瑣碎，還必須非常考據事實。然而這些原因加總起來，它在我心目中顯得極具美德。

現在，且容我稍稍離題，來解釋一下分類學帶來的特殊滿足感。這是一種技巧，也是一門知識的本體，完全建立在經年過著苦修般勞累生活的生物學家腦袋中。分類學家在眾多生物學者當中，享有機械師以及工程師的地位。他深知，要是缺少他那特殊研究累積的專門知識，許多生物學家的研究工作都得喊停。唯有他能夠鑑

定研究選定的物種到底是什麼:「喔,這是步行蟲科的,而且是步甲屬!」這樣的專家才能夠透澈了解文獻裡有關該物種一切已知的資料。不論是文獻或博物館標本,他都能夠立刻看出何者是已知的發現,何者是令人興奮的未知事物。生物學家要是不知道生物的學名,就會迷失方向。就像中國人所說的:「智慧的開端在於正名。」

　　還有更多值得一提的。熟練的分類學家絕不只是博物館裡為標本貼標籤的人而已。他是世界權威,通常也就是該分類群生物唯一的世界權威;同時,他也是這一百或一千種生物的大總管兼發言人。其他的科學家會來拜訪他,以便走入他擅長的分類群領域——例如鯊、輪蟲、象鼻蟲、松柏植物、鞭毛蟲、光合細菌……這一長串名單可以涵蓋超過一百萬種生物。

　　分類學專家不只是知道分類,同時還必須精通該分類群在生理學、行為學、生物地理學和演化史等各方面的細節,不論是對已發表的資料或是未發表的資料,都是如此。分類學家的談話中,常會出現類似下面的字句:「想想看,我在宏都拉斯有看到一種淡紅色的線蚓科蚯蚓,牠恐怕正具有你要找的無脊椎動物血紅素。」又或者是:「不對,不對,那個科的蛾類主要是產在智利南部的溫帶林。這些種類還沒有人研究過,但是國立自然史博物館裡有相當豐富的收藏,那是 1923 年由韓思禮探險隊帶回來的,咱們去一探究竟吧!」沒有任何電腦光碟或百科全書能取代這種分類專長。

　　有一回(1993 年),我到日本接受有關分類學的獎項,會後還獲得了另一項殊榮,與著名的鰕虎科分類專家明仁天皇暢談一晚。我很快就進入了話家常般的舒坦談話中,傾聽他講述鰕虎魚以及日本其他瀕危的魚種;他和他的家人也詢問我關於螞蟻的問題。整個過程就彷彿是哈佛大學的研討會。其間某些時刻,我幾乎(但從未

完全）忘記自己正在和何人說話。

　　1958 年，我坐在生物實驗大樓的一樓辦公室裡，不時抬頭望
望窗外，瞄一瞄那座印度白犀牛的紀念銅像。心中覺得，回來從事
這類工作，就好似待在暫時還算安全的專業領域裡。分類學保障
了一連串紮紮實實的成果，為我贏得研究補助以及其他各項專業薪
俸。

　　二十九歲的我，發表過或是正在付印的專業論文已達五十五
篇。當時，我的心態也已經全然專業化了。我明白，每一位年輕科
學家都需要像這樣證明自己有能力發表論文。否則的話，美國國家
科學基金會和古根漢選委會（Guggenheim Selection Committee）就
會把他的計畫申請書給揮到一邊去。但是，這名年輕科學家若真的
擁有創造力的話，他一定不會老是窩在安全港不走。他會不斷的下
注在具風險的題材上，保持警覺性和衝勁兒，當某次冒險嘗試顯露

出一絲希望曙光的當兒，立即採取行動。

那麼，我要賭的又是什麼呢？答案是，大自然裡高度的多樣性。它們是我平淡無奇的日常研究中，意外蹦出來的產物。在我對螞蟻生物學的認識日益累增之際，一些空幻的想法，像是概念、定義、尚未發展完全的模式（我想不起最適當的用詞）……開始在我的心裡如霧般飄進飄出。我的白日夢大多和生物多樣性的起源有關，但它們的命運大都一樣，最後證明只是些不重要、無吸引力的想法，然後自然而然消失殆盡。

然而，其中卻有少數想法倖存下來，在我每天的白日夢中茁壯、成長。之後，它們變成了一則故事，一則我開始反覆說給自己聽的故事。我準備把它們也說給別人聽。我開始想像，這些故事印成鉛字是什麼樣子？這些故事聽在一大群心存懷疑的聽眾耳裡，又會是什麼情況？我默默排練、編輯，並且表演。我是個說故事的人，分類、整理各個真實故事，並且用夢想來填補空檔。之後，我會試著在一群真實觀眾面前粉墨登場。

我最早的一項建樹，在於評論「亞種」（subspecies）。亞種已是全球生物學界在分類學上的正式位階。評論的合著人，就是比我年長七歲，當初慫恿我到哈佛念研究所的布朗。1952 年，我們幾乎每天午餐時都聚在一起談天說地，同時也一塊兒思考和演化生物學相關的問題。沒多久，我就由布朗的嚴苛論調當中，察覺到他是個脾氣暴躁、又很好鬥的科學家。最令他快樂的事情，莫過於替學術圈要人的聲譽噴上幾許可疑的色彩。

他喜歡把所有科學觀念分為兩大類：被他熱情擁抱的一類，以及被他訕笑的一類。不過，熱情歸熱情，他依然專業得沒話說（現在仍然如此）。此外，他骨子裡還是個無產階級主義者，深深痛恨

傲慢和矯飾。每當校園裡的某些顯要教授走近時，他就會頑皮的一笑，舉起一只想像中的測量表，假裝讀道：「紅色危險區！超過安全標準！」如果不從事科學，布朗可能會是喜歡用俏皮話來諷刺連長的陸軍上士；又或者是待在工廠裡頭、身上沾滿油汙的工程師，鎮日忙著替無能的管理單位補破洞，同時也一肚子牢騷。

在比較動物學博物館裡忙了一整天之後，他喜歡到附近酒館和一群工人階級的勞動者喝啤酒。我不肯和他一起去，還令他頗為不悅，「你真沒法完全信任不喜歡喝啤酒的人。」他似乎從來沒有想到，他自己就是所謂「統治階級」裡的一份子。不過，這也沒什麼大礙；他的批評通常都一針見血。大部分時候，管理階級的確十分無能。

亞種需不需要學名？

這一年，當我們開始合作時，他早已注意到「亞種」這件事。這是值得仔細審查的題材。全世界的分類學家都把亞種當成是客觀的分類，而且也都認為亞種是演化的關鍵步驟之一。且參考一下他們的邏輯：物種會分為亞種，而我們必須假定這是千真萬確而且客觀的事，因為只要時間夠長，亞種自然會演化為新的物種，而物種原本就是真實又客觀的。在當時（其實現在仍然還是），分類學家會替亞種取一個正式的拉丁學名。例如白頭海鵰（*Haliaeetus leucocephalus*）就由分類學者區分為兩個亞種：南方白頭海鵰（*H. l. leucocephalus*）以及北方白頭海鵰（*H. l. washingtoniensis*）。

基於某些一時也還說不清的原因，布朗和我覺得亞種看起來似乎不夠實在，也不夠嚴謹。於是，我們審視真實的案例，對於確認

亞種的邏輯推理，好好探了個究竟。結果證明，亞種的根基比我們原先想像的還要脆弱。我們發現，亞種的地理界限通常很難、甚至不可能劃分出來，因為，用來區分亞種特徵的變化方式並不一致。只要借用一個假想的典型例子，就能很快讓人明白這種不一致的特性。

假設某種蝴蝶的色澤，會由美國東部向美國西部發生變化，體型則由美國北部往美國南部遞減；此外，靠近美國中部某些地區，這種蝴蝶後面的翅膀還會出現一條額外的橫紋。像這樣，分類學家由一張幾乎是無限長的分類特徵名單中，選擇所要使用的分類標準。接下來，這種蝴蝶就得按照以上所選定的特徵來區分亞種。如果選擇的是顏色，你就會擁有東方與西方兩個亞種；如果選擇顏色加體積，那麼就會存有四個亞種；若再把後翼上的橫紋算進去，亞種數目又要再倍增一次。因此，亞種的定義實在很粗率。

1953 年，我們發表了一篇報告，建議不要為亞種訂定正式學名。我們聲稱，地理變異是事實沒錯，但是我們要做的應該是逐個逐個分析特徵。如果我們把焦點集中在特徵上，而非集中在由特徵「組合」而成的亞種上，應該能獲得更豐富的資訊。

我們這篇亞種評論在分類學界的期刊中，引發了一陣辯論風潮。多年後，當爭論逐漸平息，輿論早已悄悄轉到我們這一方。從那以後，由三個字組成的正式亞種學名出現得比較少了，而且大家也愈來愈強調存在於物種內的各項獨立變異特徵的性質。

話雖如此，現在我卻明白了一件事：1953 年，布朗和我太過誇大了。某些族群其實還是可以按照幾組遺傳特徵來明白區分的，而且這些特徵的變化方式也很一致，並非隨意亂變。不只如此，當科學家想提及一些重要、但分類地位仍很模糊的族群時，亞種分

類通常也是非常方便的速記法。舉例來說，佛羅里達山獅到底是什麼？牠是幾近絕跡的亞種，是曾經廣泛分布於美國的一系列族群中的倖存者，如今卻因為和原產於南美洲，後來縱放進佛羅里達南部野地的美洲獅雜交，因而發生改變。在此，科學家擁有十足的理由，採用能夠引起大眾注意其遺傳差異的方式，來談論佛羅里達山獅，他們採用了十分清晰的名稱，以美洲獅的「佛羅里達亞種」稱呼牠。

一窺多樣性起源

之後不久，布朗和我又提出了第二項概念上的新發現。這一次倒沒有引發什麼爭議。我們在生物多樣性裡找到了新的現象，並把這現象稱為「性狀替換」（character displacement）。性狀替換的過程恰恰和雜交的過程相反。在雜交的過程中，兩個物種在相遇的地方交換基因，結果彼此的後代變得愈來愈相似。但是在性狀替換過程裡，兩個物種卻在相遇的地方相互排開，就好像攜帶同極電荷的粒子相遇時一般。我最早遇到這項神祕的效應，是在我博士論文的材料：毛山蟻屬的螞蟻身上。利用午餐的閒談時間，布朗和我一同探討這個現象的可能原因；我們也遍查文獻，看看能不能在其他不同物種的生物上，找到類似模式。

我們發現，英國鳥類學家拉克（David Lack），早在 1947 年研究加拉巴哥群島上的達爾文雀鳥時，就已經描繪過性狀替換的現象。到了 1970 年代及 1980 年代，普林斯頓大學的葛蘭特（Peter Grant）和他的妻子羅絲瑪麗，以及他們倆的學生，也曾針對加拉巴哥群島上的同一類雀鳥，進行過相當詳盡的長期田野研究工作，

其中也包括性狀替換現象。於是，這一小群雀鳥竟然受到演化生物學歷史上，三樁最佳的田野調查研究青睞，分別由達爾文、拉克以及葛蘭特提出。

布朗和我於 1956 年提出的這篇報告，最大的貢獻在於我們指出了這種生物間彼此驅逐的效應，廣泛出現在動物界，而且根據我們研究的物種證據，這個現象若非基於競爭，就是基於主動避免雜交所引起的。我們倆打響了「性狀替換」在生物學界的名氣，同時也為它取了到現在依然通用的名字。

此外，我們也了解到，物種之間可以藉由性狀替換，在生態系中讓彼此更加緊密、穩固。物種間演化出的差異愈大，彼此因競爭或雜交而讓其中一方滅絕的機會也愈小。避免競爭或雜交的相互調節效果愈能發揮，那麼，能夠無限期共居一地的物種數目也就愈多；因此，生物多樣性也將變得更豐富，這就是群落整體演化的結果。

1959 年，生態學界的老前輩，耶魯大學的動物學家哈欽森（Evelyn Hutchinson），就在他那深具影響力的文章〈向聖羅沙利亞致敬：為何有如此多種動物？〉中，引用了我們所提出的「性狀替換」，做為其中一個關鍵論點。他在這篇文章標題中提出的問題，後來成為部分生態學家的入門開端，他們開始試著以更具定量性質的詞彙，來分析生物多樣性的基礎。他們會問：為何佛羅里達擁有的蝴蝶物種，是現在這個數目，而不是其他數目？同樣的問題也包括千里達的蛇類、澳洲的有袋類等等。

單是提出這些問題，就已預示了願意更深刻了解物種形成及滅絕的努力；到了 1980 年代，這類想法已成為生物學界的熱門話題。

在 1950 年代末期，我對理論愈來愈感興趣；但是在我心深

處，依然執著於基本的自我形象：位在神祕森林裡的獵人，如今想要搜尋回家的戰利品不只是動物，還包括想法。

身為博物學家（真實但較隱喻的說法是「文明的獵人」），我注定會更近似機會主義者，而非解決問題的人。我性格內在的那名男孩，依然決定了我的生涯方向：我只想成為第一個發現某些事物的人，任何事物都可以；這些事物愈重要愈好，次數愈多愈好，讓我先擁有它一會兒，之後再放手讓給別人。

我得承認，我還是具有某種程度的不安全感，但同時卻又野心勃勃。我渴望藉由科學上的新發現，帶給自己肯定與支持。如今，坦承這一切已經不會令我發窘，但是在我年輕時卻會。所有我認得的科學家，全都渴望自己的研究受到公正的肯定。「受人肯定」就是他們的金銀財寶，這也是為何他們會一邊小心守護著自己的排名，一邊小心翼翼的計較他人應得的排名。新知識除非能社會化，否則不能算是科學。科學文化可以這樣界定：以細心給與的公平讚譽，來保障可經證實的新知識，並隨之流傳。

博物學的棲身之處

我相信，科學家可以粗分為兩大類：為了力爭上游而從事科學研究的那一類，以及為了研究科學而力爭上游的這一類。只有後者才是能夠終身活躍在研究領域的科學家，我就是其中之一。而且我猜想，和我同屬後者且獻身科學的同僚，可能也是受到某種童年夢想的驅策，而且他們的夢或許比我猜想的更接近我的夢，因為演化生物學已經成為博物學探險家的最後避難所。

在這段期間，我待在演化生物學裡的冷門領域中，搜尋抽象原

理。由於我過去在動物地理學方面累積過一些經驗，使我深深迷上
「演化源頭」這個想法。演化源頭是指族群興起之處，同時也是族
群播散分布到世界其他角落的起點。最早認真探討這個現象的是古
生物學家馬修（William D. Matthew），他於 1915 年開始這方面的研
究。當時他是美國自然史博物館古無脊椎動物館的館長，後來擔任
加州大學柏克萊分校的古生物學教授。

在一本名為《氣候與演化》（*Climate and Evolution*）的書中，
馬修為哺乳動物以及其他脊椎動物，建構出一幅有關形成優勢的景
象。馬修建議讀者參考地球的北極區域。在那兒，歐洲、亞洲及北
美洲的距離如此接近，幾乎可以視為單一的超級大陸。根據他自己
找到的證據，以及前人對哺乳類動物化石的研究，馬修大膽提出假
說：占優勢的動物類群是在這塊超級大陸上面興起，之後再向外傳
播，向南方發展，取代了原本主控熱帶亞洲、非洲及南美洲邊緣區
域的其他動物類群。到了我們這個時代，他指出，勝利者包括鹿、
駱駝、豬，以及人類最熟悉的鼠科動物。至於輸家，則撤退到了邊
緣地區，例如馬、貘以及犀牛等。就像標準的亞利安人生物學家一
樣，馬修認為，占優勢的族群之所以具有超強競爭力，是因為牠們
能夠適應嚴酷、不斷變動的北緯地區環境所致。

接下來，又由達林頓帶出另一項令人意外的新發展，最早是
在 1948 年的《生物學評論季刊》（*Quarterly Review Biology*）所寫
的文章中問世，後來又出現在他於 1957 年出版的詳盡專書裡，
這本書是《動物地理學：動物的地理分布》（*Zoogeography: The
Geographical Distribution of Animals*）。

達林頓寫道，馬修只說對了一半，他研究過的化石遺址太過偏
向北半球，因為在古生物學發展的早期，大部分的採集都集中於北

半球。達林頓指稱，在《氣候與演化》發表了三十年後，我們擁有
更多化石可供觀察，而且這些化石來自世界各地，包括馬修所謂的
「邊緣地區」。此外，我們必須更仔細的審視現存物種的分布證據，
尤其是對魚類、蛙類以及其他冷血無脊椎動物，大部分的新證據都
有辦法從這些動物身上取得。

當我們把所有片片段段的資料集合起來時，就可以看出真正嚴
峻的演化考驗，並不是位在北溫帶的陸地上，而是位在歐亞非大陸
的熱帶區域。因為，在過去大約五千萬年間，一群群脊椎動物興起
於這片廣大的溫暖地帶，包括亞洲南部、撒哈拉以南的非洲；到了
最近的地質年代，大部分中東地區也囊括在這欣欣向榮的區域內。
然後，最占優勢的動物類群繼續向北方挺進，到達歐洲及西伯利
亞，通過白令海峽（這道地理屏障曾經一度因地峽隆起而失靈）進
入美洲新世界。

目前居住在北美洲或歐洲的人，只需要環顧身邊占優勢的動物
分類群，例如鹿、狗、貓、鼠、蛙、蟾蜍，以及每個人童年時都很
熟悉的其他常見動物，他們將會發現，這些動物正逐漸侵入（而非
退出）那些氣候更嚴寒的地區。

生物優勢從哪來？

有關優勢動物以及動物朝代輪替的想法，令我深深著迷。在地
球的陸地上，有一個演化中心，而達林頓所找到的位置似乎比馬修
所找的更準確。但是不論是哪一種說法，都沒有回答另一個重要問
題：造成優勢的生物本質到底是什麼？說得更詳細些，究竟是什麼
樣的遺傳特質，會使得一群物種散布到新的地點，同時還壓倒了當

地舊有的原生物種？尤其是原生物種會被趕跑更是令人迷惑，因為原生物種在入侵者出現之前，早已歷經千年甚至百萬年的時間，來適應牠們所占據的棲息地。

在我剛開始從事自己的生物地理學研究，並且撰寫新幾內亞以及鄰近區域的螞蟻論文時，我對於「形成優勢的生物起因為何？」這個問題，並不很清楚。但是，馬修和達林頓卻預先指點了我，讓我早做規劃，雖然他們自己從未直接問出這個問題。

如今回想起來，我發現當年需要的，只不過是把一小組數據擺進該有的地方，好讓這個問題在我潛意識中的某個地方凝聚成形。之後，再受到馬修和達林頓所提出的神祕征服者原型力量所驅使，我創造出暫時性的劇本、故事，以及能完全捕捉它的詞彙，以莎士比亞的詩作方式來呈現：

當想像力露出
未知事物的形態時，詩人的筆
自會將它們轉換成形，而且還將為飄紗的虛無
賦與一處居所，以及一個芳名。

我提出了這個問題，結果得到了很具說服力而且得以驗證的答案。就在我埋頭做分類苦工的這段期間，我把各種螞蟻在特定時期的地理分布區域，都一一隨手畫在紙上，於是累積了一大堆數量可觀的資料。因此，我很清楚自己想講什麼。馬修和達林頓曾把他們的想像發展成為較粗糙的解答，分類層次只到達動物的科別及屬別；反觀我對於西太平洋螞蟻的了解，卻是史無前例的詳盡，雖然牠們並不是地球上的大宗陸生脊椎動物。

在我全套的研究方法當中，包括了：在螞蟻居住地區蒐集大量資料，像是蟻窩位置、群落大小、吃何種食物，以及其他任何我覺得有用的資料（或者說是我希望它們能在某天、某時發揮某種功用的資料）。就因為我覺得所有的資料，本身即具有價值，因此我在田野中好像是一只真空吸塵器，把標本一掃而空，接著又在博物館裡繼續進行近距離的觀察研究。我的終極目標是要找出有趣的演化模式。但是，即使沒有這些高層次的目標，我依然會不停進行觀察和描述的工作，直到最後。

進進退退的演化循環

不過，終究還是有個模式浮現出來了。只要你觀察得夠認真，演化生物學永遠會產生模式，因為其中蘊含了成百成千個變數以及模式，等待著人們來發現。

當我逐一標出各種螞蟻分布的地理範圍時，這個模式就變得很清楚了。我看出，其中某些螞蟻正處在入侵新幾內亞以及東馬來群島的早期階段；至於其他種螞蟻，顯然是早期入侵時留下的生存者，這回則被打散，最後只能局限在各個小島上。於是，牠們當中的某些物種被分割成許多小族群，演化成當地的特有種。不過，總括說來，後者的族群很顯然是在萎縮之中，牠們的族群東一點、西一點的散布在島嶼的凹地上。但最後，有一小部分會開始再度擴張，這一次，出發地點為新幾內亞。我漸漸明白到，這整個演化循環，從擴張、入侵，到演化為當地特有種，最後再萎縮撤退或是重新擴張，正是馬修和達林頓所擬想的，世界性的生態循環的縮影。

能夠在這個小模型裡頭發現同樣的生物地理模式，當時真令我

驚訝不已，雖說事後回想起來，似乎本來就是不證自明的事。但我當時就是不曾想到這樣的結論。

1959 年某個 1 月的早晨，當我坐在靠近生物實驗大樓入口處的辦公室內，把新近繪好的地域分布圖按照可能的順序來排列，由早期的演化階段到晚近的演化階段，只不過幾分鐘光景，這個想法忽然就在我腦海中成形。誰先來，誰後到？不時還抬頭望一望窗外那巨大的犀牛金屬雕像，以及斷斷續續進出這棟大樓的學生與教職員。我的心思飄浮不定，游走於家裡、博物館、田野旅行、講堂……。我低頭看看地域分布圖，然後又抬起頭，就這樣，在某個節骨眼上，這個模式忽然變得很明顯，而且也是唯一可能的模式。

發現了「前進與撤退循環」後，我幾乎立刻又明白了另外一個生態循環。當我回想擴張及撤退的螞蟻時，我順手畫下記憶中在新幾內亞的那趟長途跋涉。我發現，擴張中的蟻種（也就是占優勢的蟻種）都很能適應生態邊緣的棲息地，而這類地方的蟻種卻很少。這些區域包括大草原、季雨森林、雨林低地邊緣的陽光地帶，以及充滿鹽分的海灘。它們之所以稱為生態邊緣地區，不只是因為蘊含的蟻種較內陸雨林少得多，同時也是基於單純的地理考量。這些地區坐落在河岸或是海岸邊，是最容易讓物種藉由風力或是漂浮在海上的植物，由上一座小島散布到這座小島的好地點。

此外，我也察覺到，若以居住地的觀點來看，住在生態邊緣區的物種，也是最為靈活、變通的物種。因為，牠們只需面對少數競爭者，牠們在生態上獲得「釋放」了，能在更多的棲息地中存活，而且還能繁衍出其他情況下難以產生的高密度族群。看起來，這類螞蟻似乎不只是能夠更輕易的向各地遷移，同時牠們還傾向於壓迫舊有的原生螞蟻，迫使對方退回內陸雨林區，降低對方向外播遷的

能力，並使對方的族群呈破碎狀，進而傾向演化成特有蟻種。

分類群循環

我知道，我手上有了生物地理學法則的嶄新雛型，雖然離完整了解還差得頗遠，而且也還只局限於螞蟻這類動物，然而，這個概念至少是建立在紮實的數據上。我一把收起地圖，跑到隔壁辦公室去找當年古巴行的老夥伴韋伯斯特，把一疊紙張攤在他桌上，開始叨叨述說我的新劇本。他的看法如何？滿合理的，他說，看起來不錯，恭喜你啊！但是到底他真正的看法如何？那並不重要。我實在太自得其樂了，無暇憂心。

接下來那幾個月，我寫了一篇非常詳盡的文章，分別呈給我認為在動物地理學方面最具權威的幾名演化生物學家：布郎（Bill Brown）、達林頓、杜布藍斯基、麥爾以及資深昆蟲學家艾莫森（Alfred Emerson）、林卓斯（Carl Lindroth），還有齊墨曼（Elwood Zimmerman）。這是通往論文發表的途徑，尤其對年輕科學家更是如此。而這些大人物也全都回信道：「可以，沒什麼明顯的瑕疵。」

我替這種現象命名為「分類群循環」。且讓我先解釋一下，所謂的「分類群」可以是亞種、物種，也可以是一群不同物種（例如整個屬）。舉個例子，北美棕熊是一個物種，也是一個分類群；而棕熊屬也一樣，雖然它包含了黑熊和其他的熊，但牠們彼此的親緣夠近，可以合理推測牠們擁有最近的共同祖先。據我推測，如果這項法則適用於物種，那麼，應該也適用於其他位階的分類群。

我在先後兩篇報告中，把原先的分析再加以精煉了一番。我寫道，擴張中的物種具有某些與邊緣棲息生活相關的固定特質。牠們

的群落較常見，而且牠們比較喜歡把蟻窩築在泥土中，而非枯木或是垂落地面的樹木枝條中。這類工蟻身上的刺也較多，那是牠們在邊緣棲所的空曠處禦敵時的武器裝備。牠們判斷方位的依據，較常以斥侯蟻留在地面的氣味痕跡做為依據。

　　然而，上述這些特質並不能算是優勢的根源，它們只不過是針對邊緣棲息地生活所發展出來的適應行為。我並沒有立論根基可以推測真正存有所謂特殊的「優勢基因」——流動在這群螞蟻武士的血液之中。在該區動物相的歷史中，真正造成影響的只有一個偶發事件：形成優勢的螞蟻逐漸適應了邊緣棲息地，而邊緣棲息地正可做為很有潛力的擴散中心。就像某些島嶼居民一樣，某些蟻種之所以能形成優勢，只不過是因為牠們有辦法渡海而已。

　　分類群循環現象引導我重新思考另一個非常古老的概念，它與大自然的平衡有關：當某個物種發達之後，另一個物種終究必須離開。但是，這類的替換很少這般精準；事實上，演化當中也根本沒有什麼事物是精準的。

　　用統計學的方法來歸納通式，會使得這項法則更為合適。假設有一百種動物，侵入了另一群生態習性相近種群的生活空間（例如，夜行性的食果蝙蝠或是為蘭花傳播花粉的蜜蜂）那麼，就會有大約一百種類似的動物消失，但也有一些在特定時空下，物種數會擴張的例外。

　　當我發現，馬來群島中每座島嶼的面積大小，與我在上面找到的蟻種多寡之間，存在著簡易關聯之後，我心中更加相信了一項法則：島嶼面積愈大，物種的數目愈多。當我以對數坐標標出這些點的位置之後，它們形成的線條十分接近直線。我把這種「面積—物種曲線」簡單表示為：$S = CA^z$，其中，S 代表島上發現的物種數

目，A 為島嶼面積，C 和 Z 則為常數。

　　1957 年，達林頓曾經提到，類似的關聯性存在於西印度群島的爬蟲及兩棲類動物當中，但是他並沒有用方程式來表達，而是寫成一條通則：島嶼面積每增加十倍，島上物種數目即增加一倍。舉例來說，牙買加島上有近四十種爬蟲及兩棲類動物，而附近的古巴島則有八十五種，且後者面積約為前者的十倍。在許多應用案例中，他這種解釋方式的確是讓人比較容易理解；但是，對數方程式還是較為精確，而且也是較具彈性的表達方式，因此一般說來也更真確些。

　　當時我並沒有馬上抓住其中的含義，但是，藉由達林頓和我所界定的這種「面積—物種關聯」，很快就能夠深刻明白物種多樣性的平衡。然而，為了要清楚、貼切解釋我如何踏出接下來的另一步，我得先描繪一下整個生物學界以及哈佛生物學系裡曾經發生的一些事情，尤其是 1950 年代及 1960 年代的事。

第12章

分子大戰

　　現在，我可以不帶一絲譏諷的說，才華出眾的敵人真是使我受益不淺。雖然令我受苦，畢竟他們是我的敵人，但是我卻虧欠他們大大的人情債，因為敵手令我精力倍增，而且還驅策我踏上新方向。我們的創造生涯中，很需要這類人物。如同英國哲學家米爾（John S. Mill）曾經說過的：「當曠野中沒有敵人時，老師和弟子都會昏睡在崗哨上。」

　　華森（James Watson），這位 DNA 構造的發現者之一，正是我生命裡的負面英雄。在 1950 年代及 1960 年代他還年輕時，我發現，他還真是我見過的人當中最討厭的傢伙。

　　他於 1956 年進入哈佛，擔任助理教授，而我也是在那一年開始擔任同樣的職位。華森當時二十八歲，只比我大一歲。他帶著自己的信念來到哈佛，認為生物學必須轉換成由分子及細胞所主導的科學，而且生物學還必須改用物理及化學語言來重寫。他認為，從

前所建立的「傳統」生物學（也就是「我的」生物學）當中，充斥著一批批才智平庸的人，這批人沒有能力把研究主題轉換成現代科學，只能扮演集郵者一般的角色。華森還用著強烈的輕蔑態度，對待生物系二十四名教員中的大部分人。

在系務會議上，華森輕鄙的態度更是射向四面八方。他特意避開尋常的殷勤及禮貌性對話，顯然是認為這樣的態度只會鼓勵保守派留在四周。大家之所以容忍他惡劣的態度，是因為他曾經有過重大發現，以及這項發現帶來的澎湃結果。

在 1950 年代及 1960 年代，分子革命已經開始以山洪暴發之態橫掃生物學界。華森年紀輕輕即已贏得歷史性的聲名，頓時成為生物學界的卡利古拉（Caligula，羅馬皇帝，生前即命令臣民稱他為神）。他享有特權，能夠想到什麼就說什麼，態度隨興而且極端不敬，並且還期待對方一定要把他的話當真。在他心裡，顯然他是「誠實的吉姆」——這是他回憶錄手稿的標題，後來才更名為《雙螺旋》。很少有人敢公開要求華森把話講清楚。

生態學落伍了？

對我來說，華森的姿態尤其令人痛苦。有一天，在系務會議上，我很天真的建議道，系裡需要更多年輕的演化生物學者，以平衡發展；最起碼，我們應該把現有的人數從一名（就是本人）增為兩名。我告訴洗耳恭聽的教授們，史密世（Frederick Smith）是作風新派、很有潛力的族群生態學家，最近才剛被哈佛設計研究院（Graduate School of Design）從密西根大學那兒挖過來。我大略講述了一下史密世的優點，並指出教授環境生物學的重要性。我提

議，按照系上標準程序聘用史密世成為生物系裡的一員。

華森輕聲哼道：「他們瘋了嗎？」

「什麼意思？」我是真的聽不懂。

「只有瘋子才會想要聘用生態學家，」這位分子生物學界的活神仙如此答道。

好一會兒，屋內一片死寂。沒人開口為這項提名案辯護，但也沒有人附和華森的話。系主任雷文（Paul Levine）出面終止了這個話題。他說，這項建議並不是當務之急，等到書面資料齊備後，我們或許會再找個時間來審查這項提名案。當然，後來我們並沒有這麼做。一直等到分子生物學家離開生物系，自創新的學系之後，史密世才獲聘成為哈佛生物系的一份子。

開完這場會議後，我穿過生物實驗大樓的中庭，返回比較動物學博物館。巴葛鴻（Elso Barghoorn）從背後趕上我。他是資深的演化生物學教授，也是全球最重要的古生物學家之一，是發現前寒武紀微化石的學者，同時也是位正人君子。

「威爾森，」他對我說：「我想我們不應該再採用『生態學』這字眼，它已經變成髒字眼了。」果然不錯，接下來那十年期間，我們多半都不再用「生態學」這個名詞了。但是，我後來才領會到這樁事件當中所蘊藏的人類學含義——當某個文化準備消滅另一個文化時，統治者首先要做的，莫過於「在官方場合禁用母語」。

分子生物學獨大

分子戰爭已經開打。生物系裡有一小批生化學家及分子生物學家，在行事態度及思考哲學方面，或多或少也加入了華森的陣營。

這群人包括不久後（1967 年）即以生化方面的研究，榮獲諾貝爾獎的沃爾德（George Wald）；蛋白質化學先驅艾智爾（John Edsall），他雖資深但年紀頗輕，經常微笑、頷首，卻又莫測高深；再來是新近由加州理工學院挖角而來、才華橫溢的年輕生物物理學家梅索森（Matthew Meselson）；以及雷文，他是在 1950 年代，除了華森和我之外，唯一獲哈佛聘用的終身職助理教授。雷文很快就摒棄了族群生物學，開始獨個兒大力鼓吹新教義。好個熱心的變節者，我心裡這麼想。

教職員會議上，我們聚在一起，形式拘泥而緊張，就好似貝多因部落（阿拉伯遊牧民族）的酋長，團團聚在一口引發爭議的水井邊一樣。我們依次以老方法（即羅伯特議事規則），從教授任命、新聘教師，以及實驗室空間依序拿出來討論。我們全都意識到，會議上的爭論並不尋常，不是學術式的。教育哲學家赫金斯（Robert M. Hutchins）曾經說過，這類爭辯非常可悲，因為其中多的是沒意義的事。令人頭暈腦脹的權力爭奪戰，充斥在生物系裡，而我們就像是世界的縮影。

哈佛大學裡的傳統主義者，起先非常支持這場革命。我們都同意，系上需要更多分子生物學以及細胞生物學的人才。人文暨自然科學院院長以及連續多位教務長也都很快被說服，同意教員比例需要大幅調整的看法。於是，分子生物及細胞生物學者在生物系內的人數迅速膨脹。曾經有好長一段時間，他們都保有八席教授任命案中的七個席位。

沒有人能懷疑他們的成就是否相當，至少整體而言是如此。

最大的問題是，沒有人知道該如何阻止他們繼續霸占生物系，甚至最後消滅了生物學中其他重要的學門。

我的處境尤其尷尬，因為我的辦公室和實驗室就位在生物實驗大樓中，這兒正是物理及化學進攻的橋頭堡，如今裡面蜂擁著成群經費充裕的分子生物學家。我發覺，這裡的氣氛非常緊張，令人沮喪。當我和華森在走廊相遇的時候，華森從未主動打過招呼，即使走廊上只有我們兩人也是如此。我很為難，不知是否也應該假裝沒看見他（這是不可能的），或是自取其辱的繼續堅持南方人的禮貌（同樣也是不可能）。最後，我決定低聲咕噥一句寒暄詞，草草帶過。

華森那幫人待人的態度從漠然到冷淡不一，除了沃爾德之外，他具有堂皇氣派的架勢。他是很友善沒錯，但是卻另有一股超然自恃以及降尊俯就的做作神態。在我們少數幾次談話的過程中，我始終沒法甩掉一種感覺：他好像是在對我背後坐著的上百位觀眾發表演說。

事實上，在 1960 年代末期，他的確是把在大批聽眾前發表政治及道德演講，當成他的第二項專業。在哈佛校園混亂達到最高潮的時期，沃爾德總是能站在成群活躍的學運份子面前，扮演最佳演講者的角色。他是屬於那種非常優雅、脫俗的知識份子，那種會率先發動革命，而後又第一個走上死刑台的人物。對於我們這門科學的未來，他完全贊同華森的看法——生物學只有一種，有一次他這麼宣稱，那就是分子生物學。

我在這群分子生物學家中的地位，並未因 1958 年我比華森早幾個月獲得終身職這個事實，而稍稍提高。雖說那完全是時機上的意外事件（史丹佛大學主動邀聘我，而哈佛為了反制，也連忙聘用我），而且我也認為不論如何，他都遠較我更值得獲聘，但我可以想像華森對這件事的感受，一定糟透了。

怪傑華森

其實，我根本不能說認識華森這個人。在他任職哈佛的十二年以及稍後一段時間，我們直接面對面對話的次數不超過六次，而且史密世任命案已經算是其中一次了。

1962 年 10 月，我向他道賀：「恭喜你獲得諾貝爾獎。全系都與有榮焉。」他答道：「謝謝。」談話結束。另一次，在 1969 年 5 月，他向我道賀：「恭喜你獲選為美國國家科學院院士。」我回答：「多謝了，華森。」我很高興他這麼有風度。

不過至少，這個人並不狡詐。就某個層次而言，華森顯然覺得自己的作為都是為了科學著想，而直言不諱正是最需要的工具。道理就像「要做蛋捲，必須先把雞蛋打破」。我只能確定一點，假使他的發現沒有這般神奇的話，他在哈佛只會被當成天才怪人，而他的誠實真話大部分也都會被看成是差勁的判斷，而遭到公開駁斥。然而，大家都對他洗耳恭聽，而且部分年輕同事還群起模仿他的態度，這些都是因為他和克里克（Francis Crick）解開了 DNA 分子密碼的祕密，這遠遠超越了我們其他人所有過去的成就，以及預期會達到的成就。

他倆的成就像閃電般出現，彷彿來自上帝的知識。在這齣戲碼裡，創造生命的普羅米修斯就是華森和克里克，而且他們也不只是因為運氣好。華森和克里克擁有超凡的智慧和創造力。它遠超過華森後來接受訪談時的簡話評語「沒有其他夠格的人，有興趣全神貫注在這個問題上」能解釋清楚的。

對於那些不曾在 1950 年代早期研讀生物學的人來說，恐怕很難想像，發現 DNA 結構對於我們領會世界運作的方式，帶來何等

重大的衝擊。那不只是涉及遺傳學轉型的問題，它同時還為所有生物學科注入了化繁為簡的信心。這項發現暗示了：最複雜的程序可能比我們想像的還要簡單。它悄悄的把野心和膽識送進年輕生物學家心中，同時還建議他們：現在就試試看，快速且深刻的切入生命之謎中吧。

當我在 1951 年來到哈佛念研究所時，大部分生化學家之外的人士，都深信基因是一群難以駕馭的蛋白質。我們都認為，它的化學結構以及它指揮酵素合成的方式，必須等到下個世紀才有辦法解開。話雖如此，愈來愈多的證據顯示遺傳物質為 DNA，一種較大多數蛋白質都簡單得多的大分子。1953 年，華森和克里克證明了配對現象確實存在於雙螺旋裡頭，而且它也符合孟德爾遺傳定律。「它並沒逃過我們的法眼，」他倆在 1953 年寫給《自然》期刊的信尾這樣調侃道：「我們馬上就要發表的這項專一性配對假說，為遺傳物質的複製提供了一套可能性很高的機制。」

很快的，人們又發現這些鹼基配對所形成的密碼竟如此簡單，甚至連小孩都看得懂。這類暗示再加上其他一些啟示，在個體生物學以及演化生物學界中，激起陣陣漣漪，至少在年紀較輕、也較具雄心的研究人員心中是如此。假使遺傳現象能簡化為一串分子字母，而且字母種類只有四個，成千上億這類字母就能描繪出全體生物；那麼，簡化並加速分析生態系以及複雜的動物行為，不就也有可能達成嗎？

在哈佛研究生中，我算是對於分子生物學早期進展最感興奮的人之一。華森是自然科學界年輕人心目中的英雄，是騎馬入城來的年輕神槍手。

很可惜的是，華森本人和他的分子生物學家黨羽，卻對我所安

身立命的生物學戰區缺乏遠見。從他們所有的聲明中，我能篩檢到的只有革命式的標語：且把所有這類老式思想全都除去，看看會出現什麼樣的新秩序。

形象轉變

對於他們這般缺乏眼界，我當然非常失望。1968 年，華森當上冷泉港實驗室的主任時（他在哈佛的教職一直維持到 1976 年），我對朋友說了一句尖酸的評論：「我連檸檬水攤子都不會交給他管理。」華森證明我錯了。十年之內，他藉由激勵、提高獎助等技巧，以及選擇並吸引最具天分的研究員，硬是把這家原本就已經很著名的機構，提升得更有水準了。

全新的華森漸漸在我心中成形。1982 年 10 月，在哈佛生物實驗大樓五十週年慶的接待會上，他一路排開滿屋子的人群，向我走來，稱讚我於當天下午一場演講中，信口開河說出的一段話。當時我是這麼說的：「哲學的歷史，大半是由頭腦中的失敗模型所構成。」事後我發覺，我的措辭正是他二十年前會用的那種，先發制人式的批評語。難道我在這段期間變得腐化了嗎？沒錯，也許有一點兒。我從沒法抑制自己對這位仁兄的激賞，他以勇氣和炫麗的姿態大膽完成了他的成就。華森和其他分子生物學家，為他所屬的時代注入了新的信念：自然科學界裡的法則也可以簡化。這是屬於自然主義的勝利；同時，對我個人來說，我在 1970 年代試圖系統化全新的社會生物學（sociobiology）學門，以便把生物學引進社會科學當中，部分的動機也是來自這個信念。

當年分子革命引發的衝突，最終也證明促成了另一個正面的效

果。1950 年代末期，系上的氣氛實在太令人窒息了，以致於大夥兒已經沒辦法在一般的會議中，擬定哈佛生物系的未來。於是，個體生物學及演化生物學方面的教授準備另謀出路。我們自組了政策討論會，非正式的會面並討論我們自己的學科，首次開始思考我們未來在生物科學界裡的地位。這樣的發展令我想起另一條人類學法則——當野蠻部落成長到一定的規模和密度時，他們就會分裂，其中一群人會移居到另一塊新領土上。例如巴西及委內瑞拉的雅諾馬米人（Yanomami）。據判斷，他們分裂的時刻，就在彼此械鬥頻率大增後不久。

到了 1960 年秋天，我們的政策討論會已經強固得變成新成立的「巨觀生物學委員會」（Committee on Macrobiology）。

「演化生物學」這名詞如何？

巨觀生物學，真是一個怪名字。1930 年，我們體認到像動物學、植物學、昆蟲學，以及其他以生物群體為中心的學科，都不再能反映生物學的實際狀況了。生物學現在已經橫向切割，其依據為生物的組織層次，也就是所謂分子、細胞、個體、族群以及生態系等。換言之，生物學探討生命的方式有了九十度的大轉變。專家愈來愈不在意獲得鳥類、線蟲或真菌等個別物種的全面知識（包括牠們的多樣性）。專家的焦點愈來愈集中在研究一或二種組織層次的通則。為了這麼做，許多人只好把全副精力擺在一小部分物種身上。全美的大專院校也據此重新擬定研究及教學計畫，改為分子生物學系、細胞生物學系、發育生物學系，以及族群生物學系，再不然也就是和上述分支大略相同的其他學系。

在這段轉換期間，也就是大約從 1960 年代持續到 1970 年代，「演化生物學」（evolutionary biology）這個用詞流傳得相當廣。它的用意是想把個體以上的生物組織層次，和環境、動物行為以及演化等學門結合在一起。雖然我承認自己的記憶不見得完整，而且也沒有深入研究整個來龍去脈，但是我還是相信，「演化生物學」這個名詞是由哈佛帶動起來的，搞不好還是從我這兒源起的。我記得，我是在 1958 年自個兒編造了這個名詞，並將它填入哈佛的行事曆中，做為下一年度授課的課程名稱。從那之後，「演化生物學」就在哈佛校園內流傳開來。

1961 年某個秋日，那時我已經講授演化生物學這門課三年了，我坐在哈佛新建的植物標本館大會議室中，與辛浦森隔桌對坐，等待巨觀生物學委員會裡其他的成員前來參加我們的例行會議。辛浦森是公認當今最偉大的古生物學家，當時已是他在哈佛大學任教的最後幾年。我主動跟他搭訕，這是很必要的，否則我們就只能乾坐在那兒，沉默的你看我、我看你。因為「奇奇」（我們用他名字的縮寫 G. G. 暱稱他）幾乎永遠不會主動開腔。他很害羞，極端自律，全神貫注於研究工作。我猜他是想要省下和別人談話的每一分鐘，以便投入論文或著作的撰寫上。他堅持拒絕擔下委員會的工作、不願收研究生，而且他的授課時數即使以相當寬鬆的哈佛標準來看，都算非常少。

那一天，我對他提出很具挑戰性的問題。當時我正煩惱著該如何為我們那強敵環伺的生物學找個適當的名稱。我們都同意，「巨觀生物學」這個名詞很糟。「古典生物學」也不必考慮；因為我們的分子敵手正是這樣稱呼它的；簡單的「一般生物學」或是「真實生物學」呢？兩個都不好；「族群生物學」？滿正確的，但是範圍

太狹窄了。那麼，我說道「演化生物學」如何？這樣就可以全面照
顧到了。既然演化學是生物學的中心組織概念，無法用物理及化學
方法來探討，那麼，把它用做學科名稱的一部分，或許可以當成智
慧獨立的護身符。我試著向其他成員解釋這一點，大家都很贊成。
於是，1962 年秋天，我們正式成立了「演化生物學委員會」。

　　在生物系全面分裂的時刻來臨前，我們和分子生物學派系間的
衝突熱度日增，衝突主要環繞著人事任命案打轉，歷經了一次又一
次的痛苦案例。哈佛教職員在科學界是很有名的「壓力鍋」（在大
部分的時間和議題上都是如此），因為校長和院長們決意維持高品
質，使得人才任命步步為營，同儕間彼此競爭終身教職的壓力因此
更為強化。這種意圖大半要歸咎於哈佛的盛名。

　　我們全體一致關心的目標非常明確：在每個候選學科中，選
出全世界最好的人才；或者，至少是能夠在最前線苦幹實幹的工作
狂型老手。教授群和行政部門千篇一律的盤問：他的發現有何重要
性？哈佛現在需要他這個學科的人才嗎？他真的是該學科中最優
秀的嗎？結果，半數以上的助理教授在還沒有機會接受考驗之前，
就已確定無緣獲聘終身職，或是被迫離開。這就是哈佛生物系於
1950 年代末期到 1960 年代初期的情況。任何一方陣營所推薦的人
選，都會受到另一方陣營明白表示懷疑並仔細盤查。

　　這日益升高的張力，不只是因為兩方陣營的利益衝突。雙方間
的裂痕已經深入到生物學的定義問題。分子生物學家信心十足，相
信未來屬於他們。他們認為，如果演化生物學也想立足於未來，那
麼勢必得改換成完全不同的面貌。而這一點，可以靠他們或是他們
的學生來辦到，由下往上，從分子到細胞再到生物個體。他們傳達
的信息很明白：讓集郵者回到博物館去吧。

居於劣勢

演化生物學家可不打算臣服在這一群連紅眼蜻蜓和蟪蛄都分不出來的「試管操作員」手下。我們反駁道，在分子生物學的未來還沒有成形，甚至也無法證實它們將主控生物學未來的當下，就要我們先放棄個體、族群以及生態等各種學門及其方法論，真是太愚蠢了。

我們受到威脅，不得不破天荒的重新思考我們在知識上的正統性。無論是走廊上的對話或是行政會議上，我們都試圖在制定未來的研究及教學計畫方面達成共識，希望這些計畫能向世界凸顯、表彰個體生物學及演化生物學的最佳面向。然而，在分子派大勝的頭幾年裡，我方的地位卻十分羸弱。此外，我們又因各自興趣與所求的不同，而再度遭到分割。

演化生物學委員會裡的成員，大多數都太專門、太局限於自己的範圍，或是太過軟弱，以致沒法起而反抗。在系務會議中，他們神情木然的坐著，寧願叨叨談論一些較不重要的事情，像是，誰將負責教授基礎課程？阿諾德植物園（Arnold Arboretum）的狀況如何？我們是否應該積極參與新成立的「熱帶研究組織」？

至於分子生物學家，他們很少會闡述生物研究的哲學。對他們來說，未來已經夠清楚了，就是他們大出風頭的步伐所邁往的前方。

大家口裡雖然不說，但是卻有強烈的嘲諷暗示：算一算諾貝爾獎得主吧！麥爾和辛浦森是新綜合理論的巨擘，我少年時代的偶像（順便提一下，他們都不是諾貝爾獎得主，因為諾貝爾獎不頒給演化生物學），但他們似乎都很不願意在系務會議中，公開提出這類

中心議題。我想，部分原因在於分子學派所表現出來的態度——從漠視到輕視。何必招惹他們，把眼前這種令人不快的局面弄得更糟糕？

由於演化生物學派缺乏強而有力的政治才能，我們的潛在結盟也漸漸衰微。當時號稱最傑出的兩位個體生物學家之一的葛瑞芬（Donald Griffin），是動物聲納的發現者，也很早就被分子派學者的論調說服。有一次，他在會議桌上宣稱，我們全都是演化生物學者，不是嗎？我們在各個層次所學得到的，難道不都有利於增進演化學知識？著名的昆蟲生理學家韋廉斯（Carroll Williams）則始終維持友善的中立態度。他是謙恭有禮的維吉尼亞紳士，成年後的時光雖然幾乎全在哈佛度過，但是他連那口維吉尼亞口音都沒變過，他堅持保留舊日系上的禮貌態度。

然而，有一點比個性更重要，那就是擺在眼前的事實：演化生物學者沒法提出大把最新突破，來和《自然》、《科學》以及《美國國家科學院研究彙刊》內，長篇累幅的分子生物及細胞生物學新進展一較長短。

那個時代的氣氛，鮮活的呈現在我寫給史羅包德金（Lawrence Slobodkin）的一封信函中，發信日期為 1962 年 11 月 20 日。史羅包德金是年輕的演化生物學者，也是我新結識的好友。他很勇敢的從密西根大學來到哈佛，發表生態學的演講。我在信中寫道：

你如果知道這件事一定會很高興，所有的學生，不論是研究生或是大學部學生，幾乎全都對你讚不絕口。他們發覺該主題的內容以及你的個人風格都非常有意思……至於教員同仁，反應就沒有這麼熱烈。他們急著宣稱，你的原創性高得令人不安，你的論調和

數據說服力不夠。這類反應的起因很複雜。我個人的印象是，其中有很大部分起自對生態學的古老偏見，這套濫調包括：生態學不夠「紮實」或是沒有經過嚴格的實驗證明。要是換成知名的生化學家，講述較「紮實」的主題，但是發表的也是類似的演講，那麼，這些教員同仁一定會大大讚揚演講者的靈活想像力及過人膽識。

我又想到，還有最後一條社會行為準則，使得事態發展不至太離譜──當受壓迫的民族無計可施時，他們只有尋求幽默感。1967年，我編了一份「分子生物學詞彙表」，很快就傳遍全美生物系所，而且廣受好評──演化生物學者的好評，因為它抓住了征服者趾高氣昂的神韻。以下就是表中的部分詞彙，為了要製造出前後連貫的效果，我把原先按字母排列的順序調動了一番：

● 古典生物學（Classical Biology）：生物學中尚未以物理及化學名詞來加以解釋的那一部分。古典生物學家喜歡宣稱，古典生物學裡頭有許多分子生物學家不了解的內容；但是那也不打緊，我們認為，那些內容很可能正是最不值得去了解的東西。總之，古典生物學一點兒都不重要，因為到了最後，它終會全盤由物理及化學詞彙解釋清楚。屆時，古典生物學將脫胎換骨成為分子生物學，那時它才值得去了解。

● 顯赫的發現（Brilliant Discovery）：刊登在生物學主流期刊上的研究結果。

● 生物學主流（Mainstream of Biology）：我和我的朋友所研究的主題。另外也號稱「現代生物學」以及「二十一世紀生物學」。

- 青年才俊（Exceptional Young Man）：具有顯赫發現的新進分子
  生物學家。
- 一流水準（First-rate）：研究生物學主流的生物學家水準。
- 分子生物學（Molecular Biology）：生物化學裡頭，替代了古典
  生物學的那一部分。分子生物學裡，有相當大的比重是由做出顯
  赫發現的一流科學家所擔綱。
- 三流水準（Third-rate）：古典生物學家的水準。

　　相信我，諸如「一流水準」、「顯赫的」、「生物學主流」等字
眼，確實經常掛在那些分子生物學家的嘴邊。經過三十年的演變，
分子生物學和演化生物學的區別已拉近了許多。在我寫這本自傳的
時候，專門研究群體生物的學界獨行俠──分類學家，很不幸的因
為新領域侵門踏戶的關係，大多都被排除在大學院系之外。而這一
點，可以說是分子革命造成的最糟糕結果。

　　遭排擠到邊緣多年的生態學家，由於大眾對全球環境危機的共
識，再度捲土重來。至於分子生物學家，就如同他們所保證的，的
確完成不少革命性的研究，只要能夠有分類學家協助鑑定生物的身
分，他們就有辦法做出重大貢獻。倖存的演化生物學家，則照慣例
運用分子數據來繼續達爾文的議題。兩派人馬有時也會友善的相互
對話。的確，如今由兩大領域人馬共同攜手合作的小組愈來愈多，
一同在現今可以公平且安全的稱之為「主流生物學」的學門中，締
造一流水準的研究。此外，你在走廊上不經意聽到的分子生物學家
的語詞，也變得較為樸實而精緻。只有死硬派的奠基者依然認定，
由族群到生態系這種較高層次的生物組織層次，也能用分子生物學
來解釋。

對街的吸引力

但是我在 1960 年代時，還沒辦法預測到今日的大和解局面，那時的我，正置身於紊亂之中。更糟的是，我的實驗室還困在生物實驗大樓的分子生物學家及細胞生物學家群中，他們增生之快，簡直就像大腸桿菌或是他們實驗室培養的微生物一般。

在我辦公室三十公尺外處，則是思想截然不同的世界——資深演化生物學家的專屬天地。他們大多是掌管哈佛附屬機構的教授，例如比較動物學博物館、植物標本館、植物博物館、阿諾德植物園，以及哈佛林場的館長或園長。我對他們真是嫉妒得要命。他們可以退回自己的標本收藏間及實驗室中，繼續享受歷史悠久的捐款資助。這些捐贈的來源，都與十九世紀一些名聞遐邇的英國人有關。

我最渴望的，莫過於搬進建築物對面的比較動物學博物館，並在其中擔任昆蟲館的館長。渴望置身於意氣相投的演化生物學環境，身邊淨是學生以及志同道合的同事，而且再也不必於走廊上和分子生物學家相遇。然而，在麥爾擔任博物館館長期間，我卻拖延了這項搬家申請超過十年以上。

或許是因為我太膽小的關係，我總覺得這位大人物對我特別嚴厲和冷淡。另外，我們之間還存有二十五歲的年齡差距，以及我對他如父親似的敬畏。這是打從我十八歲把他的《系統分類學和物種起源》大作奉為《聖經》之後，就已經形成的了。現在我們已經結為好友，我可以坦白跟他談論所有……嗯，大部分的事情；雖然在我撰寫這本書時，他已高齡九十，但仍然充滿活力。

不過，當時我卻覺得，到他的大樓裡要求一間避難室，是非

常魯莽的舉動。那時我自尊心的脆弱程度，現在看起來簡直是毫無道理。我總覺得麥爾對我的評價一定很低，我不敢冒被他拒絕的恥辱。我認為他會答應我要求的機率，絕對不會超過百分之五十。

直到新館長「毛球」克隆佩頓（A. W. Crompton）上任（正如他的小名所暗示的，他是相當好說話的人），我才敢要求加入比較動物學博物館。毛球馬上邀請我搬進博物館新建的實驗室中，他說：「威爾森，你真讓我開心了一整天。」而且過沒多久，就指派我擔任昆蟲館館長。

我絕對相信，分子生物學家同事也同樣樂於見到我離開。因為在即將遷出前的某一天，當我正坐在書桌前時，塔西尼（Mark Ptashne），這個怪團體中的年輕神勇騎兵，事先沒打一聲招呼，就逕自領著營建顧問進到我的辦公室，開始測量將來要如何安裝儀器設備。

一本鼓舞我心的小書

到了這段時期，我已經對生物學的未來有了全面性的觀點。我想要的已不只是博物館內的避難室、能保護眼力的標本觀察工具、釘滿標本的收藏櫃抽屜，以及前往巴拿馬田野調查的來回機票。我想要的，是在年輕演化生物學家之間掀起革命。我想要脫離老一輩新綜合理論的範圍，建立新東西。

我暗忖，這件事可能會由我這一輩的學者付出最大的努力來達成，參與的人要像最好的分子生物學者般能幹，且野心勃勃。我心裡並不清楚要如何著手建立這樁志業，但是很顯然，最先需要的莫過於新鮮的視野，而新鮮的視野來自年輕有野心的學者。於是，我

開始密切注意，其他大學裡是否有和我志趣相當的同好。

　　事實上，一個鬆散的黨派的確開始成形了。1960 年 1 月，科學教科書首席出版社何萊溫公司（Holt, Rinehart & Winston）的編輯顧問來找我，要求我審訂史羅包德金新寫的一本小書手稿，書名為《動物族群的成長與調節》（*Growth and Regulation in Animal Populations*）。當我閣上這份手稿後，我對史羅包德金的明快風格，以及他研究生態學時所採用的演繹方式，覺得興奮不已。

　　他發展了一些很簡單的數學模型，以描述族群動態的基本特徵，之後再闡述這些方程式的根基和名詞，以追問新的問題。他指稱，像生長、年齡結構以及競爭等複雜的現象，是可以分解開來的；只要用最起碼的推理，導向科學中傳統使用的假設演繹法，並設計成實驗，就可以分解了。他更一步指出：來自天擇演化的解釋，可以大大增進這些假說以及實驗結果的豐富程度。

　　史羅包德金並不是第一位發展這類鼓舞生態學言論的科學家，但是他那明晰的風格，再加上教科書形式暗示的權威性，在在都使這些想法更具說服力。它讓我頓悟道，在這本書出現之後，生態學才算真正編入了演化理論當中；如今，史羅包德金指示了一條這樣的路。同時，他也提出（或是我由他的書中讀出），如何把生態學串連上遺傳學以及生物地理學。為什麼我說遺傳學呢？因為演化就相當於族群遺傳上的變遷。至於要提到生物地理學，是因為在遺傳上能適應某環境的族群，其地理分布決定了有哪些物種可以在該環境中共存，而群落就是靠著遺傳變遷以及環境中瀰漫的物種交互作用，集結起來的。遺傳上的變遷以及交互作用，可以決定哪些物種能夠生存，哪些物種將會消失。於是，如果想要了解演化，就必須把族群動態涵蓋起來。

　　有了這層領悟後，我心中不禁激起一絲希望：史羅包德金可能會成為演化生物學界的領導人物之一。於是，我寫了一篇熱情洋溢的報告給編輯。不久後，我直接和史羅包德金聯絡，向他提議：現在是時候讓更詳盡的族群生物學教科書問市了。我問他有沒有興趣和我合寫一本？在這個合作案中，也許他可以負責介紹「族群動態學」和「群落生態學」；而我則增補遺傳學、生物地理以及社會行為學。這些素材可以寫成一本中等程度的教科書，同時這本書還能推介嶄新的演化生物學研究方法，這個方法奠基在生態學以及數學模型上頭。

　　史羅包德金說他很有興趣，他將和我討論這檔事。過後不久，我倆在劍橋碰面，勾勒我們未來的工作。我們討論的程度之細，甚至連未來個人所要負責的章節標題形式，都預先訂出來了。

　　那時，史羅包德金還是密西根大學的助理教授。身為美國貧瘠生態學界的明日之星，他稍後轉往紐約州立大學石溪分校，在那兒建立了新的演化生物學計畫。他在研究方面的聲譽，主要奠定在一連串令人興奮的研究上，這些研究在我們碰面前就已萌芽，並在後續幾年開花結果。

　　他專攻「紅潮現象」，也就是有毒的雙鞭毛藻週期性的族群暴增，以致毒害到魚群及其他海洋生物的現象。他首創利用彈卡計（bomb calorimeter）測量生態系中營養階層間的能量轉移。在這個理論中，他詳加解釋存在於捕食者和獵物間的平衡關係概念。

　　認識他這些年來，我每次看到他，都覺得他的外表實在很引人矚目：一頭紅髮，臉頰若不是刮得乾乾淨淨，就是很戲劇性的蓄了一篷大鬍子，像大熊般的身軀展現出學者的輕鬆自在。他並不習慣開懷暢笑，倒是偏愛笑中帶刺的格言。他聊起天來顯得全神貫注，而且防衛心很重。此外，對於年輕人來說，如此喜歡對科學及人類

情境下概論，也算是某種程度的異常。

　　身邊伴著這種朋友，是會受到潛移默化的。他常扔出一些散漫的辭句和片段的黑色幽默，活像故意要把聽者弄糊塗似的，尤其是在結束談話時混用的那種哲學家式的深奧言詞。這種風格的收尾旁白暗示著：我們嘲弄的這個主題不止如此，還有更多；看看你有沒有辦法自己想出來。

　　史羅包德金其實是哲學家。我不禁把他想成是透過科學生涯的進展，來達到他的科學哲學目的。在那兒，他將成為教宗、祭司，以及博物學的闡釋者。我有些朋友抱怨說，他的個性是種裝腔作態；也許就某種程度而言確是如此，但是我依然很欣賞史羅包德金的細緻、銳利心思，也很喜歡和他相處。雖然我們兩人的文化背景天差地遠，但是那卻使我更覺得他這個人有趣。他是出身於紐約的知識份子，是猶太人，不論就氣質及風格來說，距離我在1960年代早期依然自認的「汗流浹背的田野昆蟲學家」，差異都大得不能再大了。

耶魯大師哈欽森

　　史羅包德金深受哈欽森的影響，哈欽森是史羅包德金在耶魯大學進修博士時的指導教授。哈欽森與史羅包德金的差異，就和哈欽森與我的差異不相上下，也非常近似於史羅包德金與我的差別：我們三人剛好可以形成一個等邊三角形。

　　哈欽森生於1903年，父親為英國劍橋大學彭布羅克學院（Pembroke College）的院長。所以說，哈欽森可以說是道地英國高層學界的產物。就像牛津劍橋中的獎學金研究生一樣，博士學位對

哈欽森而言從來不是問題，而且他也把自己訓練成驚人的博學之士。他崇尚自由且兼容並蓄，事實也證明他的確很有才智，而且能將諸多碎片拼成宏觀概念。哈欽森似乎從沒碰過任何他不喜歡或是派不上用場的資料，不論用在哪裡，他總有辦法做成一段摘要，或是至少寫成一條注腳。

哈欽森是以田野昆蟲學家的身分開始學術生涯，專攻水生的半翅目昆蟲，尤其專研仰蝽科（Notonectidae）的蟲子。他離鄉背井做研究，遠達西藏及南非。之後，他轉而率先研究湖泊中的藻類及其他浮游植物。他把研究領域又擴展了，包括這類水體中的生物存活所需的營養鏈及營養階層。他可以算是第一批學成生物地理化學（biogeochemistry）的學生，這是涵蓋陸地、水體及生物分析的複合學科。然而稍後，在他於 1945 年當上耶魯大學動物學系教授後，他的研究興趣又再度轉向族群動態的演化，而這個學門也成為史羅包德金的專長領域。

哈欽森的洞察力非常深沉又帶有原創力，雖然這兩個形容詞因為濫用過度，聽起來似乎有點平凡無奇，但事實上，即使尊稱他為演化生物學之父，他也當之無愧。「哈欽森區位」（Hutchinsonian niche）即是他最具影響力的創見之一。和其他成功的科學創見一樣，哈欽森區位的概念也很單純，只要幾個項目就可以很有效的描述某個物種的生存狀況。例如，牠存活及繁殖所需的溫度範圍、牠的食物範圍、牠最活躍的季節、牠每日進餐的時間等等，這張清單的長度可以隨生物學家高興，無限拉長下去。物種被視為是生存在以各項生物性質（biological quality）來界定的空間中，而各項生物性質都擁有獨立的度量。簡單的說，生態區位相當於一個多維空間。

哈欽森非常獨立自主，以致依然能不受分子生物學派高奏凱歌的影響；至少我從來沒聽到他像沸騰的哈佛生物系同僚一樣抗議過。他在晚年，非常優雅的由田野生物學家蛻變為一代宗師，頂著稀疏白髮，睜著一雙長耳獵犬般的大眼，安然坐在他的辦公室中。在他身邊，有隻加拉巴哥巨龜的填充標本。

在長達約三十年的教學生涯中，哈欽森訓練了四十名日後成為全球最佳生態學家及族群生物學家的博士學生。他們包括狄維（Edward Deevey）、艾德蒙德森（Thomas Edmondson）、克勞佛（Peter Klopfer）、萊伊（Egbert Leigh）、洛夫喬伊（Thomas Lovejoy）、麥克亞瑟、奧德姆恩（Howard Odum），當然，還有史羅包德金。他們似乎全都十分崇拜、愛戴這位恩師，而且也從他的典範中，汲取能量與動力。他們散布全美各地，成為生態學裡眾多新興領域的代言人，對於美國生物學界產生了關鍵影響力。

學者老爹

我和哈欽森的多位學生結為朋友後，曾經問過他們，哈欽森到底是用什麼來激勵出這群輝煌的徒眾。答案總是千篇一律：沒用什麼，他什麼也沒做，只除了歡迎所有的研究生在想見他時，隨時走進他的辦公室。

哈欽森讚美學生做的每件事，而且總有辦法以他內在的洞察力以及學者式的離題本領，在即使才剛剛開始的研究提案中，找到一些優點長處。有些時刻，他高高超越我們之上，別的時刻，他則獨自漫遊在遙遠的領域；他熱愛驚異的暗喻以及奧祕的例證。哈欽森成功的避開了因為受到過度了解而招來的輕蔑。他鼓勵徒眾開展屬

於自己的旅程。

　　我很高興能在他 1991 年過世前，多次到耶魯大學演講，親自見到他，並接受他的祝禱。他會喃喃說道：「太棒了，威爾森，做得好，非常有意思。」頭還一邊在佝僂的雙肩中，輕輕的點著。好個聰慧的人類加拉巴哥巨龜。我從沒見過這樣一位慈靄的學者老爹，待在他身邊真是非常愉快。我漸漸明白，那些過度慷慨的讚美，並不見得會讓我們的性格變軟弱，因為哈欽森的學生也會相互批評，我也一樣，這讓我們大半時候得以避開重大的盲點。

　　哈欽森和史羅包德金正是今日所謂的演化生物學家。在我轉型的那幾年，他們使我也嘗試成為演化生物學家。透過他們，我體會到環境科學可以和生物地理學以及演化學的研究，醫合得多麼緊密，而且也對自己在演化生物學方面的表現，愈來愈有信心。他們激勵我更加接近物種平衡的中心問題，而那果真成為我在 1960 年代的主要研究路線。

　　當時的分子戰爭，則逐漸沉息於模糊的結論之中。

第 13 章

麥克亞瑟與地理生態學

　　1961年，我到紐約巴爾的摩飯店參加美國科學促進協會舉辦的會議。在會議休息時間，史羅包德金跑來告訴我說，有個人我一定得結識，而且還應該邀他加入我們的出書計畫，請他負責族群生物學的部分。當時距離我和史羅包德金初次碰面討論出書計畫，已有兩個月。他說：「這個人叫麥克亞瑟，是道地的理論學家，非常聰明。我想，我們還需要一位數學底子更好、更接近純理論的人，來幫我們完成這本書。」

　　這位麥克亞瑟是賓州大學的助理教授，那年三十歲。他於1957年在哈欽森門下拿到博士學位後，到英國牛津大學跟隨鳥類學家拉克做了一年研究，麥克亞瑟很快就開展出一段光燦的學術生涯。然而，不論史羅包德金或我，那天在等著見他時，都沒料到他竟然這麼聰明，短短十年中，他的影響力幾乎能與哈欽森相匹敵。

　　麥克亞瑟大大拉近了族群生態學和群落生態學這兩門學科與

遺傳學的距離。他重新塑造生態學、生物地理學,以及遺傳學的某些關鍵參數,把它們嵌入基本理論的共通架構中。在 1960 年代決定性的十年期間,他為統合族群生物學所鋪的路,沒有人能比得上。1972 年,麥克亞瑟被致命的腎臟癌打倒,成為了傳奇人物。如今,有一個備受中生代演化生物學者艷羨的獎項,就是受邀前往美國生態學會發表「麥克亞瑟專題講座」(MacArthur Lecture)。

那天,他真的加入了史羅包德金和我。他是身材削瘦、個性謙虛的年輕人,說話腔調雖然是美國式的,但是卻擁有英國式的謹慎、低調風格,這也許是從牛津那兒習得的。他表示,合寫這本書是很吸引人的點子,我們應該探討得更深入些。不過他當天頭痛,想要回家休息。我們握握手,然後他就走了。

重溫舊時夢

將近一年,寫書的事都沒有進一步的發展。不過,那是我的錯。為了要回歸田野調查工作,我把寫書的計畫完全擱在一邊。熱帶地區又再度發散出魅力。我心深處有個夢想不斷翻騰,傳說中的「黃金國」依然還在那兒,可望而不可及。我一定得去。

1961 年 2 月,凱莉和我一同赴千里達,我們待在一位姓萊德的冰島裔寡婦家做客。她的春山莊園盤踞在北部山區的亞力馬山谷(Arima Valley)近山頂處。那兒已經變成世界各地博物學家及賞鳥專家樂於逗留的中途休息站。支離破碎的雨林順著山谷往下延伸到辛萊(Simla),那兒是畢比(請參閱第 170 頁)建立的研究站。當時這位偉大的博物學家已走到人生最後幾年,我很高興有機會面見他本人。凱莉和我偶爾會與他及能幹的辛萊研究站助手克

瑞恩（Jocelyn Crane）一同進餐，欣賞他的朋友吉卜寧（Rudyard Kipling，1907年諾貝爾文學獎得主）送他的銀製燭台，並且就在這樣一處曾經有眾多一流熱帶博物學研究誕生的地方，暢談熱帶博物學。

當時，那塊熱帶地區滋養了好些奇特的知識份子。我們坐在春山莊園安裝了紗窗的遊廊上，傾聽另一位很有名的訪客梅納茨哈根（Richard Meinertzhagen）上校說故事。他原本是維多利亞女王手下的軍官，第一次世界大戰時，與勞倫斯（T. E. Lawrence）在中東並肩作戰。事後，我特別去查看勞倫斯的著作《智慧七柱》，果然在裡面找到梅納茨哈根，而且就正好出現在他對凱莉和我所形容的情節中。梅納茨哈根此番來到春山，是為了察看附近一只洞穴中的油鴟，順便蒐集些當地森林裡的果實。這一切，再加上年邁的萊德太太對待千里達土著的殖民式態度，在在使我們覺得時光彷彿倒流了五十年。

另外還有些趣事值得回味，而且這一次，我可以和凱莉一同分享。有一天，莊園裡的一頭寵物驢子漫步逛過春山莊園的遊廊，走進房門大開的餐廳。牠的蹄子在硬木地板上發出咚咚巨響，而且嘴一伸，就開始大嚼原本是為眾人下午茶預備的巧克力蛋糕。女僕動作飛快的將牠趕了出去。過後沒多久，當凱莉坐在遊廊一角等我由野地回來時，她忍不住去偷聽萊德夫人對這樁新聞的反應：「喔！我的老天，威爾森夫婦知不知道這件事？」

「他們不知道，夫人。」女僕扯了個謊。

這條驢子晚上拴在遊廊上的一根柱子邊，傍晚時分，附近林子裡的吸血蝙蝠經常會來拜訪牠。到了早晨，牠的臀部或腿部，就會出現一兩條乾涸的血痕。遭到蝙蝠吸血是這塊地區的牲畜經常遇到

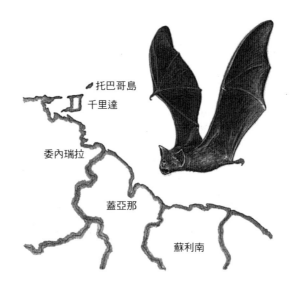

的老問題，此外，蝙蝠還會捉兔子。曾經有好多次，我和梅納茨哈根入夜後坐在遊廊上，備好手電筒，熱切的等待吸血蝙蝠的造訪，但我們從未撞見過任何一隻。這就是吸血蝙蝠厲害的地方，牠們總是神出鬼沒。

　　凱莉和我在這裡住了兩個月之後，我們啟程前往蘇利南，增加一些南美洲的田野調查工作。我們搭乘貨輪由西班牙港出發，先到鋁土礦重鎮蒙戈，然後再折回首都巴拉馬利波。我們寄住在一間供膳的宿舍裡，當時我正往南探測林地，遠達占德里（Zanderij）。之後，我們先返回春山待了一陣子，然後才前往托巴哥，繼續最後三個月的旅程，由6月到8月。

　　待在炎熱的氣候下，聞到植物霉爛的氣味，令我有重返家園的自在感；雖然凱莉可不這麼覺得，尤其是她得知有吸血蝙蝠之

後。新發現來得非常容易，就和我每每在熱帶森林裡碰到的情形一樣。我在蘇利南採到一窩高掛在樹上，巨大、原始的刺針家蟻族螞蟻 *Daceton armigerum*，而且也率先研究到牠的社會組織。另外，我在千里達中部的大洞穴中，重新發現「真洞穴蟻」中的 *Spelaeomyrmex urichi*，而且證明該種螞蟻同時也居住在蘇利南的開闊林地，因此不能算是絕對性的洞穴蟻。我秉持一向的機會主義精神，東探探、西探探。

然而，在這趟田野之旅的早期，也就是我剛開始在千里達展開工作時，卻發覺熱帶地區不再是樂園了。令我惶恐的是，我這輩子第一次落入沮喪的情緒中。我又開始憂心忡忡的想起生態學及演化學的廣闊天地，以及年輕演化學家迫切需要的觀念革命。我憎恨自己心中博物學熱情減低的這件事。我很擔心自己在數學方面的缺陷；我很確信，未來的演化生物學原理一定會寫成方程式，以量化模型來表達最深沉的洞見。我開始著手彌補我的缺陷，坐在千里達及托巴哥島的遊廊和海灘圓頂閣中，自習微積分、機率理論以及統計學。進展相當慢，我的天分不夠高，我更加擔憂了。現在，我已經三十歲了，時間和主要的機會就要溜逝——或者說，看起來似乎如此。我是否會錯失即將來臨的行動？

8月底，凱莉和我回家後不久，買了我倆生平第一棟房子。那是一棟小巧的二層樓房，位在萊辛頓郊區，在劍橋西邊約十六公里外。房子總價一萬九千美元，約為我當時年薪的兩倍。我們在這趟年度輪休旅程中，盡量節省，也只不過存到第一期房貸的下限三千美元。這時，我們的婚姻進入第五年，總算有扎根的安全感了。我對自己的工作，以及我很可能下半輩子都會留在哈佛這件事，愈來愈覺得有信心。於是，我的數學焦慮症也無疾而終。

　　過後沒多久,麥克亞瑟和史羅包德金到哈佛來跟我會合,我們開了一天的會,重新計劃我們的族群生物學著作。我們定出大綱,分派章節任務,然後各自分頭努力。

　　不下於我對史羅包德金的欣賞,我覺得麥克亞瑟的個性甚至更迷人。在接下來的談話和交往中,我們發現彼此的共通興趣多得驚人,其中之一是我們都熱愛生物地理學,也就是研究植物及動物地理分布的學問。這一門我終身沉浸其中的傳統學科,當時正一片混亂。事實上,應該說是大混亂,因為這個主題的內容是生物學所有學門中,實質範圍最廣的。再說,它還涵蓋了整部地球生命史。

　　1961 年,當麥克亞瑟和我開始把目標放在生物地理學上時,它的內容大多仍停留在「描述」的階段上。其中最有意思的理論為「馬修—達林頓的優勢及汰換循環」理論。另一方面,生物地理

學的主旨也包括以下這類主題，像是西印度群島上的動植物相起源
——不論是經由一度連接列島和大陸間的陸橋遷徙而來，或是偶然
藉由水路或風而播遷進來。生物地理學似乎已經成熟得足以接受族
群生物學領域中的新興思想。我把檔案中的一些曲線拿給麥克亞瑟
看，這些曲線表達了各個島嶼面積，與居住在上面的螞蟻（或其他
生物）物種數間的關聯。我把我的「分類群循環」及「物種平衡」
理論說給他聽。

數學結合博物學

　　很快的，麥克亞瑟就對這些資料及相關主題產生了濃厚的興
趣。當我們的討論愈來愈深入，而且也擴及到家常閒話以及個人
趣事逸聞後，我們變成了很要好的朋友。我倆在攸關科學合作成敗
最重要的背景方面，相當接近。麥克亞瑟雖然出身馬爾波羅學院
（Marlboro College）數學系，而且擁有極為搶眼的數學天賦，但是
他的心思卻放在鳥類學研究上。

　　麥克亞瑟的職業是博物學家，而且只有當他帶著望遠鏡和田野
手冊，直接走進大自然搜尋新發現時，似乎才是他最快樂的時刻。
他的職志在於掃描大自然千糾百結的一切，並且經過消化整理，然
後在他自己以及其他人心中，概略記下大自然的基本理論形貌。同
時身兼數學家及博物學家，他實在是相當獨特，只有他的恩師哈欽
森能相企及。他的興趣不若哈欽森那般廣闊，但是卻能更快、更深
入的穿透策略點。他和偉大的英國數學家哈帝（G. H. Hardy）在氣
質及思想方面都頗為神似，而且他們的信念也相同：「數學家相當
於觀念模式的製造者，而評斷模式的標準在於美感與嚴謹度。」麥

克亞瑟最希望的，是發現美麗的生命真實模式。

麥克亞瑟在聊天時提到，頂尖的科學研究中，有很大一部分都是來自於針對自然現象發展出的新分類法則，也就是那些能夠提出假說以及新數據蒐集範圍的研究。「藝術，」他喜歡引用畢卡索的話：「就是幫助我們看清真相的謊言。」

他的方法論見證了一位天生博物學家的強韌：他知道自己在說什麼，而他更關心的是大自然這幅錦繡帷幕，以及他自己對大自然的獨特見解，卻不在乎旁人對大自然或是對他個人有何看法。

麥克亞瑟賞起鳥來極有耐性，而且也具有鳥類學家的專業技巧。只要有機會，他經常往熱帶地區跑，並且對於博物學數不清的相關資料也極感興趣。從事這些活動而累積下來的大把資訊，以及資料背後交互作用模式的劇本，全都成為麥克亞瑟理論研究的靈感來源，他利用這類理論來描述生物多樣性的起源。

我們初次碰面時，麥克亞瑟還是賓大的助理教授，但是很快就升為副教授，然後是正教授。後來他轉到普林斯頓大學，在那兒沒多久就被封為「生物系的奧斯本教授」（H. F. Osborn，曾任普林斯頓大學比較解剖學教授）。

麥克亞瑟的舉止態度謙虛而令人愉快。身高中等，英俊的長方形面孔，碰到你時，他會把眼睛睜得大大的，坦然一笑，令人疑慮盡消。他說話的聲音是單薄的男中音，語句、段落齊全，在強調比較重要的發言時，頭會微微上揚並伴隨吞嚥的動作。他的儀態冷靜，善體人意，暗示著他在智能上的緊密控制能力。和大部分學者專家的過度饒舌相反，麥克亞瑟的用詞精簡，使得他的話語擁有一股非蓄意設計出來的權威感。其實，他本質上很害羞，最無法忍受不小心犯錯卻被人逮個正著。然而，他很了解自己在同儕中的地

位，而且對自己的地位也很有安全感。雖然他天生慷慨，而且也很能讚美他人，在私下談話的場合，對於他認為重要的研究，幾乎能給與哈欽森式的讚詞；但是，他也會毫不猶疑的，以近乎殘忍的精確態度描述他人的小缺失及弱點。不過，我從來不覺得其中含有絲毫惡意，他只是喜歡對科學家分類而已，同時又經常因為對那些人失望而顯得稍微消沉。

除了超凡才智外，他還擁有不尋常的創造動力以及雄心。他把家庭（太太貝琪及四名子女）排在一切事物之上。接下來，排列順序依次為自然界、鳥類以及科學。

有一天，我們在佛羅里達的狹長珊瑚礁區散步時，我告訴他，我和其他幾個人正一同努力，要在里格努維他礁島（Lignumvitae Key）進行保育工作，這是佛羅里達州僅餘幾座較未受到人為破壞的加勒比海森林島嶼之一。他聽了之後，反應熱烈得令我驚奇；稍早我甚至連想都沒想到要對他提這件事。他宣稱，他寧願選擇搶救瀕臨危險的棲息地，勝過創造重大的科學理論。

破裂棒模型

麥克亞瑟以兩篇能夠顯露他非凡能力的文章，展開他的科學生涯。第一篇發表於 1955 年，他提出了預估動植物群落穩定性的方法，採用的是資訊理論。他把一項截至當時為止，還僅能用字句描述的觀念，轉化成公式。很快的，在 1957 年，他又提出著名的「破裂棒模型」（broken stick model），用來描述鳥種的相對豐度。

若想要了解他研究方法的精華，得先假想有這麼一大群混合的鳥類，例如住在某座森林中的鳴禽。我們以一根棒子的長度來代

表牠們。如果這根棒子長一公尺，代表十萬隻鳴禽，那麼，棒上每0.01公厘的片段可以代表一隻鳥。假使這棒子是由十種鳴禽所組成的，我們就把棒子隨機分為十段，而這十段棒子的長度也是隨機的，並且讓每一段棒子的長度代表某特定鳥種的數目。這麼說吧，假設某物種擁有二百公厘長（棒子百分之二十的長度），那麼就代表了該物種有二萬隻個體。另一種鳥擁有五公厘長，也就相當於五百隻個體。總之，依照每一段棒子的長度，就可以推算出它所代表的鳥類數目。

由於這些片段是不相重疊的（也就是物種不會相重疊），而且全部十種鳴禽的數目分布，將等於真正的鳴禽在森林裡相互競爭所分得的資源；因此，牠們不會共享森林裡的資源，而每種鳥類獲得的片段也是隨機變化的。此外，每種鳥類的生態區位也是獨一無二的。假使我們發現，真實的鳴禽數目的確按照這種分配來部署（說得更技術性些，假使它的「物種豐度分布」符合破裂棒模型），我們就可肯定，這些鳴禽的確因競爭資源而相互排擠。

除了排擠形式的破裂棒模型之外，還有沒有其他替代方案？麥克亞瑟提出的另一個模型是：物種獲得的棒子長度依然隨機決定，但是物種彼此能相互重疊；換句話說，不同種的鳥並不會因競爭而相互排擠。不過，由於排擠模型能夠吻合某組鳥類數據，而且麥克亞瑟也承認，排擠模型比第二個替代提案更接近實際狀況，所以他結總道：競爭在決定鳥類豐度方面，似乎扮有舉足輕重的角色。

這個由破裂棒分布推演出來的競爭假說，後來曾引起多方爭論，連麥克亞瑟本人最後都摒棄了他方法論式的研究（我猜這是因為還不夠成熟）。然而，即使漸漸淡逝，他所提出來的這個觀念仍然是生態理論中的突破。麥克亞瑟花了三頁的篇幅，試圖把群落生

態的中心問題，用數字表達的競爭假說來描述。這種做法和從前的理論學家不同，從前的理論學家只是將同一個概念轉化成更含糊的文字。

麥克亞瑟在為這個議題定性時，採用的方法是：先測試各種符合邏輯的可能性，而後才做抉擇。在這個研究案例中，他證明了即使是大自然當中最深刻未解的祕密，也可能被飛躍的想像力給解開，只要這類研究能提出明確的假說即可，但先決條件是，這些假說必須能通過實際田野數據的驗證。

從此，「多種可能假說」（multiple working hypothesis），即引入成為生態學的其中一種研究方法，用來探討與群落有關的問題。麥克亞瑟 1957 年的論文，為他日後一生的研究工作定下了基調。不可避免的，他整體的研究方法（不只是先前提到的破裂棒模型），也曾讓某些生態學家公允的批評為「過度簡化」。但是，這個缺點一旦擺進漫長的歷史中，就顯得並不很重要。它是通往正確方向的一大步。不論它符不符合某個問題的應用，至少它激勵了一整代年輕族群生物學家的士氣，而且還成功轉換了一大部分的生態學內容。它使得我們思路更清晰。

物種平衡論

當麥克亞瑟和我的談話內容愈來愈廣時，我表達了我個人的三項信念。第一項，生物地理學快速進展的關鍵在於群島。群島內的群落是受海水隔離的不連續單位，因此能以多種可能假說的方式來研究。第二項，所有的生物地理分布，包括動物相、植物相的歷史在內，均可做為族群生物學的一支。最後一項是，島上物種的平

衡狀態，有某種可量化的模式可循。麥克亞瑟立即表示贊成，而且馬上開始把他的抽象能力，應用到我給他的一組組數據上頭。我把我們的談話和信件濃縮為下面幾段文字，以表達「物種平衡論」（species equilibrium theory）產生時的關鍵步驟。

威爾森：

　　我認為，生物地理學能夠成為一門獨立的科學，其中有些很驚人的規則還沒有人解釋過。譬如說，島嶼愈大，生活在上面的鳥類或螞蟻種類也愈多。如果你從小型島嶼，像是印尼的峇里島、龍目島，來到大型島嶼，像是婆羅洲、蘇門答臘，看看會發生什麼現象。島嶼面積每增加十倍，島上物種的數目就約略增加一倍。事實證明，我們手上握有的大多數動物或植物物種的良好數據，均符合上述說法。

　　還有另外一件令人迷惑的事。我發現，凡是有新種螞蟻由澳洲或亞洲傳入位於兩者之間的群島，如新幾內亞及斐濟，牠們一定會消滅原先定居該地的某種螞蟻。就物種層次而言，這個模式非常吻合達林頓和辛浦森的觀點。從前他倆證明了：某類哺乳動物（像是鹿或是豬），會傾向於置換掉南美及亞洲的同類型哺乳動物，並占據同樣的生態區位。因此，降到物種層面來看，在動植物於全球一波波的散布行動背後，大自然似乎也一併產生了某種平衡。

麥克亞瑟：

　　沒錯，物種的平衡。這看起來很像是每座島嶼就只能擁有這麼多物種，因此若有某個新物種進駐該島，在上面定居繁衍，那麼另一種老居民只好步向滅亡。我們且把這整件事當成物理程序來看。

想像這個島嶼先是空無一物，再逐漸填塞滿物種。這只是暗喻，但它很可能會使我們理出一些頭緒。當更多物種安頓下來之後，它們在島上滅絕的機率也將升高；換個方式來說，也就是當更多物種湧進這座小島後，島上任一物種的滅絕機率都會增高。現在，我們來看看初來的物種。每一年，各物種都有一些族群藉由風力或是浮木被帶到這個島上，或是像鳥類靠自己的能力飛越抵達。而定居在島上的物種愈多，每年抵達的新物種就愈少，原因很簡單，因為沒登上該島的物種數愈來愈少了。當島嶼上的生物爆滿後，物種滅絕的速率會往上升，而物種遷入的速率則往下降，直到兩者達到同樣水準。

就定義來說，這即是動態平衡的現象。當物種滅絕和物種遷入的速率相等後，該島嶼的物種數就會維持在一定數量，雖說組成動物相的物種可能會產生持續穩定的變化。

操縱一下這些上升、下降的曲線，看看會出現什麼變化。假使島嶼面積更小，物種滅絕的速率就會上升，這是因為每個物種的族群都變小了，所以比較容易滅絕。假使樹梢間只棲息了某種鳥類的十隻個體，那麼牠們在某一年間滅絕的可能性，將高過有百隻個體的情形。

但是，新物種抵達的速率並不會受到太大的影響，因為即使是和遠方大陸距離相近的島嶼，面積大小也可以有很大的差異，但看在向它們航行過來的生物眼中，變化並沒有太大。結果，與大島相比，小島能更快達到物種的動態平衡，因為其上能居住的物種數比較少。

現在，再來看看「距離」這項變數。島嶼距離生物源（大陸）愈遠，例如夏威夷和亞洲的距離，就比新幾內亞和亞洲的距離來得

遠，則每年抵達的新物種愈少。但是滅絕的速率維持不變，因為一旦有新的動植物遷入島上並在其上繁衍，則該島是近或遠對牠們都無謂了。於是，你可以預期在較遠的島嶼上，能找到的物種數目會較少。這一切都不過是幾何問題而已。

漸趨結論

　　數週時光匆匆流逝。我們坐在麥克亞瑟起居室的壁爐邊，面前的咖啡桌上攤滿了紙條、筆記和圖表。

威爾森：

　　到目前為止，進展還不錯。當島嶼較小，以及距離大陸較遠時，鳥類及螞蟻的物種數確實會下降。我們把這兩種趨勢分別稱為「面積效應」及「距離效應」。暫且先把它們當成是已知的事實。我們怎麼知道這兩者可以證實平衡模型呢？我的意思是，其他人幾乎都會建議用另一個理論來解釋面積和距離效應。假使我們宣稱：「因為我們獲得的結果與該模型預測相符，所以該模型為真。」我們將會犯下邏輯學家所謂的「肯定後件的謬誤」。只有一個辦法可以避開這個僵局，那就是去蒐集唯有我們的模型才能預測出來的結果。

麥克亞瑟：

　　好的，我們在純抽象理論上已進展到這個程度——讓我們再繼續下去。試試看這一個：把滅絕和遷入的曲線畫出來，它們相交之處即是平衡點，而且它們都是簡單的曲線，傾斜的角度也很相似。

就像是解基本的微分習題一樣，你能夠看出一座島嶼達到百分之九十物種滿載量所需要的年數，應該會大略相當於物種達到平衡時的數目除以每年滅絕的數目。

威爾森：

讓我們來看一下克拉卡托島（Krakatau）的情形。

尋找實證

克拉卡托是一座小島，坐落在蘇門答臘和爪哇之間。1883 年 8 月 27 日，一場火山大爆發，把島上生物全部清掃一空。事件過後一年內，各國的科學家，主要是荷蘭人和印尼人，然後是德國人，都開始親臨斯地，探訪這座遭到「還原」的島嶼。

他們針對重返這片光禿火山坡的鳥類、植物及其他生物，做了一些零星但滿有用的紀錄。其中有關鳥類的資料最為完整，於是我們針對鳥類發展出基本的平衡模型，認為應該會在大約三十個物種時，全島達成平衡。到達這個水準後，動物相應該每一年都會失去一個當地物種（也就是在島上滅絕），同時也獲得一個新移入的物種。那些早期研究人員蒐集到的數據顯示，鳥類相的物種數目果真維持在三十左右。但是，每五年才會替換一個物種，而非每一年。

究竟是我們的模型預測偏離了五倍，或是這樣的差異來自採樣錯誤？這個問題沒有辦法回答。這時我們看出，需要有重複的數據使平衡理論發展得更嚴謹。1965 年，我前往佛羅里達礁島群，預備利用最小島嶼上的昆蟲及其他節肢動物，設計一套實驗系統。那又是另一則故事，一則很不尋常，甚至可以說是詭異的田野生物學

UNIVERSITY *of* PENNSYLVANIA

PHILADELPHIA 4

1262

The College
Division of Biology

ZOOLOGICAL LABORATORY
38th Street and Woodland Avenue

27 april

Dear Ed,

I find I have far less time than I had expected and havent finished the statistics on bird species vs. islands. (Although for Sunda group, no. of bird sp = 23.796 + .008535(elev.) − .021057(Distance) + .006170(√area))

$$K \text{ in ... miles}$$

But I did want to tell you my ideas about a model of number of species so that you can improve it while I am away. Early in the fall I will get back to the analysis and we can compare notes.

Basically, unless immigration and local species extinctions are much rarer than I guess, they must about balance.

I think the mortality curve has the shape $np^{T/n}$ (approx.) where p is a probability of individual dying (about .5) and T is the total number of individuals (proportional to area)

冒險故事，這要留到下一章再敘述。

當麥克亞瑟和我研究島嶼生物地理學計畫時，我們這些年輕族群生物學家組成的鬆散組織，逐漸成形。1964 年 7 月底，我們當中的五個人，聚集在麥克亞瑟位在弗蒙特州馬爾波羅的湖濱小屋，討論我們每個人手邊的研究議題，以及這些研究在未來可能會對族群生態學有些什麼樣的貢獻。

除了麥克亞瑟和我之外，另外還有萊伊，他是年輕的數學家，對於動植物的群落結構特別感興趣，後來進入史密森熱帶研究所，擔任研究科學家；雷文斯（Richard Levins）則是當代很有名的族群生物學家，後來進入哈佛公共衛生學院任教；還有路翁亭（Richard C. Lewontin），他是理論及實驗遺傳學的明日之星，在 1973 年進入哈佛大學，成為阿格西動物學教授（Agassiz Professor of Zoology，以哈佛大學著名的古生物學教授命名）。另外還有兩位仁兄雖然沒能親自參加湖濱聚會，但是都與我們保持密切的聯繫，他們是史羅包德金以及范瓦稜（Leigh Van Valen），范瓦稜是芝加哥大學的古生物學家與演化生物學家。

在這片寧靜的北方森林散了兩天步之後，大夥兒原本不大的野心，現在卻擴大了，我們想要把演化生物學提升為基礎更紮實的理論族群生物學。每人輪流描繪手上正在進行的較特別研究。接著，大家一同討論，如何使該主題朝向中心理論發展，並進而與之結合。

除了麥克亞瑟和我當時進行得很順利的島嶼生物地理學之外，我認為自己還應另外從事螞蟻及其他社會性動物的研究。我聲稱，一個動物社會就相當於一個族群，而且，把它的結構及演化當成是族群生物學的一部分來研究，應該是可以辦得到的。

　　早在 1956 年，我就和我的學生艾爾特曼（Stuart Altmann）討論想法，想找出能解釋靈長類及昆蟲社會通則的概念。而且，我們甚至已經採用「社會生物學」這個名詞來形容這類研究。但是我們並不知道該如何著手，兩人的合作也沒什麼進展。我希望藉由現在這個「馬爾波羅學圈」的集思廣益，提供我一些新線索。其他人的發言都很令人鼓舞，但是我並沒撿到多少現成的線索。英國理論生物學家漢彌敦（William Hamilton）討論近親選擇（kin selection）以及利他行為（altruism）的論文就在當年發表，只可惜我們當中還沒有人看過它，而那正是社會生物學的基石。

共同匿名發表？

　　要如何來推動社會生物學，以及類似（甚至重疊）議題的進展？在我們海闊天空的自由交談中，「團隊創作」這樣的想法蹦了出來。我們可以模仿一群法國數學家的做法，他們於 1930 年代以假名「尼克勞斯·布爾巴基」（Nicolas Bourbaki）的名義來發表文章；或許我們也可以用「喬治·麥克斯明」（George Maximin）的名義，發表一系列短文？

　　「麥克斯明」並不是為了紀念羅馬時代那位軍事家皇帝，而是按照最佳化理論中「極小中取極大」來命名的；喬治則是隨意取的名字。有了麥克斯明，我們認為將可達到匿名的雙重目標：既可避免太過自我以及作者姓名先後順序的麻煩，同時又能無所畏懼的表達團隊的大膽言論。

　　不過，麥克斯明這個點子很早就夭折了，它是設計不良的科學怪人。8 月中旬，麥克亞瑟在信中對我坦示，他對這檔事有極度的

疑慮。他認為，我們每一個人還是應該各自為自己的想法負責任，以及享有信譽。另外，史羅包德金打從一開始就不喜歡這個點子，他說，麥克斯明讓別人聽起來太像是陰謀小集團的名字。我得承認，我心底也和他有同感。就這樣，由於個人癖好的緣故，注定了麥克斯明的早夭命運。

麥克亞瑟對自己的能力尤其有信心，因此他寧願不要縛手縛腳的做研究。他似乎深信，只要靈感一來，不論是獨個兒或在團體中，他都能夠有新的想法；而史羅包德金方面，則非常反對把理論統合起來，也反對太過倚賴數學模型。至於我自己，先天氣質上就和麥克斯明不對頭，我寧願自個兒做研究，或是頂多和一位夥伴搭檔。因此，這個計畫就此消逝，主謀者也各忙各的去了。

我們日後再也沒有結成團體，但是我們卻從麥克斯明殘存的魂魄中，獲益良多。我不能代表其他人發言，但是我相信，我們全都帶了一股信心離開，那是對於演化生物學未來發展的信心，以及對於我們自己的信心。

到了那年年底，麥克亞瑟和史羅包德金的關係漸行漸遠。麥克亞瑟在某封信裡告訴我，史羅包德金正處在反理論的情緒中。當時，史羅包德金曾說了一句獲得廣為引用的話：「大自然自會打敗理論」（Nature defeats theory）。8 月時，麥克亞瑟退出了我們三年前共商的生物教科書寫作計畫。當時，史羅包德金的進展還很少，而我也好不到哪去，因為我那時一直分神忙著照顧其他六、七個計畫。結果，這本書很快就步上麥克斯明的後塵，遭我們遺忘得乾乾淨淨。我們再也沒有提起過它。

1966 年，麥克亞瑟和生態學家康尼爾（Joseph Connell）合寫了供大一新生使用的入門教科書，結果史羅包德金寫了極嚴厲的

書評，把這本書狠狠抨擊了一番。他非常反對這本書表彰的科學哲學思維。麥克亞瑟對這件事也相當憤怒，認為這是不必要的個人敵意，他深信是思想開倒車的人誤解了他。「我想我能說出馬鈴薯為何會長在田裡，而且也能指出它們長在哪裡，」他對我自嘲：「但是這批人卻說不夠好，他們還想知道這些馬鈴薯的形狀和大小。」

島嶼是關鍵

不過，這件事完全沒有影響到我和麥克亞瑟的合作關係。我深深相信化繁為簡的威力，而且之後可以再藉由分析，來重建細節。1964 年 12 月，我提議合寫一本島嶼生物地理學完整而詳細的書，目標在於創造新模型，此外還要盡可能設法把我們的推理模式，擴及生態學門中更多的其他領域。麥克亞瑟立刻就答應了。這時，他十分醉心於這個主題，而且已經開始自稱為生物地理學家，而非生態學家。在這個領域中，有他最想發現、也最有可能獲得闡釋及定義的模式存在。他在 1972 年獨力完成一本書，書名定為《地理生態學》（*Geographical Ecology*）。

馬爾波羅聚會後兩年，麥克亞瑟和我斷斷續續蒐集蓬勃發展的島嶼生物地理學資料。我們研究島嶼、湖泊以及其他遭隔絕的棲息地中的物種平衡現象。我們根據他人發表的數據，追蹤克拉卡托島及其他曾遭「毀滅」的島嶼上，生物重新拓植的過程。我們檢視生態區位的性質，以及各物種因應播遷及競爭時的演化適應。我們由下往上，一個物種接著另一個物種，逐個考量動物及植物要用什麼樣的方式，才能最有效率的彼此交融，創造出多樣化的生物群落。

1967 年，當我倆合著的《島嶼生物地理學理論》（*The Theory*

of Island Biogeography）出版時，幾乎博得各家科學期刊的一致好評。有些書評人甚至宣稱，這是生物學上的一大進步。四分之一世紀之後，在我提筆寫這本書時，它依然是最常引用的演化生物學研究之一。《島嶼生物地理學理論》同時也對保育生物學產生了重大的影響，這主要是基於幾個現實的因素。

由於全球自然棲地受人為破壞的程度愈來愈嚴重，使得自然棲地的面積不斷縮小，而且彼此之間也愈來愈孤立，這使得自然保護區在定義上，就相當於「島嶼」。因此，有關島嶼生物地理的理論就成為很有用的工具，可用來把保護區的面積大小和孤立程度，對於保護區內生物多樣性的影響，化為具體的概念。

1967 年我們書中的部分內容，遭到後續研究學者的棄用（當然有充分理由），而另外也有些部分修改得很厲害。後來的研究人員加進了一些很有力的新見解，以及我們那時不可能得到的明確數據。然而，我依然認為下面這句話不算誇大其詞：麥克亞瑟和我完成了大部分我們希望達成的任務。我們在族群生態學的內在連貫基礎上，統合了（或者起碼算是開始統合了）生物地理學以及生態學。

1960 年代及 1970 年代，一群同時主修生態學及數學博士學位的新潮族群生物學家，在美國、加拿大及英國等地崛起。他們贏得了分子生物學家以及細胞生物學家的尊敬，而且研究經費也曾經相當充裕（在 1970 年代末以及 1980 年代學術圈面臨不景氣之前）。他們和馬爾波羅學圈的眾前輩，擁有同樣的野心和樂觀態度。我之所以能在這個階段也扮演起某種角色，與其說是因為擁有特殊天分，倒不如說是因為我人在哈佛的關係。

我於 1958 年開設的「演化生物學」課程，已於 1963 年重新更名為「族群生物學」，而且焦點也更集中在基本理論上。起先，我

以為我失敗了，因為我在建立模型時，範圍推得太廣了。有大學生在一本未經檢查且用語常常十分刻薄的學生刊物裡，抱怨我的課好像乏味的數學占卜術。

對於某些人來說或許如此，但是我後來發現，我的授課方式曾對許多學生造成重大影響，而且還因此吸引了好些人投入族群生物學，做為他們的終生職志。這些學生包括當前此領域的領導人物：包塞特、柯漢（Joel Cohen）、凱斯特（Ross Kiester）、羅夫加頓（Jonathan Roughgarden）、辛伯洛夫以及舍尼（Thomas Schoener）。1971 年，包塞特和我合寫了一本小小的自習用教科書《族群生物學入門》（*A Primer of Population Biology*），這本書後來流行了超過二十年。

把握臨終歲月

1971 年春天，麥克亞瑟在亞歷桑納州的田野調查旅程中，發生腹痛。回到普林斯頓後，他得知自己患了腎臟癌。受癌細胞侵襲的那顆腎臟立刻摘除，然後他開始接受化學治療。太晚了，醫生告訴麥克亞瑟，他只剩下數個月或是頂多兩年的生命。從這之後，麥克亞瑟把他的生活安排得更緊湊，也在此時獨立完成了《地理生態學》，並且遠赴亞歷桑納、夏威夷及巴拿馬，以進行更多的田野調查工作；同時，他在學校裡還是繼續指導學生。

他又展開了新的理論研究，這回是和梅伊（Robert M. May）攜手。梅伊是十分聰慧的澳洲籍物理學家，不久後就加入普林斯頓任教。由於受到麥克亞瑟的影響，梅伊轉到生物學領域，而且也發展成為世界最具影響力的生態學家。後來，他轉到英國牛津大學，成

為皇家學會教授（Royal Society Professor）。

　　麥克亞瑟在 1972 年普林斯頓秋季班開學之初，身體狀況還很不錯。當癌細胞蔓延到肺部後，他經常咳嗽，但是依然能夠進辦公室，和學生及朋友簡短交談。

　　10 月初，他的健康情況急轉直下。這時，我已聯合好幾位美國資深的演化生物學家，包括克勞（James Crow）、達林頓、哈欽森以及奧德姆（Eugene Odum），合力提名麥克亞瑟角逐美國國家科學獎章（National Medal of Science）。得知他時日無多後，我們趕緊加快努力。麥克亞瑟透過哈欽森，謝謝我們為他提名，他說：「我很高興，我的朋友認為我很優秀。」《地理生態學》才剛剛出版，而他正等著看第一批書評。

　　10 月 30 日，星期一下午，普林斯頓大學生物系系主任包納（John Tyler Bonner）有事來哈佛，順便到我辦公室小坐。他告訴我，麥克亞瑟的情況非常糟糕，距離大限將至的時間，幾小時或幾週都有可能。當時，麥克亞瑟心裡最記掛的，除了他的家人外，就是美國國家科學獎章和書評這兩件事了。我連忙放下手邊所有的工作，開始查詢這兩件事。負責給獎的國家科學基金會評審委員那兒，沒有什麼進展，但是兩篇連在一起的《地理生態學》書評即將刊登在《科學》期刊上，書評人分別是舍尼及包爾曼（Scott Boorman），兩人都是很有分量的族群生物學家。我打電話給負責書評的編輯李文史東（Katherine Livingston），她說她會把書評直接寄給麥克亞瑟。

最後的暢談

　　但是，書評還是來得太晚了。第二天早晨，我打電話到麥克亞瑟家，一位聽不出是哪國口音的外籍護理師說他正在睡覺。下午兩點，我又試了一次，這回是麥克亞瑟來接電話了。他的聲音相當薄弱但是很平靜。他咳個不停，而且通話期間有兩次不得不暫停下來，更換了姿勢，才能繼續談話。

　　讓我感到很安慰的是，他的頭腦依然很清楚，而且也很鎮靜。我問他有沒有看到《科學》期刊上的書評？還沒。我連忙翻出包爾曼（當時他正在我的手下做研究）的手稿，唸給他聽。這篇文章很長，很詳盡，而且讚美有加。麥克亞瑟聽得很入迷，好幾次中途打斷我，和我討論文中提到的技術觀點。他說，包爾曼顯然非常聰明，不知道舍尼對書的評價是不是也這麼好？我對他保證是的，我曾經看過手稿，舍尼在探討完建立模型的一般方法後，宣稱麥克亞瑟的書是這個領域裡集關鍵之大成。他聽了之後說道，不錯，這要比史羅包德金對我那本基礎生物學教科書的評語好得多。

　　你有沒有國家科學獎章的消息？沒有，我只知道有十八人獲得提名，而得獎名單要等 11 月 7 日總統大選完畢之後，才會揭曉。麥克亞瑟很失望。我察覺到，他似乎很在意自己在生物學上的地位。接下來，我們開始天花亂墜閒扯。我們的談話內容及語調一直很平常，並沒有認真談到他的健康情形；我們談話的形式就彷彿他還有好多年可活似的。他漸漸疲累了，安靜下來。後來大部分的談話都是我在說，我害怕讓他離開。我不停的喋喋述說，談到老朋友昆蟲學家霍德伯勒（Bert Hölldobler）下學期就要來哈佛任教了；比較動物學博物館的新實驗室開張了；還有，路翁亭在美國科學促

進協會舉辦的芝加哥會議上，提出的政治宣言，以及他向美國國家科學院辭職這件事，被喧嚷得盡人皆知。我們還談到最近一項建議案，把食蠅霸鶲視作百慕達的有害鳥類，並打算加以消滅。在我說話時，麥克亞瑟喃喃表示贊成。

末了，他說，我們聊得已經夠多了，該休息了。我們說好了要保持聯繫。他的妻子貝琪事後告訴我，那天晚餐時，麥克亞瑟很平靜，也很快樂。他特別提到《科學》期刊上對他讚美有加的書評。第二天清晨，他在睡夢中過世，沒有痛苦，沒有掙扎。

如今，我再也想不出來，還有哪一位知識份子，在他創造力如此豐富的生命驟然切斷後，會對他人造成這麼大的損失。我真心希望，在他臨終前的那段時光，已經知道自己在生態學歷史上的永久地位。我欠他的債是無法計算的，他使我在這一生中，至少曾經一度有幸參與第一流的科學研究。

第14章

佛羅里達礁島群實驗

我們還能上哪兒去找更多的克拉卡托島？

1963 年，我和麥克亞瑟發表了第一篇有關島嶼生物地理學的文章後，這個問題一直盤桓在我腦海中長達數個月。我們好像變魔術似的，變出了滿合理的物種動態平衡景象，顯示新遷入的物種自然會與滅絕的物種取得平衡。但是，我們能提出的直接證據卻非常少。地球上並沒有多少地方可供生物學家研究大規模的生態平衡。

克拉卡托島的大小相當於紐約曼哈頓島，甚至還要更大些，島上所有的生物都因火山爆發而完全摧毀，像這種規模的事件最多一百年才碰得上一次。而且，等到冒煙的火山岩冷卻後，可能還需要再花上一百年，來觀察生物聚落重新形成的完整過程。我們要怎樣才能更快蒐集到數據，譬如說，在十年內？

我不停思索這個問題，想像各式各樣的情節版本，最後得出的答案是：一座島嶼生物地理學實驗室。

　　我們需要一列群島，能在上面自由創造出小巧的克拉卡托島，並且可以隨意觀察島上生物重新拓殖的情形。

　　我的夢想不只限於尋找生物地理學的新實驗，有一股更平凡的慾望驅使我重返田野，再一次享受年輕時代那種親自操作、充滿動感的快樂。我希望自己還是個機會主義者，在無數動物與植物間，穿梭、觀察、觸摸。我需要一處讓我下半輩子能以博物學家及科學家身分寄託的地方。

　　不過，我不能再選擇以前喜歡的那種地點和方式。我不能再回到新幾內亞去拚命了，因為上那兒研究一趟，至少得遠離劍橋好幾個月，但是我在哈佛的職務又把我綁得緊緊的。另外，我也已經開始進行螞蟻社會行為的實驗工作，這可是需要設備良好的實驗室才得以完成。這些實驗相當成功，不可能半途而廢。另外更不用說的是，我現在已經成家了，除了凱莉，還有新生女兒凱瑟琳。

　　在這個世界上，我要怎樣才能一邊探測島嶼野地，同時又不至於離家太遠？還有，如果我真的找到這樣一處地方，我又該如何把它變成一座實驗室？只有一個辦法能解決這問題：縮小系統。與其依賴像克拉卡托那麼大的島嶼：面積約數百平方公里，而且通常有人居住，為何不採用小巧些的，最多幾百平方公尺的島嶼？

　　當然啦，這些地方不可能供養得起哺乳動物、鳥類或任何體積超過小蜥蜴的陸生脊椎動物。用狹義的生態眼光來看，脊椎動物學家甚至不會把它們喚作「島嶼」。但是，這些小島卻能生養為數眾多的昆蟲、蜘蛛以及其他節肢動物。對於螞蟻或蜘蛛來說（體積僅及鹿的百萬分之一），一棵樹就彷彿是一座森林；這類小動物終其一生的活動範圍可能只有一個餐桌那麼大。一旦我將觀察的規模按這種方式縮小後，我發現，美國本土即擁有數千個這類迷你島嶼，

它們羅列散布在海邊，也散布在內陸的湖泊、溪流岸上。

　　我想，我找到了完美的答案。探測這類地方，能夠同時滿足我在情感以及智能方面的需求。研究的對象是螞蟻這種我最了解的動物，我將能大大加快生物地理學研究計畫的進程。而且不論成敗，我仍然能留在哈佛以及家人附近。

小小海島實驗室

　　在選擇我的「實驗室」地點時，我比較偏愛海邊，遠勝過湖泊與河川——這純粹是個人美感上的抉擇。我仔細研讀地圖上大西洋及墨西哥灣沿岸的島嶼，從緬因州最東南角的奎迪海德州立公園（Quoddy Head State Park），一直查到德州最南端的帕德里島國家海濱公園。同時，我也研究波多黎各附近的小島，如果是搭飛機，這樣的來回距離仍然不算遠。最後獲選的地點很快就脫穎而出：佛羅里達礁島群，如果再加上佛羅里達灣北邊的群島以及西南邊的大陸海岸，看起來真是滿理想的。

　　接著，我又翻出了更詳細的航海圖及照片，想再研究詳盡一些。這些島嶼的面積各種大小都有，從只長一棵樹，到一平方公里或再大的都有。它們的孤立程度也各不相同，每個島和最鄰近島嶼的距離從數公尺到數百公尺不等。島嶼上的樹林很單純，通常全是由紅樹林組成。島嶼的數量更是多得不得了，佛州南部大沼澤地西邊的群島，就擁有非常貼切的名字「萬島群島」（Ten Thousand Islands）。這些島嶼幾乎全部都可以當日抵達，只要搭早班飛機，由波士頓飛四小時到邁阿密，然後租車沿著一號公路開往礁島群，再換搭小船就可以到達想去的小島。

　　1965 年 6 月，我飛到邁阿密親訪我那新島嶼世界。同行的還有凱莉和女兒，女兒才一歲八個月大，會走路、說話，還會拉扯任何會動的物體。我花了十個星期探測灣內的紅樹林小島，沿著史托克島（Stock Island）和舒格洛夫島（Sugarloaf Key）一路往北探到大礁島。我的精神非常高亢。我又回到我想去的地方了。

　　每天早晨，我駕著租來的馬達小船駛出碼頭（船身大約比四公尺長一些），沿著築好的水道，穿過紅樹林，駛進開闊的佛羅里達灣。我逐一探訪一個又一個的小島，涉過長滿海電草的淺沼，水流有時清澈，有時因底部石灰泥受攪動而呈乳白色，尤其是在起風的日子很常見。一天當中，大約只有一兩次能遠遠看到一個漁夫或是一艘快艇駛向大海，至於我看中的沼澤群島區，則鮮少有人踏入。

　　這兒距離美國一號公路不到兩公里，一號公路貫穿礁島群，向南延伸到基韋斯特，交通繁忙得很。公路旁羅列著吵雜的汽車旅館、拖車公園、遊樂場、小艇碼頭、釣具專賣店，以及快餐店等等。然而，這些沼澤地和小島除了會聽見交通工具的隆隆聲之外，本身具有十足的原始風味，可以說是一片處女地。紅樹林的商業價值很低，只有博物學家或是逃犯，才會想要穿梭在這片黏答答的爛泥地中，攀爬在紅樹林糾結的氣根及樹幹上。因此，我完全擁有它，我再一次深入了解一處遠較所有人為事物更複雜、更美麗的世界。

　　我深入這片島嶼區域，仔細探看節肢動物的棲息地。有時，小樹林中央會突然出現一小塊稍隆起的空地，上面蓋滿了氣根和海藻床。有時，我會發現自己站在喧鬧的蒼鷺、白鷺以及白頂鴿的巢穴下面。我竟日漫遊在一塊又一塊的陸地間，採集標本，研究航海地圖，一邊把感想摘記在筆記本上。我的旅程絕對稱不上是世界級的

航程，但我心裡滿足的程度，卻不輸給英國海軍小獵犬號航程中的達爾文。

　　我通常就坐在小船裡吃午餐，一邊窺看小島邊緣產量豐富的海洋生物。位在低潮線下的紅樹林氣根上，蓋滿了密密實實的藤壺、海鞘、海葵、海蛤以及紅紅綠綠的海藻。成群的金梭魚在泥岸盤錯的樹根及滿布海草的洞穴間，鑽進鑽出。我是不是應該當個海洋生物學家呢？不過，現在考慮這個已經太遲了。我覺得很安適。我的耳中只聽得鳥鳴，和浪花拍打小舟的聲音。偶爾，一架飛機由頭頂嗡嗡飛過，提醒我：大夢仙，醒醒吧，你的生活可全得倚賴那些你想避開的人工物品呢！

　　我在遍生紅樹林的小島上，果然找著我要的東西。樹上滿是各式各樣的小動物：螞蟻、蜘蛛、蜈蚣、樹蝨、蟋蟀、毛蟲，以及其他的節肢動物。牠們當中，許多都繁殖得非常興旺，而這正是建

立實驗生物地理學的首要條件。而且，由一叢紅樹林到另一叢紅樹林，居住在上頭的動物種類也會跟著改變。就螞蟻來說，模式很符合競爭排斥理論。島嶼面積若在某個定值以下，有些蟻種的群落似乎就會妨礙別種螞蟻安身立命。在這個縮影模式中，我看見了一絲研究的希望。如今，不必千里迢迢從太平洋某個小島奔到另一個小島，也不用費時數月或數年去研究鳥類的分布情況，我只要駕著這艘比四公尺略長的小舟，穿梭眾多小島間，就可進行為期僅數天或數週的節肢動物分布研究。

那麼，要怎樣才能使這些紅樹林小島變成迷你版的克拉卡托島呢？我看不出有什麼捷徑可走，只好尋找一些替代之道。我決定要繼續研究紅樹林，但是也要再另外選些沒有樹木的島嶼，因為棲息其上的生物會更容易滅絕。我曾聽說海龜群島（Dry Tortugas）附近，不生樹木的沙地島嶼經常鬧水患，而且上頭的低矮植物常被颶風席捲得一乾二淨。假如我能在颶風來襲的前後，好好監看島上生態，就可能可以觀察到動物重新拓植的過程，以及之後是否真能達成平衡。所以，姑且把加勒比海上的颶風，當成是火山爆發吧──最起碼，這值得一試。

我拜訪了在大沼澤地國家公園任職的博物學家羅伯森（William Robertson），向他說明我的計畫。羅伯森經常前往海龜群島研究烏領燕鷗。這是一種能夠長程飛翔的鳥類，牠們在佛羅里達群島最偏遠的地方築巢。羅伯森認為我的計畫可能可行，並邀我加入他下一趟的研究旅程，由大沼澤地小鎮碼頭佛來明哥（Flamingo）出發，調查鄰近區域。等我們在傑佛遜堡地牢似的房間中安頓好之後，就換乘另一艘更小的船，前往海龜群島附近更小的島嶼。我縱入浪中，攀爬每一座小沙島，隨手記錄上面的植物及節肢動物。我的筆

記本很快就寫滿了。現在，我只需要靜靜等待超級颶風刮過，就可以開始研究下一階段動物重新拓殖的過程。

很幸運的（就生物學家的觀點來看是很幸運的），接下來的那十個月裡面，共有兩次大颶風吹襲海龜群島。1965 年 9 月 8 日，「貝琪」（Betsy）颶風以每小時兩百公里以上的陣風速度，橫掃傑佛遜堡。威力較弱的「艾瑪」（Alma）颶風則於 1966 年 6 月 8 日抵達。如我所期望的，它倆一前一後，把規模最小的沙島上的植株刮得乾乾淨淨。

颶風外的選擇？

然而，這個時候，我的計畫卻已有所變動，轉而朝向另一個更大膽的策略。

我們的實驗為何一定得受限在幾個隨意散生的遙遠小島上？還有，為何我們要倚賴通常每十年才吹襲海龜群島一兩次的颶風？這種方式無論如何，都不能讓我們完全控制實驗條件。於是我想到，為何不在沿著一號公路近旁的紅樹林島嶼中，選擇地點最理想的小島，然後全面噴灑殺蟲劑？這麼做，應該可以殺光島上所有的昆蟲和其他節肢動物。我們可以挑選不同面積以及和大陸距離不一的島嶼來做實驗。另外那些不噴殺蟲劑的小島，仍然可以沿用相同的研究方式，或許可以當作對照組。

在這節骨眼上，也就是 1965 年秋天，辛伯洛夫加入了我的行列，和我一起合作。這名二年級研究生有嶄新的視野和激勵人心的勤奮，使得「將紅樹林小島變為實驗室」成為可行的計畫。辛伯洛夫已經充分準備好要放手一搏。他念哈佛大學時，主修數學，畢業

成績非常優異。接下來，他原本可以輕易在數學或是物理的領域，創出一番局面，然而當他修過「自然科學五」這門由沃爾德所開的著名非本系生課程後，就認定了這一支科學更投合他的志趣。

念到大學高年級時，他跑來找包塞特和我談話，問我們說，假如有那麼一個人，他有一顆堅決的心，但是大學相關背景的訓練極薄弱，這個人是否也適合念生物學研究所？當然適合，我倆的反應完全相同，而且尤其適合數學家。你如果現在踏入族群生物學領域，將會在建立模型以及定量分析方面，對這個新學門有很大的幫助。你要做的只不過是全力投入接受生物學訓練即可。

1964 年秋天，辛伯洛夫在我的支持下，開始修博士學位。我不大願意用「在我手下攻讀」這樣的說法，因為在接下來那幾年，我從他那兒學到的東西，並不少於他由我這兒學去的。我們很快就變成了名副其實的合作夥伴。

最起碼，辛伯洛夫看起來就很適合從事田野生物學研究的模樣。肌肉結實的身材，帶著幾分好戰的神氣，卻又窩在一副懶洋洋的輕鬆姿態中，他很像是那種通過長春藤盟校美式足球四分衛選拔賽，主修微積分或中國史的學生，然而卻因為太投入課程，所以當不成運動明星。就像那個年代裡頭腦聰慧的學生一樣，他也是個急進的左派份子，對所有的威權均抱持懷疑的態度，但是比較屬於思想層面，而非行為上的激進主義者。這些對我來說，都不成問題。在 1965 年，所謂的公民運動仍然只停留在理想主義的階段，同時也只是到密西西比州危險的小路上接受勇氣考驗而已。

辛伯洛夫的賭注

當局對於古巴的清描淡寫，令我們兩人都覺得失望。到現在，這個地區仍是人類史上唯一發生過核戰對峙的地點；至於越戰，當時還在緩慢增溫中。佛羅里達礁島群剛好夾在荷母斯特（Homestead）及基韋斯特兩個軍事基地之間，因此，這整塊區域都瀰漫在軍事活動的氣氛之中。那年夏天，我生平第一次看見「綠扁帽」特戰部隊，只見一小排軍士以戰備隊伍行經基韋斯特的市街。我心底原本對軍隊的崇拜，以及政治溫和派的信仰，如今卻都被難以釋懷的疑慮給壓了下去，這份疑慮主要是因美國當時的走向而起。

不久後，辛伯洛夫和我就開始說些有關詹森總統的刻薄笑話。每當載運軍艦指揮官返回岸上老家的直升機，由我們頭上呼嘯而過時，我們都會報以憤恨的一眼。我們蹲踞在紅樹林枝幹上，採集蜘蛛和蟋蟀，試著了解生態系的組成。起碼有十多架直升機專門派來監看我們的計畫，但是一百個人裡頭，也找不到一個人能了解我們究竟在做什麼。在那個時代，軍事安全的重要性還是遠遠超過環境安全。我們完全不知道這種差別待遇，可能在何時以何種方式修正，也從未奢望有一天能看見自然生態在全國性事務的排序上，提升到和科技齊鼓相當的位置。我們倆只是慶幸，能有機會獲得國家科學基金會的經費贊助。同時，也慶幸能夠來到這裡，置身在優美的大自然中。

辛伯洛夫可是以生涯做賭注來參加這個計畫。我們的研究並沒有明確的未來，因為在這之前，從來沒有人嘗試過類似的研究。萬一我們沒法將小島上的節肢動物消滅乾淨，麻煩可就大了；又萬一

我們沒法為島上找到的各種動物定出學名，我們的數據價值也將一落千丈。還有，萬一清除乾淨的小島，生物群落重新建立需要花上十年、二十年，甚至更長的時間，才能達到有意義的進程，那麼辛伯洛夫勢必得重新找題目，才能完成博士論文。校方要求研究生要在最長不超過六、七年之內，完成所有取得學位的資格，其中也包括一篇完整且相當精緻的論文。

　　大部分研究生都會選擇風險較低的計畫，這些計畫必須一方面嶄新得足以產生有意義的結果，同時又不能太脫離已知的知識，以及驗證可行的技術。辛伯洛夫完全沒有這方面的保障。然而，1965年9月，他還是南下佛羅里達礁島群，開始第一個步驟：選擇實驗島嶼。

　　接下來那幾個月，我們的分工又更細密了。辛伯洛夫竟日在佛羅里達灣廣闊的海面上操勞，肌肉變得更結實，皮膚曬得黑黝黝；而我，則負責統籌整個計畫。我的工作細節裡，內容真是千奇百怪。為了完成計畫，我們首先得雇到專業的殺蟲專家。很幸運的，邁阿密有一大堆除蟲公司。我聯絡上的頭兩家公司，接電話的人都操著一口極濃的南方口音，而且顯然也都認為我要不是在尋開心，就是個瘋子。接著第三次的嘗試，我找到全國除蟲公司（National Exterminators）的副總裁田瑞克（Steven Tendrich）先生。

　　他有一口北方腔調，我心裡生起一絲希望，小心翼翼的問道，不知他能不能想辦法用短效性殺蟲劑，來噴灑佛羅里達灣中的紅樹林，將其中的昆蟲全部消滅乾淨？至於樹上的蝸牛或是其他對該化學藥劑有抗藥性、體型較大的小動物，我們可以自己動手清除。田瑞克毫不猶疑的說，可以，他應該可以接下這種工作。這樣吧，給他一點時間來研究後勤作業問題。不過，他也把話說在前頭，雖然

這工作看起來可行，但是秋季前他沒辦法處理太多野外工作，因為夏季的邁阿密業務最是繁重。

找到了能為我們殺蟲的人之後，我和辛伯洛夫一同拜訪國家公園服務處的保育巡查員華特生（Jack Watson），希望他同意讓我們消滅島嶼上所有的動物相。大部分中選的島嶼都位在大沼澤地國家公園以及大白鷺國家野生動物保護區的範圍內，部分管轄權正歸華特生所有。申請將聯邦保護區的動物族群消滅掉的許可，聽起來好像是天方夜譚，但是事實上卻滿簡單的。

華特生毫不猶疑就答應了，只要求我們定期向他簡報。我們在公園服務處的主要聯絡人羅伯生（Bill Robertson），也同樣贊成這個計畫的基本理論和做法。他很清楚，我們選中的這些小島，只不過是散布在佛羅里達灣中數百座紅樹林小島中的一部分，它們所供養的物種和其他島嶼上的物種並沒兩樣。

我們向華特生及羅伯生保證，絕對會好好保護島上的植物，而且我們也衷心期盼在「滅除動物相」之後，樹林間能重新聚滿昆蟲及其他節肢動物。辛伯洛夫和我還指出，由這個實驗得到的結果，日後將有助於擬定公園管理政策。我們的熱誠很具說服力，而我們也從未遭逢來自政府官員或是社會大眾的反對。

分類學家總動員

最後，我開始聯絡能夠協助我們鑑定紅樹林小島動物相的昆蟲及節肢動物學家，這項任務得分別於噴灑藥劑前，以及動物群落重新拓殖的過程中完成。結果發現，這才是最困難的任務。全美國境內，有能力鑑定佛羅里達礁島群昆蟲的動物學家，頂多只有幾百

名。而且，這項研究對他們來說也會滿複雜的，因為其中許多我們想追蹤的動物，都是由西印度群島，尤其是古巴及巴哈馬遷移過來的。在我們的眾多發現中，還包括長疣蛛科的蜘蛛（這是美國東部首次的紀錄），以及許多原本只知道生活在巴哈馬的大型、超長觸角的甲蟲。最後，我說服了五十四位專家，協助為我們採集到的標本做分類工作。大部分的參與者都非常熱心，其中一位蜘蛛專家比堤（Joseph Beatty），甚至大老遠親自跑來拜訪辛伯洛夫，在田野調查現場協助他鑑定物種。

1966 年春季，辛伯洛夫報告說，他建議選擇的那些小島，不論是要用來滅除動物相，或是做為對照組，位置都非常理想。在噴灑殺蟲劑之前，我們先進行全面調查，檢查每一平方公釐的樹幹及樹葉表面，挖掘每一道裂縫，探尋枯木碎片下方以及中空的樹枝、腐壞的枝幹中間。我們把所有找到的節肢動物都採集了起來。稍晚，滅除動物相後，再由辛伯洛夫挑起繁重的例行性觀察工作。為了盡量不去干擾動物族群，他完全靠照相以及對於紅樹林動物相日益增加的熟悉感，來觀察動物重新拓殖的過程。這是樁既辛苦又難受的工作，需要同時具有昆蟲分類學家、修屋頂師傅，以及餐廳衛生巡察員的技巧。然而，辛伯洛夫這名在城裡長大的數學家，表現得非常好。他忍耐著蟲咬以及烈日下漫長的孤寂，這些都是我早先對他保證過一定少不了的。

有一次，辛伯洛夫的小艇故障了，只得留在其中一座小島上過夜，第二天早晨，再設法叫住一位碰巧經過附近的漁夫後，才得以逃離該島。另外，他對每次都得涉過黏膠似的爛泥，才能登上其中幾座小島，深覺氣悶。於是，他動手做了一雙狀似雪鞋的三夾板腳墊，而且還在上面打了些洞，以減輕舉起腳時，爛泥對鞋底產生的

吸力。沒想到當他第一次試穿時，一踩就陷到膝蓋那麼深，不得不勞動我和另一位同伴把他拉出爛泥灘。從此之後，我就把這項發明喚作「辛伯洛夫」。不過，辛伯洛夫似乎並不覺得這稱呼很有趣。

風雨中的試驗

我不時抽空來到紅樹林小島，給辛伯洛夫一點協助。有一次很令人難忘，那天是 1966 年 6 月 7 日，辛伯洛夫到邁阿密國際機場來接我，當時艾瑪颶風正在加勒比海中央興風作浪，行進方向大體朝向佛羅里達。邁阿密和礁島群的颶風警報已經發布了。

第二天早晨我們醒來時，天空烏雲密布，風從南方吹來，小雨剛剛開始落下。颶風眼預計將會穿過佛羅里達西海岸，並掠過邁阿密。我忽然想到，這真是難得的好機會，可以親眼目睹颶風刮起紅樹林沼澤裡的動物，把牠們送過水面。「被大風刮起」對於小島來說，似乎是很有可能的動物移居模式。

我提議，我們不妨在颶風過境時，到附近的紅樹林沼澤地站崗，去觀看動物遭強風刮飛的情景。不知是怎麼回事，我現在已經不記得了，當時我竟然沒有考慮到我們兩人的安全。辛伯洛夫毫不遲疑就同意了。他說，好哇，可能會看見什麼有趣的事。這真是太好了！

我們兩人在那段期間都有點兒瘋狂。正當風強雨驟、街道人車一空之際，我們駕車前往比斯坎灣，並徒步涉入紅樹林沼澤，這些沼澤位在面對邁阿密的灣岸上。當時，颶風眼正行經西部海岸，向佛羅里達西北方的陸地前進。比斯坎灣的陣風逼近每小時一百公里，雖然風很強，但還不能算是颶風的程度。我很失望，風還沒強

到能把昆蟲或其他小動物從樹上刮走的程度。滂沱大雨中，牠們全都安穩的盤坐在枝椏、樹葉間。

我們沒看到任何一隻動物被風吹走，也沒發現任何動物在沼澤邊緣的水裡掙扎。我說，這樣吧，讓我們來看一看，假使某隻動物「真的」被風吹走，滔天巨浪是否會把牠捲到遠方的海岸？我捉起一隻蜥蜴，將牠扔入約三公尺外的水中。令我喪氣的是，牠浮出水面，飛快的游回樹叢堆，攀上一株紅樹林的樹幹。嗯，我又繼續說道，假使一場很猛烈的颶風，把一隻蜥蜴吹到離岸很遠的洋面上，使牠游不回來，又會怎麼樣呢？

我們的小實驗顯示，如果牠被刮得太遠，牠有可能會隨便游到距離最近的一座小島。辛伯洛夫（雨水正沿著他的帽簷直直流下）也同意這個想法還滿合理的。

咱們這趟暴風雨之旅不能算是一無所獲，但是幾年後，我倆都認為當時真的很幸運，還好那時艾瑪只是輕輕拂過邁阿密，否則，我們兩人可能會被水沖到遠方的海岸，親身驗證我們自己提出的假說。

一個月後，我和田瑞克及全國除蟲公司的幾名員工，一同前往佛羅里達灣，準備噴灑第一批實驗的兩座小島，「實驗一島」和「實驗二島」，簡稱 E1 和 E2。辛伯洛夫則在另一個地點忙著準備其他的實驗島嶼。我們租了一艘平底貨船，載著裝備，由舒格洛夫島的碼頭出航。半途中，我們遇到一艘故障的釣魚船。雖然當時海面狀況看起來很安全，但我們還是謹遵海洋法，把船長和兩名釣客接上貨船，先把他們送回舒格洛夫島。然後，我們再次出發。

出動各式殺蟲劑

我們來到 E1，在這個小島上噴灑農藥巴拉松。第二天早晨，我們前往 E2。在這兒，我們撞見了好幾條鋟口鯊，其中一條甚至超過一公尺長，牠們在 E2 周圍的淺水中游來游去。麻煩來了！噴藥工人不肯離開平底船。但是我知道鋟口鯊從來不會主動攻擊人，只除了被人釣到，或是被某些莽撞的漁夫捉住尾巴拖出水面時。牠們的「菜單」主要只有甲殼動物，以及其他善於在水底打洞的小動物。

因此，我志願站在及腰的海水中，擔任守衛工作，手裡握著一隻可以驅趕鋟口鯊的槳。看到我這般神勇，再加上男性自尊的面子問題，工人總算願意下船，到 E2 上噴灑農藥。

過了好幾天，在我已經返回劍橋之後，辛伯洛夫用電話捎來有關 E1 和 E2 的綜合消息。他已經登上兩座小島，仔細檢查過了。他發現，凡是居住在植株表面的節肢動物，都被巴拉松殺得乾乾淨淨。但是，部分居住在枯枝、枯幹裡的甲蟲幼蟲都存活了下來。我們很清楚，在這種深度的空間中，我們無法得知還有些什麼樣的動物可能存活。於是我們一致同意，噴灑巴拉松或其他短效期殺蟲劑是不夠的。為了要確切執行實驗，我們必須滅除所有的動物，不能有例外。看來，我們得用毒氣來燻這些小島，才能穿透每條裂縫和缺口，把島上的動物相給消滅。

我打電話給田瑞克，問他全國除蟲公司能不能煙燻小島？永遠足智多謀的田瑞克，還是一樣的反應：為何不能？

他說，在邁阿密常可看見整棟房屋以一頂橡膠似的尼龍帳篷罩起來，然後用煙燻法除去其中所有的白蟻或其他昆蟲，不論這些

小蟲子藏在木材製品內有多深。當然啦，把這套方法轉到四面環水的大型物體上，會稍微困難些。屆時，工作人員得在小島周圍豎起鷹架，做為帳篷的支撐物，因為不能把帳篷直接罩在脆弱的樹枝頂上。另外還有一件要注意的事情是：毒氣劑量必須計算得恰到好處，要足以殺死所有的動物，但是卻不能讓紅樹林受到絲毫損傷。否則，研究一座充滿死木和落葉的荒島，就沒有任何意義了。更不用說的是，我早就向國家公園服務處保證過，我們絕對會保住植物的生命。

　　所以，我們決定要用毒氣。但是，要用那一種毒氣呢？我們想到氰化物，但馬上就放棄了。因為在某些情況下，氰化物對工作人員來說可能很危險，例如海面上可能會刮起強風。就算我們處理得很安全，但由於氰化物是水溶性的，所以很可能會殺死紅樹林氣根附近的海洋動物群落，這樣的副作用沒有人能接受。

　　田瑞克提議，只要能把劑量弄對，溴化甲烷可能很適合。田瑞克立即利用邁阿密附近沼澤區裡的小型紅樹林，展開試驗。同時，辛伯洛夫則在紅樹林沼澤中搜尋蟑螂的卵鞘，供田瑞克做不同劑量的試驗。因為，蟑螂卵鞘這時正處於昆蟲抗藥能力最高的階段，如果能夠殺死蟑螂卵，但又不傷害紅樹林，那麼使用溴化甲烷就沒問題了。

　　溴化甲烷在殺滅昆蟲和殺死樹木之間的分隔帶非常窄，但是還是讓田瑞克給找到了。1966 年 10 月 11 日，我們全部聚集在哈尼斯峽灣（Harnes Sound）某座小島的淺灘上，準備進行第一次測試，這座小島位在大礁島靠大陸的那一側，距離邁阿密的美國一號公路相當近。當工作人員開始搬運工具時，我們看到魚鷹和鵜鶘在附近飛翔，蒼鷺則在紅樹林邊緣的水窪中捕魚，這些魚是隨著退潮而擱淺在綠藻床和紅樹林枝幹間的。我們還聽說，就在不遠處有白頭海鵰的窩巢。

　　工人把鷹架豎好，套上帳蓬，並沒釀成任何不幸事件。他們透過帳蓬邊的一只扁平開口，把預先計量好的溴化甲烷灌進去，方式完全和燻一棟小屋相同。然後，再將帳蓬掀開，好讓氣體迅速消散，達到無害的濃度。

　　第二度，我們在小島上細細翻尋，果真再沒找到半隻活的動物。即使最會鑽孔的昆蟲都被殺光了。這下子，咱們的實驗終於可以正式登場了。

　　然而，田瑞克對整個程序並不很滿意。這種方法用在距離高速公路約九十公尺的哈尼斯峽灣上的確很有效，但是充當帳蓬骨架的金屬棍棒又大又笨重，如果要把它們移到距離較遠、較難通行的爛泥灘地上，恐怕會很困難。他開始尋找替代的支撐技術。

有一天，他開車經過邁阿密，看到有個高空作業工人正在旅館的尖塔頂上工作，他心中立刻浮現一道靈感。田瑞克停好車，搭電梯直上旅館屋頂，在那兒等待這個工人下來。他請教這位姓內文斯的工人，可不可能在一處紅樹林沼澤區中央，豎起一座像這樣的小塔，然後再在索繩上覆蓋帳篷。內文斯（另一個樂天派！）回答道，當然可以，有什麼不可以的？執行起來會不會很困難？不會。田瑞克馬上雇用了他。此後我們果真就是這麼做了。剩下來的小島，全都是在內文斯豎起的塔索帳篷下面完成了煙燻的步驟。

拓殖模式浮現

辛伯洛夫繼續執行最重要的監看工作。他一連數月都不得抽身，忙著一連串極費體力的例行工作：探訪、搜尋以及鑑定。只要找到空檔，我也會由劍橋南下，和他一塊兒工作。數週之後，大勢底定，這個計畫將會成功。節肢動物已經重新開始移入這些島嶼定居。蛾類、樹蝨和其他飛行昆蟲最早出現。起先數目很少，但是隨著時間愈聚愈多；長著翅膀的蟻后在飛行婚禮中受精，然後著陸，脫去翅膀，開始生養繁殖蟻群。

蜘蛛很早就達到盛產，有些是大如銀元的狼蛛。牠們是怎樣穿越水面的？既然附近並未發生大型風暴，我們猜這些蜘蛛是像氣球一樣，利用風力飄移遷來的。有許多種蜘蛛在遇到棲息地太擁擠，或是食物短缺時，會蓄意站在枝幹或葉片的突起處，把絲吐到風中，準備遷徙。當絲線愈結愈長，風所帶動的拉力即會增加，直到拉力大到蜘蛛沒法站穩身子。最後，刮在絲線上的風將牠們帶離枝幹或葉片。運氣好的話，牠們會再次著陸，而最好運的情況是，能

落在遠方一座少有其他蜘蛛和天敵的紅樹林小島上。至於那些飄落水中的蜘蛛，很快就會進入魚腹。

滅除動物相之後的第二年底，生物群落拓殖的模式已經開始浮現出來。在投下了這麼多時間做這個實驗之後，我們開始擔憂會不會有颶風來襲，把我們新生的動物相弄亂，毀掉下半階段的實驗。很幸運的，沒有任何颶風吹到佛羅里達附近。事實上，直到 1992 年「安德魯」（Andrew）颶風肆虐南邁阿密和礁島群北部之前，這塊地區始終沒有發生任何大風災。過了一陣子之後我們才稍微鬆懈，把注意力放得更開闊些，也關心起區域生態學裡的其他現象。

我們最主要的計畫是，調查所有紅樹林沼澤區的節肢動物，以便建立所有可能移到實驗島上的動物資料庫。我還聘用了我的昆蟲學研究生錫伯格萊德（Robert Silberglied），對周邊礁島群展開一般性的調查。錫伯格萊德是很有天分的博物學家，同時也是知識淵博的分類學家，他光是用肉眼，就能鑑定動物的種別，而且鑑定的動物分類群範圍相當寬廣。這項調查節肢動物、充滿挑戰的任務，簡直就像是為他量身訂製的。他不畏艱辛的從一座島嶼奔向另一座島嶼，採集到一大堆昆蟲及其他節肢動物的標本。

然而，他的驚人潛力最終卻沒能在專業上開花結果，成就一番志業。1982 年 1 月 13 日，他搭乘的佛羅里達航空公司班機，於華盛頓特區近郊的波多馬克河撞毀，他和其他乘客全部不幸身亡。當時正好有一道冬季暴風雪經過，這樁意外事後歸因於機翼結冰。這趟飛行是他巴拿馬之行的第一段旅程，錫伯格萊德原本是計畫要上那兒繼續熱帶生態學研究的。

探訪世外桃源

1967 年之後，我們對於佛羅里達礁島群的興趣，開始擴展到保育的範圍。錫伯格萊德和辛伯洛夫曾聽到傳言說，里格努維他礁島是一座長滿了大型闊葉樹林的原始樂園，這座島位於佛羅里達灣旁邊，距離下梅隄康伯島（Lower Matecumbe Key）和橫過島上的美國一號公路都很近，面積有一百一十三公頃。那兒的森林不曾受外界干擾，在長滿紅樹林的礁島群中，是一大罕見景象，很值得前往探個究竟。在那之前，登上該島的人很少。其中一位是動物行為學家勞倫茲（Konrad Lorenz），他寫了一本書《論鬥性》（*On Aggression*），書中就曾描述該島以及附近大礁島的珊瑚礁。

當錫伯格萊德和辛伯洛夫上岸後，遇到了管理員尼德霍克夫婦。這對獨居島上的老夫婦過著隱士般的生活，他們對於島上所有的訪客均心存疑慮，而且大部分的訪客也都會被他們很不客氣的攆走。但是，當錫伯格萊德和辛伯洛夫透露他們是生物學家，對於該島的生態保育很感興趣後，立即受到熱烈的歡迎。

等這兩人步出管理員的住家，在島上漫步時，證實了傳言的內容無誤：幾乎整座島嶼都給成長苗壯的熱帶闊葉樹林所覆蓋。他們驚喜的發現到，自己正置身於一處幾乎是原始的棲息地上；這類棲息地曾一度遍布礁島群的北段，然而到了 1960 年代，卻幾乎完全遭到消滅。

巨大桃花心木和橄欖科的樹，高高聳立在其他像是芸香科、豆科、桃金孃科、桑科等樹木中，以及佛羅里達唯一能找到的南美癒傷木的大片林地。這處森林的植物相共由六十五種樹木及灌木所組成，全都屬於熱帶及亞熱帶植物。這裡的動物相也同樣是礁島群的

往日景象。條紋相間如糖果色彩的樹蝸牛，活像纍纍葡萄般，吊掛在樹幹枝椏間；大型蝴蝶包括炫麗的鳳蛺蝶、紫斑蝶以及鳳蝶，在蔭涼小徑間穿梭飛舞。當時在美東地區已近乎絕跡的白頭海鵰，則是在此不時出現的訪客，而來自巴哈馬的蕉森鶯，更是時有見聞。

專攻加勒比海地區自然史的博物學家凱爾（Archie Carr），在親訪過該島後，提醒我說，里格努維他島上的森林，是熱帶西印度低地森林的林相，而其品質之好，連西印度群島本地的森林都比不上。如今想在西印度群島上找尋老桃花心木及南美癒傷木的樹林，機率近乎零。

尼德霍克夫婦對於里格努維他島的未來，抱著近乎偏執的悲觀想法。他們解釋，這座島嶼的產權屬於好幾位富有的佛羅里達人，他們正計劃把這座島賣掉，開發為豪華的度假別墅區。尼德霍克夫婦指出，所有的產權人都只關心發大財這一件事。事後，我也確認他們說的沒錯。

我們這些訪客能否幫忙想個法子，維持島嶼的天然環境呢？錫伯格萊德和辛伯洛夫一返回實驗基地，就立刻把這個消息通報給我。不久之後，我親自前往該島，結果也和他們一樣著迷，一樣擔憂。於是，我邀請任職於康乃爾大學的老友艾斯納，和我一道進行第二次探訪。我們合寫了一篇文章投在《自然史》（Natural History）雜誌上，討論里格努維他島以及它現在所面臨的情勢。

正當我們開始努力之際，有天我在邁阿密為佛羅里達奧都邦協會（Florida Audubon Society）演講這個主題，令我驚喜的是，一對住在科勒爾蓋布爾斯（Coral Gables）的老夫婦，當場認捐了十萬美元，做為購買該島的基金。對於搶救里格努維他礁島來說，這真是跨出了一大步。但是，我們需要更多的錢，因為地主初步開出的金

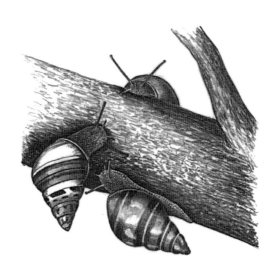

額高達二百萬美元。他們的發言人是一位七十多歲的邁阿密牙醫，他很高興有保育人士加入競標行列。他明白表示，地主們一定會盡可能抬高價錢。他宣稱，他很樂意看見這座美麗小島能維持原本的天然風貌，但是，假使我們不加快行動的話，這塊地勢必落入開發商手中。簡單的說，里格努維他生態系等於是被綁架了。

我趕緊和「大自然保護協會」（The Nature Conservancy，簡稱TNC）的會長李察茲（Thomas Richards）聯繫，希望能把這場戰局導向勝利。當時的 TNC 和現在一樣，素以購買環保上的重要土地做為公有保育地而聞名。親自走訪過該島後，李察茲同意要讓大自然保護協會也一道努力。他聯絡上佛羅里達公園體系中，極具影響力的行政官員瑞德（Nathaniel Reed），要求更進一步的援助。最後，經過長期交涉，終於定出了合理的價錢。這個島嶼由 TNC 及佛羅里達州一同買下，然後成為受到全面保護的州立植物園區。

　　現在，訪客們走過的小徑兩旁，樹蝸牛依然妝點在古老多瘤的癒傷木樹上，而鳳蛺蝶也依然在細緻的藍色花朵以及爆竹形狀的黃色果實上盤桓。我相信，社會大眾將能永遠見識到佛羅里達礁島群在史前時代就保持的風貌。

　　值此同時，我們的實驗計畫繼續向前快速推進。到了 1967 年秋天，也就是煙燻小島後一年，結果幾乎已經確定了。兩年後，辛伯洛夫和我在一篇學術論文中，總結這樁動物群落重新拓殖以及重新達到平衡的事件：

　　在滅除動物相二百五十天之後，除了比較遙遠的 E1 以外，所有的島嶼無論是在物種數目或是物種組成方面，都和對照組的島嶼相當接近，雖說族群密度處在較正常值稍低的狀態……由動物重新移入島嶼的曲線，再加上持續觀察對照組的小島，強烈顯示出任一島嶼上的物種數目都保持著動態平衡的狀態。

　　最起碼，關於島嶼生物地理學理論的粗略估算，與事實是相吻合的。距離大陸最近的島嶼正如同先前預測的，在煙燻前，擁有最多的物種數目，總共四十三種，而在煙燻後一年內，物種數目又回復到接近這個數目。距離大陸最遙遠的 E1，則擁有最稀少的物種數目，二十六種，而且在滅除動物相後也回復到近似的物種數目。其他介於上述兩者之間的島嶼，煙燻前的物種數目也介於上述兩者之間，而且事後也都回復到原來的水準。

　　兩年後，也就是 1968 年，這些現象依然存在。此外，正如島嶼生物地理學理論所預測的，對於小巧、快速讓動物占滿的島嶼而言，動物物種替換的速度相當快。我們在研究期間，還附帶觀察了

許多其他節肢動物的播遷以及早期拓殖的情形，像是蜘蛛、螞蟻、樹蝨、蟋蟀以及其他節肢動物等等。

各奔前程

辛伯洛夫於1968年春天完成博士論文。我們只花了三年時間，就創造了迷你的克拉卡托島，有重複的實驗組也有對照組，並且重現了它們的過去，達成了物種的平衡狀態。

1971年，辛伯洛夫和我因為這項島嶼生態實驗研究，獲得美國生態學會頒贈「默瑟獎」（Mercer Award），這真是令人欣慰的鼓勵。我們大膽採用新方法來探討生物地理學（這項學問當時被視為是生態學主流之外的領域），而且還成功了。面對一大疊邀他上任的聘書，辛伯洛夫選擇了前往佛羅里達州立大學擔任助理教授，以便能更接近田野調查地點。之後，他成為享譽國際的生態學家。

辛伯洛夫後來又依據島嶼的面積及形狀變化，進行了更多關於紅樹林島嶼的後續實驗。而後，他將田野調查活動的範圍，擴展到其他的生態系，同時再應用他的數學技巧，來評論生態學理論，並發展出新的定量模型方法。不久，他任職的大學即聘用他為「羅頓傑出教授」（Robert O. Lawton Distinguished Professorship）。

我並沒有再回到佛羅里達礁島群，而我原本的夢想：保育它們成為天然實驗室，也逐漸淡去。

有某種嶄新的可能性，一道通往截然不同未來的大門，開始扣住我的想像力：我要讓社會生物學變成一門獨立的科學，一門範圍從螞蟻涵蓋到黑猩猩的學問。

第15章

螞蟻

　　牠們無所不在。黑色的、淺紅色的小點點，在地面上、在洞穴裡，迂迴行進；這種體重僅達毫克，擁有古怪文明的地球住戶，日常生活作息全避開我們的耳目。

　　超過五千萬年以來，螞蟻一直是極地以及冰封山頂之外，在地表上占壓倒性多數的昆蟲。據我估計，隨時都有一千兆到一萬兆隻螞蟻存活在地球上，把牠們全部的總重量加起來，差不多就等於人類全體的總重量。但是，在這樣的等式中，隱藏了一個非常重大的差異：螞蟻是以恰到好處的數量存活，然而人類的數目卻是太多了。假如人類突然從地球上消失，地表環境當會回復到人口爆炸前的富饒平衡狀態。只有大約一打的生物完全仰賴人體而活，像是蝨子以及居住在我們額頭皮脂腺體裡的蟎。但是，一旦螞蟻消失了，地球上將會有數萬種動植物也跟著消失，幾乎各處陸地生態系都會因而簡化、衰弱。

此外，螞蟻也已深深捲入我們的世界中，這可以從 1960 年代末發生在哈佛生物實驗大樓的一椿意外事件中，看出端倪。如果允許我用字濫情些，我會把這個事件稱為「螞蟻的復仇」。

法老蟻事件

大麻煩是這樣開始的。塔西尼（Mark Ptashne）的實驗室專門研究基因表現，是相當活躍的實驗室，裡面的助理有天正要展開例行工作：把糖液滴入細菌培養皿中。但是，這天她卻沒能吸起液體。凝神細看，她發覺窄細的玻璃吸管裡頭塞了一些小小黃黃的螞蟻。接著，大家注意到這棟大樓出現更多有關這起奇異入侵事件的細微徵狀。

午餐或是下午茶吃剩的食物，總是很快就會被這群黃色小螞蟻爬滿。部分正在繁殖的蟻窩，包括蟻后以及圍繞在幼蟻四周的工蟻，也都像變魔術似的，出現在玻璃器皿下、信件檔案中，或是筆記本裡。但是，最令人震驚的是，研究人員還發現螞蟻從培養皿中沾到了放射性物質，使得實驗室的地板、牆壁上，留下微弱的放射性物質痕跡。經過一番仔細檢查，大家發現有螞蟻在我們這棟大樓裡築了超大的窩，而且經由牆壁間的空隙，向建築物的四面八方散播。

我有理由相信，這次的螞蟻入侵事件和我有關，它是由我自己這一區開始的。這種螞蟻俗稱「法老蟻」，又稱為小黃單家蟻（Monomorium pharaonis），牠是一種源自東印度群島的惡名昭彰害蟲，專門滋擾世界各地的建築物。一旦超級蟻群進占醫院，工蟻會吃食外科手術切除下來的人體組織，以及行動不便的病人其傷口組

織，過程中有時還會傳播病菌。部分聚落會自己遷移，方法是登上行李、書本、衣物或是任何擁有一兩公分容身空間的物品內。來到「隨緣」目的地之後，牠們就遷出，開始繁殖。這樣的目的地可以是聖路易市的花店，或挪威奧斯陸的公寓，也可以是委內瑞拉的建築空地。

事後，我們追溯法老蟻在哈佛築窩這件事的來龍去脈，認為它應該是由巴西的港口都市貝倫（Belém）的機場搭飛機來的。首先，超級蟻群的一部分先潛入吉尼（Robert Jeanne）的兩口木箱。當時，吉尼是我指導的博士候選人，現在他已是威斯康辛大學的昆蟲學教授。1969 年，吉尼剛剛結束一段漫長的亞馬遜雨林田野調查工作，返回美國。當他回到哈佛的生物學實驗室，打開行李箱後，發覺這批搭便車的螞蟻，已經在木箱的四壁上做了窩，而且還四處蔓延。

若想循正規途徑消滅一大群法老蟻，代價可能相當昂貴，而且還得興師動眾一番。這時，對於害蟲防治特別感興趣的昆蟲學研究生艾爾帕特（Gary Alpert），設計了很聰明的替代辦法。他跑去請教哈佛的昆蟲生理學教授韋廉斯，韋廉斯提供了一種化學藥品，能模擬昆蟲幼年荷爾蒙的作用，使得蟻后不孕，也使得幼蟻無法發育完全成為成蟻。

艾爾帕特把這種化合物和花生醬混在一起，做成食餌，希望負責尋糧的螞蟻會把它帶回窩裡，這樣就可以散播食餌的破壞力。當時這個方法還只不過停留在實驗早期階段，但是卻挺有效的。幾個月之後，法老蟻族群數目開始穩定下降。兩年後，牠們消失無蹤。

然而，法老蟻的英勇事蹟並未就此完結；它最後是終結在科幻小說的書頁中。1983 年，當時還在哈佛大學出版社擔任編輯的

派翠克（William Patrick），寫了一本小說《螺旋體》（*Spirals*），情節靈感就是來自這樁螞蟻入侵事件。在書中，一種他想像出來的螞蟻，被人懷疑從實驗室帶了經過基因工程改造的 DNA 出來，這種 DNA 能引起早衰症，使得患者加速老化死亡。書中基因工程技術關鍵人物的女兒，也死於這種病症，她的童年還沒過完，就已變成了老婦人。小說結尾，螞蟻終於洗清罪嫌，原來這名研究人員犯了個錯誤：他由死去的妻子體內，抽取細胞培養出女兒，因此女兒的發育過程才會變形、扭曲。

即使沒有當上小說的主角，螞蟻還是很值得矚目。我將牠們擺在我事業生涯的中心位置，對牠們有近乎偏執的關注，而我確實認為這是明智之舉。不過，我也得承認，當年牠們最吸引我的地方，並不在於牠們在環境生態上的重要性，也不在於牠們的社會演化故事。這份吸引力來自於牠們大方提供給我的新發現。我提出的研究主題中，最重要的就是螞蟻的溝通方式，這個題目引領我在動物行為及有機化學方面，進行了收穫豐富的長程研究。

勞倫茲震撼

我對化學通信（chemical communication）的興趣，起自於 1953 年秋天，當時丁伯根（Niko Tinbergen）和勞倫茲前來訪問哈佛大學，講解動物行為學這門新興科學。二十年後，他倆獲得諾貝爾生理醫學獎，同時獲獎的還有奧地利動物學家馮費立區（Karl von Frisch，提出蜜蜂舞蹈語的假說）。

丁伯根最先抵達哈佛，他是用字精確、仔細的荷蘭裔英國人。他發表了一場動物行為學的演說，其中的重要發現令我深感震撼。

然而，由於我的興趣主要在於分類學以及生物地理學，它們都和行為學有一段距離，因此，我的筆記記得不多，也沒有非常注意聽講。

接著，勞倫茲大駕光臨。他談起自己從 1930 年代時就開始的研究，一直講到當時在普朗克研究院（Max Planck Institute）的工作。他是天生就適合站在講台上的人，充滿熱情、生氣，而且不斷的大力請命。他向我們強調的那些詞彙，很快就享譽行為科學界，像是銘印（imprinting，又稱印痕）、儀式化、攻擊衝動、滿溢（overflow）；還有著名的動物，諸如雁鵝、寒鴉、棘魚等等。他預告了研究行為的新途徑。他指出，「本能」又再度恢復原來的地位；「學習」的角色被史金納（B. F. Skinner）以及其他行為學家過度強調了；我們必須繼續向新方向挺進。

勞倫茲捉住了我全副的注意力。那時我還年輕，很容易受感動，馬上就響應了他的號召。勞倫茲是在向穩固的「比較心理學」陣營宣戰。他告訴我們，大部分的動物行為都是預先注定的，是由固定行為模式（fixed action pattern）組成的。所謂固定行為模式，是指一系列由遺傳預先設定的動作，它們會在動物的生命過程中，回應天然環境裡的特定信號，而逐一展開。它們如果在適當的時間、地點受到引發，將能引領動物經由一系列正確的步驟，找到食物、避開天敵，並且順利繁殖下一代。動物其實並不需要靠經驗來生存，牠只需要「服從」本能就可以了。

服從本能，這種說法彷彿是令人厭煩的陳腔濫調。「操作制約」（operant conditioning）聽起來就時髦多了。

但是，勞倫茲特別採用演化生物學裡的邏輯，來強調他的研究案例，這點深深贏得我的擁護。他說，每種動物都擁有一套專屬的

固定行為模式。譬如說，某種鳥類會用特定的方式伸展羽毛，以在同類中吸引配偶，這個動作固定出現在一年中的某個時段；另外有些鳥兒會在適當的地點，築出適當的巢。固定行為模式是屬於「生物學」上的事件，而非「心理學」上的。它們擁有遺傳基礎，可以分門別類，然後逐個加以研究，方式就跟研究解剖部位或是生化反應沒有兩樣，而且也能以物種為單位，逐一研究。

每一種固定行為模式，都是由某條特定染色體上的某個特定基因所決定。當一個物種演化為另一物種時，它們也會跟著改變。它們的功能不下於解剖學及生理學，同時可以做為動物分類以及重建演化樹的基礎，因為它們同樣能釐清物種之間的真正關係。

這位偉大的動物行為學家使我明白：動物本能屬於演化生物學裡的新綜合理論。而這一點意味著我們也能將動物行為學擺進該領域，並進行相關研究。

行為學新天地

勞倫茲這場演講，再加上我自己接下來數月的苦讀，把我引到了新的方向。動物行為學家向我揭示的這種形象，正是我早年研究刺針家蟻族時一直嘗試要做的。只不過當時的我，既缺乏理論，也缺乏適合的術語。此時，我的思緒開始奔騰。勞倫茲已將動物行為學送還到博物學領域，而這正是我的領域。最適合研究動物行為的人，原來是博物學家，而非那些耍弄迷宮和白老鼠，過度簡化行為的心理學家。

我了解到，真正重要的是固定行為模式，想要了解它，就必須把這種行為，當成個別物種對於特定自然環境的演化適應。如果

去觀察關在籠子裡的黑猩猩，就算測試了所有牠可能擁有的學習能力，你能見到的永遠都只是牠預設行為程式裡頭的一小部分，而且即使是那一小部分，也難以弄清楚其中的完整含義。

令動物行為學更為迷人的，是下面這項原則：雖說固定行為模式本身很複雜，但是負責引發它們的信號卻很簡單。就以歐洲知更鳥為例，牠們是早期動物行為分析的題材，研究者為英國鳥家學家拉克（請參閱第 247 頁）。雄知更鳥受到春季荷爾蒙的影響，會利用歌唱及展示動作，把其他雄鳥驅趕出自己的勢力範圍。如果這些警告不靈，牠就會用翅膀拍打或用喙戳擊入侵者。但是，雄鳥的攻擊行為並不真的如同我們所見，是被某隻雄知更鳥的整體形象所激發產生。牠的怒氣主要是衝著枝椏間的「紅色胸部」這種信號而來。因此，一隻尚未性成熟、胸部仍是橄欖綠的小知更鳥激不起牠們的反應，但是，你只要在線圈上繫一叢紅色羽毛，就可激起牠們的全套反應。

勞倫茲還勾選出其他幾個引發刺激，或是動物行為學家所稱「引發物」（releaser）的案例。在 1953 年之前，大部分研究的案例都集中在鳥類和魚類身上，而他本人專攻的也是這兩類動物。然而，選擇這些動物做為研究對象，暗示了一大偏見：牠們的溝通媒介主要在於視覺和聽覺。我立刻想到，螞蟻及其他社會性昆蟲的固定行為模式，應該是由化學物質，也就是這類動物能夠嗅到或嘗到的物質所激發的。

早期昆蟲學家就已經朝這個方向思考過，畢竟，這類動物沒法在牠們黑暗的巢穴中看清事物，而且也沒有什麼證據顯示，牠們能聽見在空氣中傳播的聲音。早期有些學者還認為，螞蟻會以觸角及前腳相互拍擊，利用類似盲人摩斯電碼的方式來溝通。

在 1953 年，我們對螞蟻接收嗅覺和味覺化學物質的身體構造為何，仍一無所知，只除了一件事例外，英國生物學家卡爾錫（J. D. Carthy）在 1951 年發現，螞蟻的後腸會分泌某種路徑物質（trail substance），並經由肛門排出。然而，還是沒有人能確定分泌出該分子的腺體為何、確切位置在哪裡，或是鑑定出路徑物質的化學結構。

這種有關固定行為模式以及引發物的觀念，令我想到一條途徑，可以進入未知的螞蟻溝通世界。這個方法應該是由幾個前後連貫的步驟所組成的：把螞蟻的社會行為破解為固定行為模式；然後，再利用試誤法，定出是哪些分泌物含有引發物；最後，由該分泌物中區分並鑑定真正起作用的化學物質。

尋找神祕的螞蟻信號

據我所知，我是唯一一個想到這個研究方法的人。因此，我覺得並不需要急著開始。無論如何，我總覺得應該先完成博士論文再說，而我的博士論文實驗，是關於毛山蟻屬螞蟻的解剖及分類，非常累人。

1954 年秋天，我的博士論文大功告成後，我離開美國前往南太平洋，展開螞蟻生態學研究，以及島嶼生物地理學研究。四年後，我總算在哈佛擁有設備良好的實驗室，可以開始研究螞蟻溝通的化學引發物。即使到了那個時候，其他人顯然還是沒想到這個點子；我的機會相當大。布特南特（Adolf Butenandt，1939 年諾貝爾化學獎得主）、卡爾森（Peter Karlson），以及盧斯徹（Martin Lüscher）等人，是在一年之後，才把「費洛蒙」這個字引進動物行

為學詞彙，以取代原先的用語「外荷爾蒙」（ectohormone）。他們把
「荷爾蒙」定義為「動物體內的化學信息」，費洛蒙則為「動物個體
之間的化學信息」。

　　我從外來火蟻開始研究，這是打從我上大學以來，最喜歡的一
種螞蟻，而且牠們也是最容易在實驗室飼養的社會性昆蟲之一。我
新設計了一種人工蟻穴，用樹脂玻璃做成小室和隔間，再把它們立
在大玻璃平台上。這種設計使得我能持續觀察到整個蟻窩，而且我
還能自由安排時間，隨時進行實驗並記下所有螞蟻的反應。這個超
級簡單的蟻窩並未使工蟻一籌莫展。一小段時間後，牠們就適應了
新環境的燈光，以看來很正常的方式執行日常任務。牠們很快就繁
殖興茂，蟻窩滿得猶如住滿小魚的金魚缸。

　　火蟻最明顯的溝通形式，莫過於在通往食物的路徑上，遺下氣
味。斥候蟻單獨離開蟻窩出外尋糧時，走的路徑是不規則的。當牠
們遇到太大或是很難一次運完的食物，例如最常見的是死昆蟲或是
芽蟲蜜，這時，牠們就會以一條較為筆直的路徑走回巢中，並且在
歸途中一路留下氣味。於是，部分同窩的螞蟻就會跟隨這條看不見
的小路，前往食物所在地。當我由側邊觀察尋糧蟻時，我注意到，
斥候蟻在歸途上總是讓腹部尾端（也就是螞蟻全身的最末端）觸著
地面，而且每隔一小段距離，就把尾部針刺突出、拖拉一下。很顯
然，牠們的化學釋出物就是由針刺放出來的，方式頗類似墨水自筆
尖釋出。

　　現在，我得定出這種化合物的源頭位置，據我推測，應該是在
工蟻腹部的某處。接下來這個步驟，我需要先找到製造這種化學物
質的器官，利用它畫一道由我製成的人工小徑；也就是說，我需要
竊取螞蟻的信號，然後，再藉由該信號來對牠們說話。

工蟻腹部大小約像鹽粒那般大，裡頭塞滿了肉眼難以看清楚的器官；讓這件工作更為棘手的是，在這之前，從來沒有人研究過火蟻的解剖構造，我只能參考其他螞蟻的解剖圖，再加上一點兒想像力。

我把剪斷的火蟻腹部放置在解剖顯微鏡下，然後用微針和鐘錶師父用的細鉗打開蟻腹，把內部器官一一取出。這些器官雖然非常微小，但大小剛好能讓我在不需要使用輔助器械的情況下，解剖它們；假如這些器官再小一些，我就不得不使用顯微操作器（micromanipulator），這種儀器又貴又難操作，我一直希望可以不必用到它。如果買了一台這種儀器，而實驗又失敗了的話，可真的是虧大了。

雖說我的手算是滿穩定的，但是我卻發現，肉眼幾乎看不見的肌肉自然顫動，一到了顯微鏡底下，會放大為強烈的抖動。當我把微針和鉗子尖端靠近蟻腹時，手部肌肉無法控制的痙攣，會放大成二十到三十倍之多。不過我還是找到了解決之道：很簡單，只要讓肌肉痙攣成為解剖技術裡的一環即可。把微針和鉗子變成小型鑽子，利用肌肉的痙攣動作撕開蟻腹，並把體腔內的器官擠壓出來。

沒錯，就是它

這部分工作大體完成後，我再以林格氏液沖洗每個器官；這裡所用的林格氏液，是比照昆蟲體內各種鹽類濃度所調製的人工昆蟲血漿。接下來，我採用所能想出最簡單、最直接的方法，來製作一條人工小徑。首先，我在螞蟻尋糧玻璃板上靠近蟻窩出口的地方，滴幾滴糖水，讓成群工蟻聚攏過來。然後，當一切就緒，再逐一用

削尖的樺木製塗藥棒搗碎每種器官。接著，我再把棒尖壓在玻璃板上，用這些被壓扁的半液體物質畫出一條直線，這條直線由圍聚的工蟻群開始，往蟻窩的反方向延伸。

　　我先試後腸、毒腺以及塞滿大半蟻腹的脂肪體。沒有動靜。最後，我測試杜氏腺（Dufour's gland）。這是一種手指形狀的微小構造，科學界對於它的相關資料幾乎是一無所知，只知道它是通往蟻刺基部的一根導管，而這根管子是運送毒液到體外的通路。杜氏腺內會不會含有留下路徑記號的費洛蒙呢？沒錯，它真的有。

　　蟻群的反應非常熱烈。我原本期待看見幾隻工蟻很悠閒的離開糖水液，試探看看新路徑的盡頭有些什麼好東西，結果，我得到的卻是好幾打興奮不已的螞蟻。只見牠們爭先恐後踏上我為牠們準備的路徑。牠們一邊跑動，一邊左右晃動頭上的觸角，偵測在空氣中蒸發及擴散的分子。走到小徑末端後，牠們亂成一團，忙著搜尋其

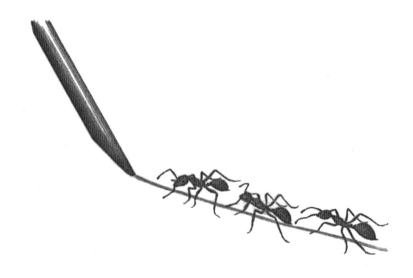

實並不存在的獎品。

那天晚上，我完全無法入睡。這個靈感耽擱了五年，最後竟然在幾個小時內就大有斬獲——我找出了第一個與螞蟻溝通有關的腺體！不只如此，我還發現了化學通信裡的全新現象。存在於該腺體內的費洛蒙，不只是工蟻尋糧時的路標，而且就是尋糧信號本身——在尋糧過程中，該費洛蒙既是命令也是導引。化學物質就是一切。而生物檢定（bioassay）的步驟也立刻變得容易多了。我很快樂的體認到，不必再為了想要得到的結果，而費心安排一大堆混雜了眾多其他刺激實驗的設計。只要先做一個有效，且容易測量的行為試驗，生物學家和化學家搭檔，就可以直接切入研究費洛蒙的分子結構了。假使其他費洛蒙（例如引發警戒及聚集行為的費洛蒙）的作用方式也和路徑物質一樣的話，我們將有可能在短時間內，解出大部分螞蟻所使用的化學詞彙。

接下來那幾天，我一再重複證明該路徑費洛蒙的效用。在科學研究中，再沒有比重複做一個實驗，而實驗又每次都會成功更令人愉快的了。當我把路徑畫到蟻窩入口，螞蟻立刻傾巢而出，即使我這麼做的時候並沒有先提供食物給牠們。此外，當我把一滴由許多螞蟻製成的杜氏腺濃縮液散落到蟻窩時，工蟻湧出的比例相當高，而且牠們顯然是為了尋找食物，才散向四面八方。

接下來，我找了哈佛的化學家朋友羅約翰（John Law），來幫忙鑑定路徑物質的分子結構。同時，還有另一位很有天分的大學部學生華許（Christopher Walsh），也加入了我們這個研究小組。華許後來成為頂尖的分子生物學家，並當上達納—法伯癌症研究院（Dana Farber Cancer Institute）院長。

我們算是陣容堅強的組合，但是還是遭遇到了意料之外的技術

難題：我們發現，不論何時，每隻螞蟻體內杜氏腺裡的關鍵物質，均少於十億分之一公克。不過，這問題也並非無法解決。1950年代末到1960年代初期，正是好幾種氣相層析法以及質譜學初露曙光之時，運用這類技術，可以鑑定百萬分之一公克的微量有機物質。換句話說，我們總共需要數萬到數十萬隻螞蟻，然後集合牠們的路徑費洛蒙，才能夠湊足分析實驗所需的最低劑量。

我們要上哪兒去找這麼多的螞蟻呢？根據我的田野研究經驗，我知道有一種取巧的方法。每當溪流暴漲氾濫到火蟻窩巢時，工蟻就會結成一團緊密的蟻球，漂浮在水面上。牠們以肉身搭成一具活木筏，將蟻后及幼蟻安全的包裹起來。蟻群就這樣隨波逐流，直到觸及地表為止。一旦著陸之後，工蟻又會重築一個新蟻巢。我把這種現象解釋給羅約翰和華許聽，然後一道前往佛羅里達州的傑克遜維爾，這是最靠近波士頓、盛產火蟻的南方城市之一。

我們租了一輛車，駛往該市西邊的農地。在那兒，我們發覺沿路的整片草地上，到處都散布著六十公分高的火蟻窩。每一英畝土地上約有五十座蟻窩，而每座蟻窩內，住了約十萬隻或更多的螞蟻。我們把車子停在州際公路邊，然後把一座座蟻窩用鏟子剷起，放進流速緩慢的水溝中。泥土漸漸沉落溝底，每座蟻窩中的大部分螞蟻都浮出了水面。我們用廚房濾杓舀起騷動中的蟻塊，倒入一瓶瓶的溶劑中。

羅約翰和華許很快就明白了為什麼這種螞蟻會叫「火蟻」：被工蟻刺到的感覺，就好似有根火柴在皮膚附近燃燒似的。而且，只要逮到機會，蟻窩裡頭每一隻螞蟻都想連續刺你十幾下。我們的雙手、雙臂和腳踝，全都被叮得一塌糊塗，留下又紅又癢的傷痕。一兩天後，許多傷口還暴出一粒粒白色的小膿皰。我私下在想，我那

兩位傑出的同事，或許就是因此而下定決心，將來要留在實驗室裡
從事生物研究。付過這些代價後，我們總算滿載足夠用來分析路徑
費洛蒙的材料，返回波士頓。

　　然而，即使蒐集到足夠的原始材料，該分子的構造還是難以捉
摸。羅約翰和華許在質譜儀表上，圈出作用活躍的部分，不料最可
能是該種費洛蒙的尖峰，含量卻低得沒法再做進一步的分析。

　　這種物質在分離過程中，是否極不穩定？很有可能，但是我們
現在已把萃取物都用光了。最後，這兩位化學家推測，該物質可能
是一種金合歡烯（farnesene），這是植物天然產物中，最常見的一
種由十五個碳原子組成的類萜（terpenoid）化合物。它們的量不足
以定出確切的構造式，因此無法確認每個雙鍵的特定位置。

　　二十年後，這宗壯舉終於由化學家凡得米爾（Robert Vander
Meer），以及位於蓋恩斯維爾的美國農業部實驗室的研究小組共同
完成。他們發現火蟻的路徑費洛蒙事實上是多種金合歡烯的混合
物，其中之一為「Z, E-α-金合歡烯」，而且至少有二種以上類似的
化合物可以增強作用。一加侖這種混合物，就足以召來一千萬個蟻
窩的螞蟻，至少理論上是如此。

一種氣味，一種動作

　　自從找出螞蟻路徑物質的腺體來源後，接下來那幾年，我一直
把目標擺在盡可能詮釋螞蟻的溝通語言上。我注意到，單靠一隻斥
候蟻發出的信號，不足以表達食物的量或是敵軍的陣容。當我更仔
細觀看火蟻路徑後，偶然發現到第二種與社會行為有關的費洛蒙，
專司大眾傳播。

像這類資訊，只能由一群工蟻傳播給另一群工蟻。當許多隻工蟻，譬如說十隻吧，在極短時間內，重疊畫下路徑，就能傳達出比單一工蟻路徑所顯示的目標，更大、更強烈的信號。如果是一百隻螞蟻一塊兒行動，留下的氣味又將更為提高。當糧食地點已經太過擁擠，又或是已擊潰敵軍時，蟻群裡就只有較少的螞蟻會留下記號。因此，當過量的費洛蒙蒸發後，信號也隨之減弱了，巢中趕來相助的螞蟻也因而減少。

驅使一大群螞蟻絡繹前往目標物的信號，準確得令人驚訝。後來有人指出，動物大團腦細胞之間的平行反應，與昆蟲社會聚落（即所謂的「超生物體」），正存有類似的現象。我相信，第一位提出這種類比的是霍夫史達特（Douglas Hofstadter），他寫了一本書《哥德爾、艾雪與巴哈——一條永恆的金帶》（*Gödel, Escher, Bach: An Eternal Golden Braid*），是兼具創意與嚴謹的長篇論述，主要討論組織及創造的特性。

從此，下面這個問題經常有人提起：腦與超生物體的相似性，是否意味著螞蟻聚落能夠用某種方式「思考」？我認為不能。就頭腦的組成而言，蟻窩中的螞蟻數量太少了，而且組織也太鬆散了。

我繼續探究對螞蟻具有吸引力或是警告作用的費洛蒙。在我所發現的這類物質中，最單純的一種，幾乎也可以肯定是所有已知費洛蒙中最基本的一種，為二氧化碳。火蟻可以利用二氧化碳來狩獵潛居地底的獵物，而且還可以在土壤中查出彼此的位置。至於最奇特的一種費洛蒙，如果容我採用非專業的一般詞彙，莫過於「死亡信號」——也就是螞蟻屍體用來向巢中夥伴「宣布」自己已死的信號。當某隻螞蟻死亡時，如果牠沒被踩扁或撕爛，那麼牠就只是垮掉，然後靜靜的躺著。雖然牠的姿勢以及缺乏活力的模樣十分反

常，但是巢友依然無動於衷的打從牠身邊來來去去。辨識的動作需要二、三天才會開始出現，而它得經由屍體分解的氣味才能完成。只要聞到這種氣味，同窩的某隻螞蟻就會抬起屍首，運出蟻窩，把它扔到附近的垃圾堆。

洗乾淨才准回來

我靈機一動，如果選對化學物質，我應該可以創造一具「人造蟻屍」。把某件物體的氣味轉移到另一件物體上，應該是可行的。我用風乾蟻屍的萃取物，浸泡了幾張紙片，結果螞蟻也把這些紙片運到了垃圾堆去。

回想釋出化學物的基本觀念，我要問的是：是否任何一種屍體分解物質，均能激發螞蟻的移屍本能？或是牠們只對其中一兩種物質有反應？我發現，可能很快就能得到答案，因為生化學家早已鑑定出一長串出現在昆蟲腐屍中的化合物。別問我為何有人要做這種研究，科學文獻裡頭充滿了這類資訊，而且不論它們有多麼古怪，通常總能在意想不到的時刻派上用場。

我自己的研究同樣也是很古怪，而且也屬於這類案例。在兩名新聘助理的協助下，我蒐集了一大堆腐爛物質，逐一用小紙片分派給螞蟻。這些物質包括糞便成分之一的糞臭素（skatole）、腐魚臭味基本要素之一的三甲胺（trimethylamine），以及其他幾種構成人類腐屍氣味，而且更為刺鼻的脂肪酸。連續幾週，我的實驗室充斥著一股混合了球隊更衣間、排水溝和垃圾堆的怪臭。然而，螞蟻對這類物質的反應，和人類鼻子與頭腦能「聞到」的大相逕庭，牠們對這類物質的感應相當狹窄。牠們只清理經油酸（oleic acid）或是

油酸酯類處理過的紙片碎屑。

　　這些實驗證明，螞蟻並不是基於人類感觀中的美感或是潔癖等原因，才清理窩巢的。牠們只是預先設定好，會對一些範圍很窄、但很可靠的腐臭起反應。把氣味源清除掉，等於是不自覺維護了蟻窩的衛生情況。

　　為要測試這項有關螞蟻行為單純性的結論，最後我想問的是：假使一具屍體活過來，會發生什麼狀況？為了找出答案，我把油酸塗在一些活生生的工蟻身上。結果，集中夥伴立刻把牠們挑揀出來，即使牠們拚命掙扎，終究難逃被扔進垃圾堆的命運。接著，這些「活死蟻」開始清理自己，長達好幾分鐘；牠們舉起腳來摩擦身體，還用口器清洗觸角和腳，之後才敢重回蟻窩。部分螞蟻再度被趕出去，少數甚至三度被逐出，一直到牠們把自己完全弄乾淨，足以證明自己還活著為止。

　　嶄新的感官世界在生物學家面前展開。我們漸漸完全體會到

簡單的事實，那就是大部分的動物是以味覺和嗅覺來溝通，而非以視覺及聽覺來溝通。數百萬種動物、植物以及微生物，擁有的化學信號傳遞裝置花樣之多，令人驚奇。動物身上的費洛蒙通常稀薄得令人類難以查覺，而動物製造和使用這類物質的方法卻總是如此高妙。1950 年代末期，研究螞蟻和其他社會性昆蟲的學者，包括我在內，不超過一打。我們好似坐在金山、銀山堆上，隨便往哪兒一看，都能毫不費力發現新型式的化學訊息。

1961 年，我邀請在哈佛專攻應用數學的研究生包塞特加入研究計畫：我們想要在單一演化架構下，統整所有與化學通信有關的現存資料。包塞特擁有最高段的數學技巧，而那正是我最欠缺的。此外，當時他也是利用電腦模擬演化變遷的先驅研究者。有一天，他帶我到艾肯計算實驗室（Aiken Computation Laboratory），解說那些高速旋轉的磁碟，以及極具未來感的操控儀板，告訴我說，這兒蘊藏著理論生物學的未來。

「現在正是時候，」他提議，「我們可以啟航，準備操控強而有力的新科技了。」然而，他終究未能徵召到我這個博物學家。這些古怪的新文化實在令我頭昏腦脹；我覺得自己好似十八世紀的太平洋島民，受邀參觀英國皇家海軍部的軍備武器和船艦。

從那之後，能夠達到像艾肯計算實驗室那樣運算容量的硬體設備，漸漸縮小為一個小箱子的大小，包塞特仍在他的方向上繼續努力，但我卻始終沒有想過要加入他。我可不想在一個沒有希望出頭的領域裡，奮鬥經年。不過，相反的，我把所有能找到的已知費洛蒙的化學及功能資料，全都轉交給包塞特，讓他來為這些費洛蒙設計播散及偵測的模型。他把已知分子（或是可能性很高的候選分子）的蒸發及擴散速率一併計入，估算動物要認出這些訊號所需的

分子數目以及分子濃度。

我們得出一系列不同形式的氣體擴散方式，以及有關活化空間（active space）的推論。所謂活化空間，是指分子濃度夠高，足以激發反應的區域。當費洛蒙由一個定點釋放到靜止的氣流中，其活化空間為罩住地面的半球形；當物質釋放到風向穩定的風中，或是氣流靜止但釋放源沿地面奔跑時，則活化空間會拉長，呈罩住地面的半橢球形。另一方面，我們也將分子大小當成其中一項作用因子，因為它能影響分子蒸發及擴散的速率。我們證明，當同系列的費洛蒙分子大小增加時，信號的潛在變化也非常戲劇性的呈指數增加了。

我們觀察到，費洛蒙要不是能激發立即的反應，就是能改變動物的生理狀態或是習性，使牠們在相當長的一段時間內，皆受到影響而有所反應。當整個理論終於完成，而且所有證據也都齊備後，我們有了總結：動物在演化過程中，由天擇篩選出適合特殊意義的化學物質。

舉例來說，充作警戒費洛蒙的分子和負責性吸引的費洛蒙分子相比，分子體積較小，而且需要較高的反應濃度，這使得警戒費洛蒙活化空間的形成和消滅都比較快速。其規則可以如此描述：就傳遞的特定訊息來說，被篩選出的費洛蒙，一定是所有費洛蒙中最有效率的一種。

再一次轉型

雖然這項有關費洛蒙一般特性的理論研究，進行得十分順暢，但是我依然和螞蟻保持密切接觸，並繼續推動我的實驗室研究工

作。後來，我估算出每窩蟻群裡的工蟻及蟻后，約採用十到二十種費洛蒙來調控牠們的社會組織，這個數值會隨不同蟻種而變化。但是，這個十到二十的變化範圍，只是根據資料所得的估計值，而且直到三十年後，也就是我寫這本書的時候，它依然是估計值。原因在於，除了少數幾種最明顯的物質，像是路徑費洛蒙及警戒費洛蒙之外，其他化學物質不論是在生物檢定或化學分析上都更為困難。

不久後我體認到，如果想在這塊領域保持領先地位，我必須把全副精力投注其中，而且還需要提升自己在組織學及化學上的技術訓練。到了 1960 年代末期，也就是我率先展開粗略實驗約十年後，費洛蒙研究領域擁進了一群天分極高的研究者，準備獻身其中。於是，我這三十五歲的「老人」就抽身退出，只有在看到利用簡單技術也有可能快速獲致結果時，才會偶爾回來做些化學通信的實驗。

現在，我們來談 1969 年。對某些人來說，這是很容易記起的年代，當時法老蟻正開始竊取分子生物學家的培養基；對於另一些人來說，就在這一年，激進的學生衝入校園及哈佛廣場，身上穿著印有革命標語的 T 恤，高高揮舞著拳頭。至於對我來說，這年標記了另一種重大的變化，我對費洛蒙以及島嶼生物地理學的興趣，也就是我過去十年來的兩大最愛，正慢慢開始消退。然而，那年 9 月，年輕科學家霍德伯勒忽然跑來生物實驗大樓，到我辦公室找我。當時他是德國法蘭克福大學的動物學講師，在我的贊助下，來到哈佛擔任一年的訪問學人。於是，我研究生涯中最紮實和多產的一段合作關係，於焉開展了，這層關係建立在親密的友誼，以及終生獻身螞蟻研究的共通志趣上。

走向社會生物學

　　雖然我們當年並沒有分析得這麼深入，但事實上，我們兩人碰在一起，正分別代表兩種不同的行為生物學文化。這兩種文化的結合，很快讓我們更加了解螞蟻聚落以及其他的複雜社群。其中貢獻很大的學科為動物行為學，它源自歐洲，是霍德伯勒的專長，這個學門專門研究動物在天然環境下的整套動物行為模式。動物行為學經過兩個世代眾多科學家的心血結晶凝集後，到了1969年已匯成一股頗為普及的傳統，由勞倫茲、丁伯根以及馮費立區所領導，而且也順利取得世界性的地位。

　　至於另外一個基礎學科——族群生物學，則是我比較擅長的。族群生物學主要源自美國和英國，其對於行為研究所採用的方法，和動物行為學完全不同。族群生物學的研究對象是整群的個體，看牠們如何成長，如何分布在地表上，以及研究族群不可避免的過程，也就是牠們如何萎縮乃至於消失。現代族群生物學如今也已取得國際地位，試圖進一步拓寬研究的時間與空間。此外，這門學問不只要憑藉設計數學模型的嚴謹想像力，也同樣要憑藉研究活生生動物的能耐。族群生物學應用的技術，比較接近人口學所用到的技術，因為人口學的內容也是以出生、死亡以及個體成員的遷移，來建構整個社會的統計圖樣。

　　通往較高層級族群研究方法的關鍵，在於領悟到一窩昆蟲聚落相當於一個族群。有些昆蟲聚落內的個體總數比全國人口數還要多，例如一種烈蟻屬（*Dorylus*）螞蟻的蟻窩，即是由一隻蟻后外加兩千萬隻工蟻所組成。就像要充分了解人類族群一樣，唯一的辦法就是要追蹤個別成員的生與死。

　　然而，族群層次以及個體層次的整體資訊，還是需要動物行為學襄助，才能成就一門完整的科學。這門學問用明確的詞彙來描述社會組織的核心，由溝通、築巢，到社會階級和分工；最終的綜合元素則為演化。行為描述以及族群分析都是天擇的歷史產物。把族群生物學、動物行為學以及演化理論全擺在一起，可以形成新學門「社會生物學」的內容。我在 1975 年，曾經為社會生物學下了一道定義：「有關動物社會行為與複雜社會組成，此兩者生物學基礎的系統研究，稱為社會生物學。」

　　霍德伯勒和我當時正是朝向社會生物學的方向邁進。無論如何，我們兩人算是最早期且最重要的昆蟲學家，全心致力於研究昆蟲。我們剛認識時，他三十三歲，比我小七歲，但是早已擁有獨立見解，深信螞蟻值得拿來做為科學研究的主題；不論你是想透過動物行為學、社會生物學或其他生物學門來研究，都無不可。不過，話雖如此，我們還是在兩人的日常談話中，預見到動物行為學和族群生物學是研究社會行為的互補途徑，而且，還擁有相互結合的潛力。

　　原本事情會在我倆宣稱擁有共同的志趣時暫告段落。第二年年底，霍德伯勒返回法蘭克福，在德國展開他預想中的終生學術志業。然而，大約就在同個時候，哈佛大學人文暨自然科學院院長唐羅帕（John Dunlop），決定要增加行為生物學領域的教師陣容。他讓我管理招聘委員會，授權我們任用三名新的教授。結果，在過濾了眾多信件，以及來自顧問學者的評估後，我們公認，霍德伯勒博士正是全球無脊椎動物行為研究領域中，最具潛力的年輕科學家。於是，霍德伯勒獲聘擔任哈佛教授。他接受了這項職位，於 1972 年重回劍橋這塊寶地。

　　此後，我們共用比較動物學博物館新建實驗館的第四層樓。我們經常接觸，而且在教學及研究計畫方面的合作頻率與日俱增。然而，天下無不散的筵席。十六年後，也就是 1989 年，霍德伯勒回到德國，這次是去巴伐利亞邦的玉茲堡大學，對方邀請他為新成立的波威利生物科學研究所（Theodor Boveri Institute of Biological Science），草創完全以社會性昆蟲為研究主題的特殊學系。當時，他在自己的祖國已經享有很高的名望。德國就像大部分歐洲國家一樣，對於生態學及其相關學門愈來愈有興趣，但是在這方面的代表性卻很弱。霍德伯勒兼具行為學及族群生物學的背景，使他分外夠格擔起全國性領導者的地位，直到我寫這本書時，也依然如此。1991 年，他榮獲德國最高科學獎章「萊布尼茲獎」（Leibniz Prize）。

科學家中的科學家

　　在美國居住了近二十年，使得霍德伯勒深深愛上亞歷桑納州的群山，那是他和家人的避暑聖地；另外，他也深深愛上美國西部的鄉村歌曲。然而這名新美國佬在骨子裡依舊是個巴伐利亞人，他為人實際、可靠、熱誠幽默、知變通，加總起來正好與一般人刻板印象中的普魯士人相反。每當德國民族性格成為討論主題時，他就會馬上指出巴伐利亞人與普魯士人的差異。

　　美國鄉村歌手華德生（Doc Watson）的藍草音樂（bluegrass music），令他聯想到巴伐利亞的民謠樂曲，那是有一回他在路途中發現的。總括說來，霍德伯勒的根性還是來自大地，是道地的博物學家，這可能是天生遺傳的。他居留美國這些年，英語的流利程度進步得很慢，而且始終保留著獨特的口音。但是，在哈佛大學，這

反而是一項資產。因為學生會認為（其實也沒錯）他們正在接收第一手的德國科學及哲學。學生給霍德伯勒的課堂評比一直都是最高等的。

若單單講起個性上的強韌，再沒有別的科學家比得過他了。霍德伯勒是我認識中最誠實的科學家，直到現在依然如此。當我們以閒談（「好吧，那是──呃，六十三秒，尋糧工蟻剛剛進窩了，有記下來了嗎？現在我想再回來多談一些有關海尼格支序學派的觀念⋯⋯」）來填塞那長達數個鐘頭的重複實驗時，他仍然非常努力的把筆記本上的每件事實、每項細微差異，以發表報告的方式來表達，盡可能力求直接和明晰。如果一定要說他有什麼值得一提的缺點，大概就是他在工作上的偏執習慣：「非要把一件事做完，才能開始下一件事」，有時顯得沒什麼道理，不過這個毛病我也有，而這使得我們兩人的相處更融洽。

在科學研究上，偏執如能控制得宜，未嘗不是一件好事。就某個程度而言，我從沒遇過像霍德伯勒這般渴望設計實驗以及評估證據分量的人。許多有成就的研究人員都在「找到了一個設計良好的研究方法，能夠重複進行試驗，並且得到在統計學上能夠令人信服的結果」之後，就止步不前。接著，他們會在文獻上說道：「我想，在這種情況下，很可能就是這樣跟那樣。」但另外有些科學家則會退一步問道：「我是不是還能藉由另一種不同的實驗，更精確的驗證這個結論？」如果他們當真完成了第二套實驗程序，發現第二個結果和第一個結果相符，那麼他們才會結論道：「這個證明無誤。讓我們繼續吧。」霍德伯勒正屬於第二類科學家。不過，在我們合作期間，有些時候他甚至還會再次停下來問道：「有沒有第三種方法？」每每令我驚愕不已。有時候，他的確會堅持再找出其

他的實驗方法。霍德伯勒真是我所認識的唯一一位「三套方法研究者」。

　　霍德伯勒可以稱得上是科學家中的科學家。他熱愛科學，單純把科學當成一種求知的路徑。我相信，即使沒有觀眾，沒有金錢獎賞，他也一樣會從事科學研究。霍德伯勒從不要政治手段。假如新得到的數據不符，他馬上就會換個方向，他是我認識的科學家裡頭，少數幾個真正願意放棄先前假說的人。霍德伯勒誇獎別人的態度也非常謹慎，若研究富原創性或是非常紮實，他會立刻加以褒獎；若研究做得潦草疏忽，他的責難也是非常之嚴厲。他說起話來的語氣十分清楚明確，而且具有十足的道德感，這種態勢並非源自傲慢或是自大，而是源自他的人文哲學信仰：自我要求的標準若不高，人生將失去意義。

別忽略小細節

　　不過，寫到這裡，可能會誤導出一幅陰鬱的霍德伯勒畫像。其實他是很有趣的夥伴，一位我從來沒能擁有的小兄弟。休閒時刻，我倆無話不談，既談科學，也談個人私事。他的禮儀、態度，甚至於長相，都很令人信任。年近中年後，他蓄起了鬍子，一副小鎮居民的快活神情，安置在短小但肌肉結實的運動員體格上——這是他年輕時熱愛體操運動的成果。他非常顧家，總有辦法找出時間和妻子弗萊麗可一起照顧三個兒子，並且全程參與他們的成長過程。

　　對霍德伯勒來說，科學並不等於一切。就像我那堅持不屈的工作狂動力一般，他天生就能優游在我無法欣賞的藝術領域，擁有繪畫、攝影天分，同時也是很夠水準的音樂家。遇到情緒低落的時

刻，我真是羨慕他的多才多藝。

　　霍德伯勒雖然比我年輕許多，但是他卻促使我成為更優秀的科學家。我們一道在實驗室或田野進行研究期間，我發覺自己總是渴望能達到他的標準，好讓他知道我真的很努力。我天生擅長統整科學知識，這方面我的能力比霍德伯勒超出許多；但是我得承認，當我努力解釋每件事，將每個片段納入我的構想（且不論結果有多麼牽強）時，我經常會忽略細節。霍德伯勒卻從來不犯這種錯誤。不論先天氣質或是後天訓練，他都屬於馮費立區學派，這個學派的特色在某次我拜訪玉茲堡大學時，即由馮費立區的學生，霍德伯勒的老師林道爾（Martin Lindauer）簡潔的表明出來。林道爾笑嘻嘻的開口了了，這是他談論嚴肅主題時的典型表情，他說：「要尋找細微小事。」

　　在哈佛共事期間，霍德伯勒和我一直謹遵這條守則。1985年，我倆頭一次結伴前往哥斯大黎加進行田野調查。我們由聖荷西駕車北上拉薩瓦（La Selva），那兒是「熱帶研究組織」的田野調查站。進入熱帶雨林後，我就開始尋找、鑑定在行為研究方面，可能特別有意思的蟻窩。我一心想發掘快速、刺激的結果。其中一個候選物種是很原始的鋸鈍針蟻屬（*Prionopelta*）螞蟻，我發現牠們把窩築在腐木中。在那之前，從未有人研究過活生生的這種蟻群。我非常渴望能記下這種螞蟻在社會行為上的關鍵資料，那種能吻合統整後演化架構的基礎數據。

　　在霍德伯勒的協助下，我全力投入這項工作。我們記下蟻群的大小、蟻后的數目、分工的情形，以及工蟻捕獵哪些昆蟲和小動物。譬如說，我們就發現牠們很喜歡一種長得很像蠹魚的小蟲「長跳蟲」（campodeid diplurans）。在我們工作期間，霍德伯勒的注意

力全放在鋸鈍針蟻窩巢內的通道牆面上，那裡有厚厚的一層老繭絲狀物質覆在上頭。他半是對我，半是自問：「這究竟代表什麼意義？」

「沒有意義，垃圾罷了，」我回答：「等新的成蟻出繭後，窩中螞蟻就會把這些絲狀老繭扔棄，而且牠們甚至懶得另尋不同的垃圾堆。」「不對，不對，」他說道，「你瞧，這些碎片就好像貼在畫廊牆壁上一般光滑。」他繼續追蹤，靠著他自己的細心觀察，以及返回哈佛後，藉由掃描式電子顯微鏡的幫助，證明這些繭絲的確是具有壁紙的功用。它能使蟻窩中的潮溼牆壁乾燥許多，因此也更能保護發育中的幼蟻。螞蟻利用貼壁紙的技術來控制氣候，這真是前所未聞。

此外，霍德伯勒又說，你瞧，有些尋糧工蟻走得特別慢，牠們拖拉著後腳走路。而我，同樣也不當一回事。我回應道，某些螞蟻個體經常走路拖拖拉拉或是行為乖僻，並沒有什麼特別的理由。再說，也沒有任何原因讓人相信，這些原始的螞蟻也會在路徑上留氣味。但是霍德伯勒還是堅持不屈。他發現，工蟻不只會在路徑留下氣味，藉以召募巢友共赴新窩，而且這種具吸引力的物質是來自於從前不曾預料過的部位——螞蟻後腿上的腺體。當牠們拖拉著後腿走路時，就能將該種費洛蒙抹在地上。由於這種腺體出現，提供了鋸鈍針蟻屬演化關係上的重大線索。

打上一個特別的句點

我們待在拉薩瓦森林兩週所蒐集到的數據，總共寫成了五篇科學論文。而在我倆多年合作期間，透過東挖挖、西挖挖，以及來

來回回的討論，更是提出無數其他的發現，一件跟著一件。當玉茲堡大學聘請霍德伯勒前往任教（在這之前，早已有多家歐洲研究機構和他接洽過），我們的合作關係只好大抵告一段落。波威利研究所願意提供他精密的新儀器以及技術純熟的助理人員，這些對他來說，都是非常需要的。

霍德伯勒一直有股欲望，幾乎可以說是著迷般，想要深入螞蟻的肌肉、腺體以及腦部，看看這些器官究竟如何調控社會行為及組織。他渴望了解一千件「細微小事」，以合成一整樁大事。而這樣的志業是非常昂貴的，不論是對美國國家科學基金會，或是其他私人學術機構，這樣的要求顯然是超出太多了。它們的經費贊助要嘛是不足，要嘛是不穩定，甚至兩者兼備，情況每隔三、五年就會變動一番。雖然霍德伯勒向美國國家科學基金會申請的計畫，一直獲得最高評價和贊助，但是總經費仍然沒法支持他想要發展的研究。

就在霍德伯勒愈來愈認真考慮要離開哈佛時，有一天，我們決定要合寫一本書，闡述我倆所知一切有關螞蟻的知識。當我們開始著手時，不禁自問，我們為何不貫穿歷史，試著寫一本書來闡述「目前有關螞蟻的全部知識」？

這樣的計畫會非常耗時、費力，而且最後也可能達不到我們原先設定的目標。但是，這個構想多麼值得一試！

就像體型貌不驚人的世界拳王派特森（Floyd Patterson）曾說過的：「要想成就非凡志業，唯有向不可能挑戰。」我們挑戰的結果，是《螞蟻》（The Ants）這本書，1990 年由哈佛大學出版社印行。它的內容包括七百二十二雙欄頁、數百張教科書圖表和彩色插圖，以及三千條參考書目。它總重近三公斤半，符合我所謂的「巨著」——從三樓掉下來時，大得足以砸死人的書籍。

共享普立茲獎

　　1991 年 4 月 9 日，星期二下午，哈佛人文暨自然科學院的全體教職員，群聚在大學講堂掛滿肖像的主廳中，準備參加例行月會。正當會議即將開始之際，祕書走了進來，遞給院長包克（Derek Bok）一張紙條。包克當場宣讀紙條內容：「《螞蟻》榮獲 1991 年度非小說類普立茲獎。」我站起身，接受哈佛同僚的祝賀。哈佛同仁，幫我禱告吧！得到這項最高榮譽後，除了走下坡之外，我還能走到哪兒去呢？

　　後來，我得知這本書是第五本榮獲普立茲獎的科學書籍，而且這還是第一本以科學為主要內容，由專家執筆寫給專業人士看，而榮獲普立茲獎的書。那天離開大學講堂後，我馬上打電話給霍德伯勒，問他贏得美國最著名文學獎的感受如何。「注意，」我特別提醒他，「不是科學喔，是文學。」太棒了，他答道，他們將會在玉茲堡大肆慶祝一番。他的外國口音還是沒變，這使得整件事更為特殊難忘。

第16章

投效社會生物學

　　1977 年 8 月 1 日，社會生物學登上《時代》雜誌的封面。11 月 22 日，我從卡特總統手裡接下美國國家科學獎章，表揚我對這門新學科的貢獻。兩個月後，在美國科學促進協會於華盛頓所舉行的年度會議上，當我準備要發表演講時，示威者霸占了講台，把一罐冰水往我頭上倒，並高喊：「威爾森，你全身溼透了*。」這次潑水事件是近代美國史中，有科學家僅僅因為表達某個理念，而遭到身體攻擊的唯一案例，雖說攻擊程度很輕微。

　　像我這樣愛好獨處的昆蟲學家，為何會掀起這般重大的喧鬧風波？且聽我道來。

＊譯注：You're all wet 這句話在英文俚語中也等於「你大錯特錯」。

找不到指導教授的優秀學生

我對社會生物學的興趣，並不是經由革命夢想而來。它起初只是一項特別的動物學研究計畫，並在 1956 年 1 月的某個早晨很單純的展開。那天，我前往波多黎各東海岸外的小島凱佑聖地牙哥（Cayo Santiago）去觀察猴子。和我同行的還有艾爾特曼（Stuart Altmann），他剛剛成為我的第一個研究生。

艾爾特曼的學術方向很不尋常，以致他雖然早在前一年秋季班時就進入哈佛研究所，但是卻發現自己找不到指導教授。他的問題不在於能力，他的表現非常傑出，問題是出在他提出的論文題目太不尋常。他把目標鎖定在野生恆河猴的社會行為上，尤其是國家衛生院供養在凱佑聖地牙哥島（Cayo Santiago）上的那些猴群。他完全是有備而來。當時，他才剛剛從巴拿馬雨林研究吼猴回來，對於相關文獻也都弄得一清二楚。

很不幸的，哈佛沒有老師了解他在說什麼。在 1955 年那個年代，靈長類動物在天然環境中的行為依然少有人知。美國心理學家卡彭特（C. Ray Carpenter）曾在 1930 年代，做過吼猴、恆河猴以及長臂猿的野外觀察，為這個領域奠下一些基礎。他發表的文章在一小群生物學家以及人類學家圈子中，頗受敬重，但是卻沒有引發大量的後續研究。野生靈長類居住的地方通常不易到達。

珍・古德那時仍住在英格蘭，距離她初次探訪岡貝保護區的黑猩猩還有四年。當艾爾特曼剛剛開始獨立研究之際，多位日本學者也正在九州島觀察獼猴，但是他們都以日文發表文章，因此美國及歐洲科學家對他們的研究一無所知。

哈佛生物系教授裡，沒有人把靈長類田野調查納入自己的領

域。有些人甚至懷疑它到底能不能納入生物學的範圍。於是，艾爾特曼找上了我。

1955 年秋末，我已獲聘擔任生物系助理教授，於次年 7 月 1 日生效。生物系主任卡本特問我，既然我對螞蟻的社會行為很感興趣，願不願意在上任前，就先收艾爾特曼當研究生？我很高興的接受了。那時，我自己也不比研究生大多少，只比艾爾特曼長一歲，也很想要學一點他選擇的奇特題目。

我的決定很明智。對我來說，和艾爾特曼一同住在凱佑聖地牙哥島觀察恆河猴群的那兩天，有十分令人震驚的啟發，同時也是智識方面的一大轉捩點。在我剛踏上岸時，我對獼猴社會幾乎可說是一無所知。在那之前，我讀過卡彭特的文章，但是對於眼前即將開展的奇觀，依然還沒有準備好。當艾爾特曼領我穿過恆河猴群時，這個複雜而且通常很野蠻的世界種種，像是優勢位階、結盟、血親關係、爭奪領地、恐嚇展示等等，令我深感著迷。我學會如何從雄猴走路的方式看出牠的位階，也學會如何從猴子的面部表情及肢體語言，估算出牠們害怕、臣服，以及敵意的程度。

艾爾特曼很早就警告我說：「要注意兩件事。在幼猴附近不可以做出突兀的大動作，以免被誤會你想傷害牠，那樣你很可能會遭到公猴攻擊。假使真的有公猴威嚇你，千萬不要盯著牠的臉看。瞪視代表恐嚇，很可能真的會引發攻擊。遇到這種情況，你只要低頭望向別處即可。」這番話實在很正確。第二天，我因為一時大意，快速轉了一次身，而附近正巧有隻小猴子，這個動作馬上引來牠的尖叫。第二號公猴頭子立刻朝我奔來，狠狠的瞪著我，嘴巴咧得老大，那是恆河猴的威嚇表情。我嚇僵了，是真正的害怕。探訪凱佑聖地牙哥島之前，我一直把獼猴當成不具傷害力的小猴子。但是，

這隻公猴，全身肌肉發達、緊繃的站在我面前，剎那間看起來還真像是隻小型的大猩猩。不需要任何人提醒，我馬上以最小心翼翼的追悔方式，低下頭，眼望他處，強烈表達下列訊息：「抱歉，我沒有別的意思，真抱歉。」幾分鐘後，憤怒的公猴終於走開了。

　　黃昏時分，艾爾特曼談靈長類，我談螞蟻，我們開始構思，有沒有可能把所有可以弄到手的社會性動物資料整合在一起。我們都同意，這樣產生的理論或許很適合拿來冠上社會生物學這個名稱。

　　當時，艾爾特曼已經沿用「社會生物學」來描述他的研究工作，他是由美國生態學會底下的一個工作團體「動物行為暨社會生物學小組」的名稱中，借用到這個名詞。早在那個時候，動物學家圈子裡已出現一種信念：動物社會需要不同的分析方法，這些方法可能可以自成獨立的題材，成為一門較小的學科。但是，卻沒有人能說出這種社會生物學的通則可能會是什麼，以及它們和生物

學中的其他學門間有什麼關係。在資深動物學家諸如艾里（Warder Clyde Allee）、艾莫森（Alfred Emerson），以及史科特（John P. Scott）等人的領導下，社會生物學漸漸現出學科的雛形，但是內容大部分仍然只是由各種不同的社會行為描述所組成。

在波多黎各那些愉快的黃昏時光裡，艾爾特曼和我對於這個主題的討論深度也高明不到哪兒去。靈長類動物社會和社會性昆蟲聚落看起來幾乎沒有交集。恆河猴群主要是靠優勢位階來組織構成，而牠們的優勢地位則是以個體識別為基礎；在這方面，原始的社會性胡蜂群大致也是如此，但是其他社會性昆蟲就不同了，牠們的群落常常是由成百上千隻無名、短命的兄弟姊妹所組成，而且生活在一片詳和之中。

靈長類是藉由聲音及視覺動作來溝通；社會性昆蟲則藉由化學分泌物。靈長類族群中，充滿了以個體關係為基礎的暫時性角色；社會性昆蟲則擁有固定的社會階層，以及相當僵化、延續終生的分工。

我們都知道，單是憑著一張異同清單，載列諸如優勢地位和集體行為的表象，並不足以稱為「科學」。在1956年時，還沒有任何理論能用來解釋生物多樣性，也就是無法解釋為何不同的特徵會在某群生物身上出現，而不會出現在另一群生物身上。艾爾特曼想到一個好點子。他打算設計出行為動作的轉移矩陣（transition matrix），開列出一張具備以下類型資料的概要：如果一隻恆河猴做出甲動作，那麼牠就擁有一定的機率再度做出甲動作，至於乙動作則有另一個機率，以此類推。我同意這種想法，許多行為及社會互動都可以蒐錄進上述的轉移矩陣中，因此，這些數值應該可以拿來更精確的比較兩種不同的社會。

　　替社會的互動定量是很重要的步驟，但是它究竟能達到什麼樣的境地？定量的結果仍然只是一則描述，沒能說明某一種特定猿猴或螞蟻，如何，以及為何會在演化過程中，成為和另一種特定猿猴或螞蟻不同的型式。艾爾特曼和我在 1956 年時，都不具有能更進一步探討社會生物學的概念工具，而我們也只能把這個問題暫時擱在一邊。於是艾爾特曼全力投入他的研究論文。

　　我天生就是「整合者」，因此仍然夢想能提出放諸四海皆準的理論。到了 1960 年代初，我開始在族群生物學身上，看見了未來可能成為社會生物學的基礎學科。之前，我走入族群生物學，並不是為了要探討社會生物學，而是想要建立一個與分子生物學等量齊觀的學門。我相信，動物族群所遵循的法則，一定不盡然和分子層次的運作規則相等，也就是說，前者的法則裡，有些是完全不能以分子生物學的邏輯來推演建構的。這種生物科學的觀點，促使我和史羅包德金合作，這份結盟後來又促成我和麥克亞瑟共同發展出島嶼生物地理學理論。

　　到了 1960 年代初期，族群生物學成為獨立學門的力量愈來愈紮實，而我對它和社會生物學的相關性也愈來愈有信心。1964 年 7月底，當我在弗蒙特州和「馬爾波羅學圈」的成員萊伊、雷文斯、路翁亭，以及麥克亞瑟等人會面時，我提出社會生物學的觀念，做為族群生物學的延伸。我指出，社會就是族群，兩者應該適用同樣的分析方式。

達爾文也沒能做到

　　我看到了達成上述目標的最快捷徑：把社會生物學，用在一種

階級和分工系統十分嚴明的社會性昆蟲身上。對於這項任務，我已做好萬全準備。在 1953 年，我曾經以更為敘述性的方式，來追蹤螞蟻社會階層的演化，我研究過的螞蟻不下數十種，而且分布遍及全球。

我說明了蟻后、兵蟻及最常見也是位階最低的工蟻，牠們在外觀上的變異都只是異速成長（allometry）的結果而已，也就是不同器官的成長速率各不相同的結果。身體上任一部位的成長速率，只不過比另一部位稍增或稍減一點點，就可能產生一顆較大或較小的腦袋，發育良好或萎縮不全的卵巢，以及最後成體上任何其他部位的不同。這種想法在當時已經不算新鮮。早先，英國生物學家朱里安・赫胥黎（Julian Huxley）在 1932 年出版的《相對成長的問題》（*Problems of Relative Growth*）中，就曾提出過這種想法；而他的靈感又來自蘇格蘭動物學家湯普生（D'Arcy Thompson）對於形態增減變化的演化分析——那是湯普生 1917 年的經典之作《論生長與形態》（*On Growth and Form*）裡的論述。

我取用螞蟻這個題材，也是基於滿合理的演化推論：螞蟻社會階層的演化，是先始於一個基礎的形式，然後才開始一點一滴朝向多種不同外形來發展。接著，我把這個主題扭轉到新的方向。在測量體型變化的同時，我也用上人口統計學，也就是計算每個蟻窩內各種不同社會階層成員的數目。當體型變化的度量和人口統計學密切結合後，社會階層的演化方式就更加清楚多了。某個特定階層成員的身體結構，顯然能決定牠們執行該角色任務的效率。

譬如說，兵蟻如果生有巨大、銳利的大顎，而且大顎周邊還長滿有力的肌肉，牠們會更稱職。但是，我指出，兵蟻的數目也是關鍵之一。如果戰鬥專家太少，蟻窩會被敵軍占領；然而，戰鬥專家

若太多，蟻群又沒法覓得足夠養育下一代的食物。因此蟻窩必須藉由前面所提有關異速成長的體型變化，來調節各階層成員的出生率及死亡率。在往後的研究中，我稱這種現象叫作「適應性人口統計學」（adaptive demography），並認為它是複雜社群中，族群層級的特徵。

朱里安‧赫胥黎對我所從事的體型變化測量以及人口統計學研究，很感興趣。他於 1954 年訪問哈佛時，告訴接待人員他想見見我。這個要求令我的指導教授印象深刻，而我則戰戰兢兢的準備和這名偉大的演化學家兼人道主義者會面。我們兩人都認為，我們共通的興趣應該算是普通生物學裡的古典主題。螞蟻社會階層的問題，也曾吸引了達爾文的注意力，他把這種現象視為天擇理論的一大威脅。雖說達爾文對於相對成長的概念，也有不少直覺上的建樹，但是赫胥黎和我很清楚，我們研究出來的這些想法和數據，已經率先找出完整且定量的演化解釋。

精通魔術的數學家

1968 年，我重新修改適應性人口統計學這個觀念，並借助線性化模型，發展出許多新的社會階層演化法則。1977 年，來自加州大學柏克萊分校，天資高超且足智多謀的應用數學專家歐斯特（George Oster），加入我手邊一項為期一年的更深入研究。這一次，我們透過社會性昆蟲來探討社會階層的理論，我們已經可以把族群生物學裡的其他理論，加到我早期發展出的公式內。

歐斯特負責設計模型，他的分析技術範圍之廣，真是令人敬畏，證實他果然名不虛傳，數學能力足以和所有的理論生物學家抗

衡。他經常喜歡嘗試新方法，因此在我們談話時，他必須一一對我解說各個步驟。這時我扮演的角色，恰恰和十五年前我與包塞特合作研究化學通信時扮演的角色一模一樣。

展開每條新的研究路徑之前，我會先輸入所有我知道與社會階層和分工有關的資料，這些資料通常只不過是疑似相關的片段資訊，然後再把我所能得出最具直覺性的結論加上去而已。接著，歐斯特再利用我們所能看見，或是所能猜測出來的關係及趨勢，來建立模型，伸展我們所能觸及的時間和空間。我再把新的證據及猜測反應給他，由他來更進一步推理和訂定模型，我再回應，他再設計模型，我又再回應。

休閒時，我們也會聊聊閒話及共同的興趣。他真可算是職業級的魔術師，有一次，他變魔術給我看，令我看得目瞪口呆。即使我全神貫注盯著他重演一次，距離不到一公尺，還是沒能參透其中的玄機。我對於自己的無能，十分懊惱。我是個深感自傲的科學唯物論者，但是我必須自問：在這世界上，究竟還有多少事物看起來像真的，但其實只是幻象？我學到了一條法則，這條法則其他人通常是經由慘痛經驗而得來的：永遠不要相信那些標榜握有隔空取物「證據」的科學家；與其相信他們，不如去相信誠實的魔術師。

1960 年代，我曾經搜尋其他觀念，看看能不能補充到社會生物學上，讓它更完整。其中我看上的一個，是來自族群生物學裡有關「鬥性」的演化起源。勞倫茲在他早期的文章，以及 1966 年出版的名著《論鬥性》中提出，鬥性是分布廣泛且無法壓抑的動物本性。它會自動物體內滿溢出來，就像盛裝過量的液體般，而且它還會尋求各式各樣的釋放形式。以人類的情況來說，勞倫茲建議，鬥性最好是以有組織的體育運動方式來釋放，勝過以戰爭的方式。

　　1968 年，在第一場由史密森協會贊助，總共只辦過兩場的「人與獸研討會」上，我提出了更精確的解釋。這種解釋與日益增加的田野調查證據頗為一致，那就是鬥性行為是一種特化的、族群密度依變（density dependent）的反應；當族群密度增加時，許多種動物的族群數量，都會受到由一種或多種因素導致的抗力所限制。這類與族群密度相關的反應，包括個體因疾病死亡或遭到天敵獵殺，導致死亡率上升、生育力下降、遷陡風盛行，和產生「鬥性」等等。究竟爭鬥行為，是否是演化過程的產物，要看其他族群密度依變的因子，是否也介入控制族群的成長。

　　即使鬥性表現出來的形式千變萬化，可以是維護領土、維持統治位階，或是卯足全力的暴力攻擊、甚至吃食同類，端看族群的極限情況而定。然而，鬥性依然是一種特化反應，在演化的過程中，它出現在某些物種的動物身上，但是卻未出現在其他種動物身上。我們可以根據環境以及動物本身的博物學知識，來預測鬥性的出現。

漢彌敦與近親選擇

　　社會生物學理論的基本元素，來自許多不同的源頭。但是，當其中最重要的觀念剛剛出現時，我竟然全力反對它。1964 年，漢彌敦在《理論生物學期刊》（*Journal of Theoretical Biology*）上，發表饒富創意的近親選擇理論，那篇文章分為兩部分，篇名是〈社會行為的遺傳演化〉。此後幾十年來，這篇論文成為了一門可觀研究事業的基礎。漢彌敦的某些推理和結論曾遭到挑戰，然後，又會有熱心的擁護者為它們辯護，結果只不過是再一次的挑戰，和再一次

的辯護。這個理論的核心部分始終屹立不搖。如同所有偉大的觀念一樣，它的精髓非常簡單，是那種會讓人忍不住說：「這顯然很真確，但是我為什麼沒想到呢？」

典型的達爾文主義者，會把天擇設想為直接發生在代與代之間的事件，也就是父母與子女間的事件。不同的譜系帶有不同的基因，大部分基因所生成的特徵，能影響個體的生存及繁殖。一隻動物會長出什麼樣的身體、會如何覓食、如何躲避敵害，這些特徵全都深受基因影響。因此，基因能夠決定動物的生存及繁殖。根據定義，每一代中生存及繁殖能力較佳的家族，將能製造更多的子女，而牠們的基因也將成為該族群中的多數，達好幾代之久。某組基因增加，代價是其他組基因減少（同樣是根據定義），這就是天擇造成的演化；而引導生命歷程的，則是新基因的出現，以及擁有隨機突變基因的染色體重組。天擇自會辨別這些組合的良莠，透過攜帶不同基因組合的個體在生存及繁殖能力上的差異，產生了哪一類組合基因增加，而哪一類組合減少的結果。

就某個很重要的層面而言，這種傳統認知上的天擇過程，只能稱為是近親選擇中的一種。畢竟，父母和子女本是至親。但是漢彌敦卻觀察到，兄弟、姊妹、伯叔、舅舅、姑媽、姨媽、堂表兄弟姊妹等，也一樣是近親；於是他開始思考，這件眾人皆知的事實在演化上究竟有何意義。其他近親從共同祖先而共享的基因，這方面並不遜於父母與子女。因此，這些有近親關係的個體之間，若存有任何受基因影響的互動，例如天生的利他傾向，或是合作傾向，或是手足競爭傾向，這些互動將會造成牠們在生存及繁殖方面的變動，所以應該也同樣會引發由天擇造成的演化。或許，大部分形式的社會演化，都是由這些較為間接的近親選擇所推動。

漢彌敦的想法之所以非常有吸引力，是因為它能解決演化理論中的老問題：「『自我犧牲』為何能成為遺傳特徵？」。乍看之下，如果不考慮近親選擇的話，大家很可能會想，「自私」必定能宰制整個生物世界；至於合作行為，除非有助於達成自私的目標，否則絕不會出現。但事實並非如此。假使某項利他行為協助了近親，那麼該項行為，將能增加和利他行為者體內相同基因的生存機會，這樣的情況就如同父母與子女一般。

為何說「相同的基因」，是因為利他行為者與其近親本來就擁有共同的祖先。沒錯，該動物的肉身會因無私的行為而死亡，但是牠們共有的基因，其中包括促成無私行為的基因在內，卻能真正受益。

肉身或許早逝，基因卻得以興盛。著名的英國動物學家道金斯（Richard Dawkins）在他的不朽名言中指出，社會行為就是騎乘在「自私的基因」上。

算算看，誰較親

偉大的生化學家、諾貝爾獎得主山特捷爾吉（Albert Szent-Györgyi）曾經這樣形容科學：「去看每個人都看得見的東西，去想沒人曾經想過的事情。」而漢彌敦就曾在這樣的科學大道上走過。但是，我敢說，漢彌敦當初要是僅僅以抽象名詞來表達近親選擇，他的說法引起的反應必定會很平淡。其他生物學家讀過它之後，可能會說：「沒錯，當然是這樣，達爾文也有過類似想法，不是嗎？」或者說：「不知我有沒有弄錯，但是這類想法不是早有人討論來、討論去好長一段時間了嗎？」然而，漢彌敦卻很神奇的成功了（雖

說，一直到1970年代我把它點明出來之前，很少人知道這個理論）。

他之所以能成功，是因為他不停的用清楚、可量度的詞彙，來述說真實世界裡的新東西。他為社會生物學真正的進展，提供了有利的工具。

漢彌敦事後曾經告訴我說，他能夠突破困難是基於三項不怎麼相關的原因。首先，他對利他行為這個問題覺得「很困擾」；達爾文的解釋算完整嗎？還是不完整呢？第二，他對社會性昆蟲有一定的認知，而他問題非常適用於社會性昆蟲。第三，他對血親關係（kinship）的計量法產生了興趣。

基於第一和第二項理由的驅使，他讀遍了遺傳學家萊特的著作。當然啦，血緣愈近，彼此所共有的、來自共同祖先的基因也愈多。萊特還設計了很天才的方法，來表達真正共享的基因數量，他是利用所謂的「近緣係數」（coefficient of relationship）來測量。利用這種方法來解決問題是很有趣的益智遊戲，就像計算賭博機率一樣。譬如說，二等堂表兄弟姊妹或是同父異母姊妹的親姪女間，共享了多少基因？漢彌敦認為這個數值就是親緣關係的程度，是利他行為演化的關鍵所在。這種延伸性的觀念非常符合直覺，例如，你或許願意為親兄弟冒生命危險，但是，對於三等表兄弟，你頂多只願意給點忠告而已。

帶著這些觀點，漢彌敦加入了胡蜂以及其他社會性昆蟲的博物學領域，以計算近親選擇。這時，他充分意識到另外兩件受血緣影響，而且更重要的相關資料。這一次，資料來源是昆蟲學。第一件資料，社會性最強的昆蟲——包括螞蟻、蜜蜂及胡蜂等，分類上都屬於膜翅目昆蟲。唯一的例外是白蟻，屬於等翅目昆蟲。第二件重

要資料為，膜翅目昆蟲擁有很不尋常的性別決定機制，所謂「單倍兩倍性」（haplodiploidy）。在這種機制中，帶有雙套染色體的受精卵，一律發育成雌性，至於僅具單套染色體的未受精卵，則發育為雄性。按照近緣係數（又可稱為「親緣關係概念」，這是他後來命名的），漢彌敦發現，由於這種單倍兩倍性機制的緣故，姊妹彼此間的關係，要比母女間的關係更為親近，也就是擁有更多相同的基因。同時，她們和兄弟間的關係又更為疏遠。單單根據單倍兩倍性這一件事，漢彌敦提出結論：如果社會行為是因天擇而源起於昆蟲界，那麼下列幾點必定為真：

● 膜翅目產生的社會性物種數目，一定遠超過其他目的物種，而後者當中，鮮少出現單倍兩倍性的性別決定機制。

● 這類物種的勞動階級永遠都是雌性。

● 相對的，雄性不工作，極少貢獻勞力，姊妹對牠們也不大照顧。

　　這些推論事實上也都正確，而且除了靠單倍兩倍性為基礎的近親選擇外，再也找不到其他更簡潔的解釋。

親身經歷「典範轉移」

　　我第一次讀漢彌敦的文章，是在 1965 年，由波士頓往邁阿密的火車上。在那幾年期間，我慣於進行這類旅行，因為我答應凱莉，在女兒凱瑟琳讀高中以前，我會盡可能避免搭飛機。

　　我發覺這項限制具有一大優點。就拿邁阿密旅程來說，它讓我一連十八個小時待在私人小房間中，彷彿修道僧受困於自己的誓

言，除了讀書、寫字及思考外，沒什麼別的事可做。我就是在這類旅程中，構思出大半的《島嶼生物地理學理論》。

1965 年的這一天，當火車行經紐哈芬北方某地時，我由公事包中取出漢彌敦的論文，沒耐心的草草翻閱。我急著想弄清楚這篇文章的要點，好接著讀些別的東西，讀些比較熟悉、比較對胃口的東西。這篇文章有些曲折費解，而且裡頭還充滿了困難的數學式子，但是我很快就了解到他對單倍兩倍性以及群居生活的觀點。

我的第一個反應是負面的。「不可能，」我暗想：「這不可能是對的，太過簡單了，他對社會性昆蟲的了解一定很有限。」但是，那天午後不久，當我在紐約賓州車站換乘銀色流星號火車時，漢彌敦的觀點依然不停在我腦海裡繞圈圈。當火車向南方開動，穿越紐澤西州沼澤地時，我又重讀一遍這篇論文，這次仔細得多，一心想找出我深信藏在某處的致命缺失。期間，我曾閉目沉思，企圖找出更具說服力的替代解釋，來說明為何膜翅目中社會生活會盛行，以及為何會出現清一色的雌性勞動者。我的知識當然足夠想出一些什麼來。這類評論工作我早就做過，而且也都很成功。但是，現在我卻什麼都想不出來。

到了晚餐時間，當火車隆隆駛進維吉尼亞州的時候，我變得又氣又惱。不管這個漢彌敦究竟是何方神聖，他都不可能這般俐落的解開高底斯王的難結*。又或者說，其實根本就沒有所謂的高底斯王的難結，不是嗎？我曾經認為，世上可能只存在著偶發的演化，加上美妙的自然史而已。再說，由於我一向把自己想成是社會性昆

---

* 編注：高底斯王的難結（Gordian knot），傳說中沒有繩頭的難解之結，後來亞歷山大大帝以劍劈開而解開此結。此後引申為用非常規的簡單方法，解開難題。

蟲的世界權威，因此我也認為，實在不太可能還有其他人能夠詮釋牠們的起源，尤其又是這般乾淨俐落的一擊中的。

第二天早晨，當我們行經韋克羅斯（Waycross）和傑克遜維爾時，我更加輾轉難安。等到正午過後不久，火車終於抵達邁阿密時，我投降了。我改變了原先的信念，把自己交到漢彌敦的手中。我已經歷了科學史專家所謂的「典範轉移」（paradigm shift）過程。

與漢彌敦並肩作戰

那年秋天，我參加倫敦皇家昆蟲學會（Royal Entomological Society of London）舉辦的會議，受邀發表昆蟲社會行為的演說。我在演講前一天，跑去拜訪漢彌敦。他那時還是研究生，帶有好些1950年代典型英國學者的味道——削瘦、頭髮蓬亂、聲音輕柔，以及由他那低悶、不諳世事的言談中所流露出來的脫俗氣質。我發覺，他有一隻手的末端指節都不見了，那是在二次大戰期間弄傷的。當時他還是小孩，想要在父親設在地下室的實驗室中製造炸彈，他父親是具有爆岩經驗的工程師，為響應英倫保衛戰而研發炸彈，以防德軍進犯。當我們在倫敦街頭漫步，談論許多共同志趣的話題時，他告訴我，他那篇有關近親選擇的博士論文，曾經不受認可。我想，我能了解其中原因。他的指導教授尚未接受這樣的典範轉移過程。

第二天，我把一小時演講時間的三分之一，拿來討論漢彌敦的想法。我預料會有人反對，也很清楚會遇到什麼樣的反詰，因此早就在心裡把這些抗議反應全都預演過一遍。果然不出我所料，聽眾席裡坐著好幾位一流的英國昆蟲學家，包括肯尼迪（J.

S. Kennedy)、理查士（O. W. Richards），以及魏格渥斯（Vincent Wigglesworth）等人。我剛剛講完，他們就開始強烈抨擊那些我知之甚詳的理論。

用事先準備好的簡短解釋來答覆他們的問題，真是一樁樂事。其中有一兩次我不大確定時，就把問題拋給年輕的漢彌敦，當時他也坐在聽眾席中。我們就這樣聯手應付過這一天。

寫一本有關社會性昆蟲綜合知識著作的時機，已經差不多是時候了。我夢想自己能把牠們的分類、解剖構造、生活史、行為，以及社會組織等等，做出晶瑩剔透的總結。我要用一整本插畫精美的篇幅，來頌揚牠們的存在。這種大手筆的工作已有三十五年乏人問津，上一本是由梅鐸（Franz Maidl）所寫的德文晦澀著作《社會性昆蟲的習慣與本能》，因此新著作急需跟進。相關文獻散布在數百種雜誌、書籍中，以十來種語言寫成，而且品質高下相差極大。一百年來，社會性昆蟲研究領域一直呈割據分裂狀態：螞蟻專家鮮少和白蟻專家對話；蜜蜂研究人員活在自己的小象牙塔內；而專研隧蜂亞科及胡蜂的學生則窩在一邊默默耕耘，彷彿在操弄什麼邪門歪道技術般。

我希望能利用昆蟲來做示範，並藉此說明族群生物學的組織力量。關於這些，我相信我的書都已做到。《昆蟲的社會》（*The Insect Societies*）一書於 1971 年出版，傳達了我對社會性昆蟲的視野。此外，我還在書中最後一章，展望未來遠景：

社會生物學的樂觀前景可以簡短總結如下。雖然脊椎動物和昆蟲之間的親緣關係非常遙遠，而且兩者間不論是個體或非個體間的溝通系統也具有本質上的差異，然而，這兩類動物所演化出來的社

會行為，複雜程度卻很近似，而且許多重要細節也頗一致。這件事實傳達了很特別的保證：社會生物學終將會從族群生物學以及行為生物學等學科中，衍生出來，發展為一門獨立、成熟的科學。而這個學門有可能使我們更加了解，那些與人類不同的動物社會行為所具備的獨特性質。

　　接下來我該做什麼呢？起先，我並未打算要把我的研究觸角伸展到社會性昆蟲之外。假使蜜蜂不算在內（在 1975 年代，蜜蜂的研究可以算是以應用為主的學門，如養蜂學），包括魚類、兩棲類、爬蟲類以及哺乳類，參與脊椎動物行為研究的動物學家，少說也有昆蟲行為學者的十倍之多；演化生物學界的主流期刊，明顯偏向大型動物的自然史，而且脊椎動物更是占滿了教科書裡關於動物行為學的案例。想要由昆蟲學領域踏進脊椎動物行為學，似乎有點太困難了。但是，我發覺我錯了。在試探了一陣子，並且和幾位專家談過後，我有了新的發現。脊椎動物　點兒都不困難。

　　少有動物學家志在研究這些動物的整合性社會生物學，起碼他們還沒有強調族群生物學，也沒有像漢彌敦和我以及其他幾人在社會性昆蟲方面的直接和快速進展。當我把探究範圍擴大後，我發覺昆蟲學和脊椎動物學比較起來，在技術方面要困難得多，部分原因在於昆蟲的種類如此眾多（當時已知昆蟲物種數達七十五萬，而脊椎動物僅四萬三千種），另一部分原因則在於，牠們在人類眼中，實在太怪異了——人類這種巨大的直立脊椎動物，只有藉著顯微鏡，才能把昆蟲看個明白。昆蟲學在大學課程表上，很少受到注意，而且也少有學生會選擇牠們做為終生研究志業。再說，進階的昆蟲社會比起人類以外的脊椎動物社會，都更為複雜，也更為多

變。因此，我的推論是：昆蟲學家去研究脊椎動物，應該會比脊椎動物學家去研究昆蟲來得容易。

　　再一次的，我又染上了野心的癮頭。我告訴自己，往前走，全力以赴，把族群生物學各學門裡的社會生物學「全部」組織起來。我知道，這下子，我又給自己添了許多苦工。撰寫《昆蟲的社會》僅僅耗去十八個月的時間。如果再加上我在哈佛的教學工作以及未曾中斷的螞蟻生物學研究，寫作使得我的每週工作量超過八十小時。現在，我又再度投下兩年時間，從 1972 年到 1974 年，完成另一本同樣自找苦吃，但也更為重大的新書《社會生物學：新綜合理論》（*Sociobiology: The New Synthesis*）。既然已經知道自己的長處何在，因此，我在兩條科學成功路途間，選擇了第二條。這兩條路途分別是：天分十足的重大突破，以及發揮推進功用的綜合研究。

　　事實上，撰寫這兩部綜合理論著作的那幾年，稱得上是我一生

中最快樂的時光。1969年，史羅包德金邀我和他一同前往麻州的伍茲霍爾，參加當地海洋生物實驗室所舉辦的生態學暑期課程。6月底，凱莉、凱瑟琳和我一同來到這座位在海岸邊的小村莊，住進海岸生物實驗室位於小巷內的小屋。不到兩公里外，在一條鄉村羊腸小徑的盡頭，可以看見坐落在諾布斯卡岬（Nobska Point）上的壯觀燈塔。越過燈塔所在的小港（Little Harbor），更遠處，橫過帆船點點的海灣，就到了度假聖地瑪莎葡萄園島。

凱瑟琳那時的年齡剛剛可以進幼稚園，她在當地結識了一大幫其他教職員的小孩。同時，她還會和我一起花上好幾個小時，來觀察蝴蝶、鳥類，以及我們小屋後面沼澤地裡的一窩麝香鼠。傍晚時分，我們一家三口會駕車往南探險，直達鱈魚角。午餐後，如果沒有課，我常會翻過奎塞特丘（Quissitt Hills），沿著海岸公路長跑到法爾茅斯。其餘閒暇時間，我全用來寫作、閱讀、再寫作。接下來的十八個暑假，我們全家年年重返伍茲霍爾，直到凱瑟琳念完大學。那是很協調的生活方式，令人深深滿意。

在準備撰寫《社會生物學》中的脊椎動物單元時，我還額外得到許多極佳的協助，我常常覺得那純粹是因為走運的關係。參考書目中最重要的部分，以及手稿編輯工作，都出於荷敦（Kathleen Horton）之手。荷敦於1965年加入我的研究行列，而且練就一身與社會生物學各個艱辛、神祕領域相關的高段專才。大約三十年後，她依然在寬廣的各個生物學門間，扮演這種關鍵角色。

另外，當我開始我的大部頭書籍時，當時（現在也是）美國最佳野外生態插畫家之一的蘭茱莉（Sarah Landry），竟然很神奇的能在她繪畫生涯的早期與我們合作。她把表現各種不同行為的動物畫在一起，藉以描繪動物社會，這種效果是單張照片永遠沒法呈現出

來的。基於一股追求準確的熱情,她付出的努力,遠超過一般動物行為學書籍所需要的程度。她不僅親自跑到動物園和水族館中,臨摹人工圈養的動物,同時還前往植物標本館,詳細觀察在動物棲息地出現的植物種類,以及枝葉花莖的細節。對於蘭茉莉來說,準確畫出大猩猩嘴裡吃的植物,就和準確畫出大猩猩本身同等重要。

至於我原本對脊椎動物學家所懷有的不安感,也在我發覺他們比較把我當成盟友,而非在智識上侵門踏戶的人後,就平息下來了。我傾全力貢獻(確實是如此),扮演編年史學者以及善意批評者的角色。事實上,所有我接觸過的人,都鼓勵我繼續前進。許多人還提供我一些書籍、文章以及文獻中的評價等。

乘火箭似的科學對談

1974 年是許多社會生物學理論有可能組合起來的最早年代之一。許多重要物種,如叢鴉以及鞭尾袋鼠的研究,都已進入最後階段。各項嶄新的理論元素不斷倒進來。其中一項注定會最具影響力的新理論概念,則為父母與子女相衝突的天擇,這是由哈佛大學的崔弗斯(Robert Trivers)率先提出的。

和漢彌敦一樣,崔弗斯是在研究生時期就想出了這個重點概念;那時我才剛剛結束他的博士論文審查工作。崔弗斯患有躁鬱症(現已痊癒),這種病既令他受苦,同時卻也為他帶來一些好處。當他情緒高亢時,他的表現可真是燦爛奪目;但是情緒一低落,就變得很嚇人。我們只有在他情緒高昂時才會接觸,他會直接推開我辦公室的門,一屁股坐下,完全不顧哈佛凡事預約的傳統。這時的我,感覺上彷彿得立刻繫緊安全帶,準備隨時進行快速的火箭旅

程，前往某個不知名的目的地。接下來，潮水般的點子、新知以及挑戰，夾雜在嘲諷和歡笑中，泉湧而出。

　　崔弗斯和我老是笑個不停，而我們也總是不可遏抑的由概念談到閒話，由閒話轉為笑話，然後再回到概念上。我們的科學是靠狂喜來推進的。在這些談話中，我個人的樂趣混合了精神方面的冒險感受，就好像在測試一種能夠變換心情但可能也有危險的藥物。我沒法只是坐在那兒傾聽崔弗斯一個人唱獨角戲，讓他的心靈產物把我淹沒。我天生就喜歡和他人抬槓，以事實對事實，以觀念對觀念，從不放棄。這也是為何我一碰到葛爾曼（Murray Gell-Mann）和溫伯格（Steven Weinberg）這兩名老友，必會耗得筋疲力盡，因為這兩位諾貝爾物理獎得主都是頗為自我中心、自信心超強，而且據說連腦力都足以角逐「世界第一聰明人」的頭銜。總之，只要和崔弗斯相處兩三個小時，就能讓我疲累一整天。

崔弗斯的理論

　　1971 年到 1974 年這四個光燦的年頭裡，崔弗斯為社會生物學理論闢出嶄新道路。他提出互惠利他主義（reciprocal altruism）的模型，在這個模型中，人類以及其他較聰明的動物所參與的遊戲規則，會超越以近親選擇為基礎的自我犧牲行為。這無疑是崔弗斯最重要的學術成就：家庭的理論，尤其是鞏固基底的親子衝突模型，為今日行為生物學領域內其他相關主題的紮實研究，打下良好的基礎。他指出，育幼的演化過程中，所遭受的選擇壓力是不同的，而且有時候在父母這方和在子女那方是相衝突的。

　　這些壓力隨著年幼動物的成長而變換方向及強度，因此，它們

比一般所謂的適應不良或壓力等近因，更能貼切解釋家庭中小孩的叛逆以及家庭的緊張氣氛。最起碼，崔弗斯提供了看起來很合理的論調，可用來解釋衝突的遠因，即使沒有日復一日的壓力來引發衝突，衝突的源頭仍始終存在。

　　最後，終於在漢彌敦學說中找出瑕疵的人，還是崔弗斯。接著，他動手修飾這個理論，結果甚至更加增添了近親選擇的可信度。他找出的瑕疵如下：營社會生活的膜翅目昆蟲，如螞蟻、蜜蜂及胡蜂等，一旦為新世代幼蟲養育出數目相等的雄性與女王，那麼這群姊妹就不能（這點與漢彌敦看法相反）從相互極度自我犧牲的行為中獲利。由於單倍兩倍性的關係，這群姊妹彼此的基因有四分之三是相同的，而她們和兄弟之間僅有四分之一的基因相同，這種情況和一般性別決定機制的動物不同。在後者，同性及異性手足間相同的基因都是二分之一。

　　膜翅目昆蟲這種不均衡的表現，似乎特別有利於雌性為主的聚落形成：工蟻如果養育姊妹而非女兒，她們體內的基因將有更大一部分能延續到下一世代。不過，崔弗斯也注意到，如果具單倍兩倍性的螞蟻、蜜蜂及胡蜂，養育了相同數目的兄弟與姊妹，則她們和這窩幼蟲的親緣關係會變成二分之一，抵消了原本明顯的利益。這個結論可以下列數學式推得：

1/2（有二分之一是姊妹）× 3/4（和姊妹共享的基因）
＋1/2（有二分之一是兄弟）× 1/4（和兄弟共享的基因）＝1/2

　　和兄弟姊妹共享的基因，平均為二分之一，這樣的代價無異於那些不具單倍兩倍性的動物生兒育女的結果。因此，只有在工蟻為

王室養育較高比例的姊妹時，她們才能藉由單倍兩倍性的方式，獲取更大的利他行為報酬。對於膜翅目昆蟲來說，可能達到的最佳血親程度為 5/8，這可以藉由投資 3/4 資源在姊妹身上來達成：

3/4（有四分之三是姊妹）× 3/4（和姊妹相同的基因）
+ 1/4（有四分之一是兄弟）× 1/4（和兄弟相同的基因）= 5/8

在其他條件都相同的前提下，八分之五當然勝過二分之一，有助於族群的生存。後續研究顯示，這個數值果真很接近螞蟻的飼育比例。不知怎麼的，工蟻竟能遵守兩個動物學家腦袋裡對近親選擇的預估值。

人，怎能自外

我希望《社會生物學》能做為這類理論的網路，像是一本隨身攜帶的手冊，絕對不要弄得像是百科全書。我把所有和「社會性」沾得上邊的動物全都網羅進來，從群居的細菌和阿米巴原蟲，到成群結隊的猴子及其他靈長類動物。我認出四類社會演化登峰造極的動物，這些動物的群居社會最先獨立演化出來；接著，組織變得更複雜；最後，則擁有和其他動物截然不同的遺傳結構以及組織形態。這四類代表性動物分別為——第一類：珊瑚和管水母及其他無脊椎動物；第二類：社會性昆蟲；第三類：社會性脊椎動物（尤其是人科靈長類以及其他舊大陸的靈長類）；最後一類則是人，沒錯，「人」。

我在 1975 年使用的就是這個字眼，在它變成令人難以接受的

沙文主義者，而且仍代表廣大的人性之前，這個字眼依舊和諸如日、月、地等單字，相互共鳴。

或許，我在寫《社會生物學》的時候，應該在寫到黑猩猩的地方時就此打住。許多生物學家都希望我真的是那麼做。好幾位評論者甚至說，如果我沒有添上最後一章有關人類的章節，《社會生物學》將會是一本偉大的著作。法國人類學家李維史陀（Claude Lévi-Strauss）把這本書評為百分之九十正確，這是他的友人史學家拉都瑞（Emmanuel Ladurie）事後告訴我的。我猜他的意思是，直到黑猩猩都沒問題，但是在那之後全都免談。

但是，我依然毫不猶豫的把智人（*Homo sapiens*）收錄進來，因為要是不這麼做的話，勢必會遺漏生物學裡一塊重要的部分。從另一個角度來看，我相信，生物學終有一天會成為社會科學的部分基礎。我看不出十九世紀的學門階層概念有何不妥，在這個階層概念中，化學遵從物理法則，但不完全涵蓋於物理學中，生物學則以同樣的方式與化學及物理學連結，而最後，也將會有一道類似的關連，存在於社會科學及生物學之間。畢竟，人類也是一種生物。

歷史並非發源於一萬年前土耳其及約旦的小村莊中，它橫跨了為時二百萬年的人屬演化史。深層歷史（這裡我指的是生物的歷史），使得我們成為今日這副模樣，它的威力絕不遜於文化。我們的基本解剖構造、生理狀態，以及許許多多基本的社會行為，都和活躍在舊大陸的非人類靈長動物相通。即使是我們獨有的特徵，例如善於操作工具、能與其他手指對握的拇指，以及快速學習語言的能力，都能找到遺傳上的緣由，而且也都能據此推測出由天擇驅動的演化史。在《社會生物學》最後一章的開頭，我覺得很適合來一段比較煽情的開場白：

　　現在，且讓我們以自然史的自由精神來思考人類，假裝我們是來自外太空的動物學家，要來完成地球的社會性動物目錄。從這個巨觀的角度來看，人文學科以及社會科學將縮小為生物學裡特化的分支；歷史、傳記及小說，則是人類行為學的研究報告；至於人類學和社會學加起來，也只不過構成單一種靈長類動物的社會生物學而已。

第17章

社會生物學大論戰

　　自從《社會生物學》於 1975 年夏天出版後，大量評論隨之而來，毀譽參半。由於生物學家一向和「人類」沒有太多瓜葛，因此，他們幾乎一致給與此書好評。其中包括當時生物學界的資深元老，美國醫學教授兼科學作家湯瑪士（Lewis Thomas）以及英國胚胎學家威丁頓（C. H. Waddington）。和社會生物學關係最密切的研究人員，尤其熱烈支持，而且他們支持的態度隨著時間而愈來愈熱烈。

　　1989 年，國際學術團體「動物行為學會」（Animal Behavior Society）成員票選《社會生物學》為有史以來最重要的動物行為學專書，評價甚至超過了達爾文於 1872 年所出版的經典著作《人類與動物的情感表達》（*The Expression of the Emotions in Man and Animals*）。

兩極回響聲浪

　　研究路線傾向生物學的社會學家，也持欣賞的態度。其中包括查格農（Napoleon Chagnon），他是專研巴西及委內瑞拉「蠻人」——雅諾馬米人的民族誌學者；以及社會學家馮德博格（Pierre van der Berghe）和薛佛（Joseph Shepher），他們原本就在為亂倫禁忌、婚姻制度，以及其他重要的人類行為尋求生物學方面的解釋。1970年諾貝爾經濟獎得主薩孟遜（Paul Samuelson），曾經在《新聞週刊》專欄中讚譽這條研究途徑，但是他也說，他知道這個主題無論在知識以及學說上，都會是「危險的水雷區」。

　　薩孟遜說得沒錯。很快的，社會科學家中就掀起了一陣反對浪潮。文化人類學家沙林斯（Marshall Sahlins）在他 1976 年的著作《生物學的應用與濫用》（The Use and Abuse of Biology）中，企圖奮力將人類行為由社會生物學的守則裡搶救出來。那年 11 月，美國人類學會於華盛頓召開年會，會中考慮要公開譴責社會生物學，同時還要停止早先已計劃召開的兩場相關主題學術研討會。提案人的論點大半是以道德及政治為考量。正當大夥熱烈辯論之際，資深人類學家米德（Margaret Mead）憤怒的站起身，手上握著一根大枴杖，挺身挑戰「為某個理論定罪」的想法。她把這項提議貶為「焚書提案」，這麼一來，該提議終於沒有通過，但也算不上全面失敗。

　　由於這類事件被廣為宣傳，有些新聞記者還把這類衝突喚作1970 年代的學術論戰，因此免不了誇大了反對的程度。事實上，正式的文獻多半站在人類社會生物學這邊。

　　自 1975 年以後近二十年，討論人類社會生物學及相關主題的書籍超過兩百冊。其中，態度偏向贊同的書及偏向反對的書，比率

為二十比一。社會生物學的基本概念如今已延伸（批評者可能寧願用「蔓延」這個字眼）到諸如精神病學、美學以及法律理論等領域中。1970 年代末，甚至出現四種新創期刊，以容納日益增加的研究報告及迴響。

　　大部分的爭辯其實都有可能避免，不論爭辯有多激烈；對於這些，我必須負起責任。我把《社會生物學》寫成彷彿兩本不同的書，然後裝訂成一本。前面二十六章占全書篇幅 94%，以百科全書的視野掃描各種社會性動物，援引的資料結構都是按照演化理論的原理。第二部分，也就是第二十七章所占的二十九頁，章名為〈人：由社會生物學到社會學〉，其中大部分的內容，都是以生物學為根基的人類行為假說，所詮釋的社會科學事實。這本書的前後兩部在內容及論調上的差異，造成社會大眾對社會生物學出現雙重接受的態度。第一種社會生物學正如同我所企圖描述的，是一個學門，能有系統的研究社會行為以及先進社會的生物學基礎。第二種則是沙林斯及部分美國人類學會成員所認定的邪惡雙胞胎兄弟，是主張社會行為由基因決定的科學意識型態主義。

　　本書第二部分所引起的反對，主要是衝著「基因決定論」而來，這正是社會科學界的憂慮所在。因此，在此我必須再度說明，為何我的論點會被冠上基因決定論的帽子。我的理論推演過程如下：人類遺傳了某種發展行為及社會結構的傾向，而且共有這種傾向的人數很多，於是這種傾向就可稱為「人性」。符合這項定義的特性包括兩性分工、親子關係、對近親的高度利他行為、亂倫禁忌和其他各種道德行為、對陌生人的懷疑、部落主義、團體間的統治位階、雄性優勢地位，以及爭奪有限資源的領土鬥性。雖說人類擁有自由意志和諸多方向的選擇權，但是我們在心理發展方面的管

道，卻依然受基因影響（不論我們多麼希望事實不是如此），而受基因方面影響的深度，總是超過其他方面。因此，儘管文化天差地遠，人類總是同樣表現出前述特徵。紐約曼哈頓的居民和新幾內亞高原的居民之間，雖然在歷史文化上已分家五萬年，但依然可以了解對方，基本原因就在於他們由共同祖先那兒承繼來的基因中，蘊含了共通的人性。

我在《社會生物學》這本書中強調的是人性的共通之處，而非文化的差異所在。就這個層面而言，我所說的其實根本算不上是創新言論；近幾十年來，早已有許多學者提出類似論文。就以達爾文來說（演化生物學裡所有重要的理論，他幾乎全都有份），他就曾經很謹慎的提出鬥性以及智能方面的遺傳變化理論。但是，在我之前，從來沒有任何科學家能夠以族群生物學的推論，如此合理的解釋天擇下的人類行為演化。我指出，最重要的是人類的基因組，因為它會在人類演化過程中，強化生存及繁殖的能力。就某方面而言，腦部、感官以及內分泌系統，會促使個人選擇自己所偏好的社會行為特徵。

為了要把族群遺傳學模式，當成更有效率的基本分析方法來使用，我推測人類的基因組中，可能存有某些能影響鬥性、利他行為以及其他行為的單一、尚未發現的基因。我當然非常明白，這類特性通常是由散布在多條染色體上的許多基因一同調控的，而且在個人及社會的表現差異上，環境因素也扮演了很重要的角色。然而，不論基因調控的真正特質為何，我主張最重要的是，遺傳和環境兩者能交互作用，創造出一股導向固定途徑的引力。這股引力把來自各個社會的人齊聚起來，送進我們定義為「人性」的狹窄統計範圍內。

「人性」超越遺傳？

我這種論調在 1970 年代，算是非常強烈的「遺傳論者」（hereditarian）論調。它助長了長久存在的「先天—後天」（nature-nurture）論戰再度死灰復燃，當時後天派原本已高奏凱歌，而社會科學也開始奠基在這場勝利上。但是，即使某些已成氣候的學者摒棄了社會生物學，我還是希望包括族群遺傳學模型在內的演化生物學，能夠吸引年輕一代社會科學研究人員的興趣，然後，他們或許會把自己的研究領域和自然科學連在一起。

這個願望真是天真得可以。大多數社會理論學家所偏愛的社會文化觀都認為「人性完全建築於經驗之上」，而且這個想法，不只是準備接受測試的假說，在 1970 年代，它根本就是根深柢固的哲學思想。美國學者尤其喜愛這種「人類行為是由環境決定，因此幾乎具備無限彈性」的想法。

回溯人類演化過程，如果基因的確曾在某段時期失去主控力，而且假使人腦只不過是像一部萬用電腦，那麼，生物學就不能在社會科學裡扮演有影響力的角色了。於是，真正的社會學內容將會因文化而異，而文化也會被解釋為環境的產物。然後，文化人類學應該專注於研究他們所認為的怪異社會，也就是研究那些受西方外來文化（包括生物學內容在內）影響最小的社會中的內部細節。這其中同樣藏有重大的政治含義。假使人性主要是後天學習得來，而沒有什麼重要部分是來自遺傳的，那麼我們應該像充滿信心的文化相對論者一樣，輕易的得出同樣結論：不同的文化在道德上必定是等量齊觀的。也因此，在道德觀感以及意識型態上的文化差異，都值得尊重，因為所謂的良善與真理，大多是依照權力而非行為本身的

正當性來決定。受壓迫民族的文化尤其更有價值，因為文化衝突史一向出自勝利者之手。

而人性具有遺傳基礎的假說，將會使得上述推論出現疑點。因此，許多批評者認為，這項來自自然科學的挑戰，不只是智能上的疏漏，甚至也是道德上的錯誤。他們指出，假使人性根植於遺傳，那麼某些社會行為很可能會變得難以駕馭，或者至少會由掌權的菁英階級宣稱為難以駕馭。於是，部落制度和性別歧視都有可能判定為無法避免，而且階級差異和戰爭也將成為某種形式的「本性」。而這些只不過是開端而已。由於人們無疑的會具有一些遺傳來的生理特徵差異，因此他們也有可能具有無法改變的能力及情感。有些人可能是天生的數學天才，有些人則生性傾向犯罪行為。

歐美態度截然不同

在 1970 年代，社會大眾中的許多人都相信，遺傳傾向的說法多少有些真確。但是，任何人要是膽敢在大專院校裡頭推廣這種思想，可要冒著冠上種族歧視和性別歧視等重大罪名的危險。相反的，那些勇於攻擊遺傳論者的人，則獲尊為真理和道德的守衛者，備受讚揚。

心理生物學家賴維（Jerre Levy）曾模仿這種「政治正確」的公式打趣說道：「即使缺乏足以支持的證據，社會文化假說依然得視為真確，除非能完完全全證明它是錯誤的。相反的，生物學假說得視為錯誤，除非它的支持證據完完全全無懈可擊。」

因此，不難理解，處在一個對內部分歧過於敏感的社會中，美國學者有多麼害怕「社會生物學」這個字眼。當美國的研究人員

於 1989 年成立了有關人類社會生物學的學會時，他們將之命名為
「人類行為暨演化學會」，而且在爾後召開的年會中，也鮮少用到
「社會生物學」這個字眼。

　　歐洲人就沒有這麼具戒心了。有一幫研究人員組成「歐洲社
會生物學學會」，總部設在阿姆斯特丹。另外，也有人在劍橋大學
國王學院成立「社會生物學小組」；第三個團體則在北巴黎大學
（Université of Paris Nord）創立「動物行為學暨社會生物學實驗室」。

　　在中國大陸、蘇聯以及其他社會主義國家，「社會生物學」這
個字眼以及它背後所代表的思想觀念，人們都可自由運用，而贊成
和反對的文章，也散見於各種不同的期刊當中。

　　《社會生物學》這本書之所以會惡名昭彰，主要在於它的混合
特性。假如書中前後兩個部分分開印行的話，社會生物學的核心理
論將會獲得動物行為學以及生態學界專家充分接納，至於有關人類
行為的著作，則可能僅僅遭到摒棄或忽略而已。然而，把它們寫在
同一本書當中，整體分量會超過兩者的總和。討論人類的章節，會
因厚實的動物學文獻而增添可信度；至於生物學部分，則由於人類
的寓意而加深其中蘊含的意義。這樣的聯結創造出令許多人都深感
不快的邏輯三段論法：社會生物學是生物學的一部分；生物學是有
憑有據的；因此，人類社會生物學也是有憑有據的。

　　某些批評者認定，我一定抱有某種政治動機，據他們猜想，有
關動物篇章的主要目的，就在於為人類篇章增添可信度。事實剛好
相反。我對意識型態一點兒都不感興趣。我的目的在於頌揚演化生
物學裡的多樣性，在於展示演化生物學裡的智慧力量。身為社會性
動物的百科全書編者，我自覺負有額外的義務，該把人類也納入其
中。當我這麼做的時候，我發現這樣難得的機會，可以讓有關動物

的章節，因為和人類行為具相關性，因而更增添智識上的分量。在某些觀點上，我又把關係倒轉過來，我開始相信，演化生物學應該能充作社會科學的基礎。

因此，我的人類社會生物學概念，並非源自意圖宏大、聯合自然與社會科學的的孔德構想（Comtean scheme）。我只不過是延伸我感興趣的主題，由螞蟻推展到社會性昆蟲，再推展到脊椎動物以及人類。我相信生物學與社會科學融合的時機已經成熟，因此，我採用了很強烈、很煽情的語言來揭開序幕。《社會生物學》的最後一章即是催化劑，預備滴進早已置備好，而且即將融合的試劑中。

「自由派聖地」不自由

不過接下來，每件事都失控了。

在我原先的算計中，並沒料到在哈佛大學也會出現如此激烈的反應。在麥卡錫時代，哈佛曾經因多名學者遭控訴為共產黨員，而成為著名（假使不能算是完美）的聖地。這裡獲公認為應該是能容許人們文明的交換意見，不受政治意識型態牴毀的學術討論園地。然而，裡頭充滿了左傾意識型態份子的事實，使得這項崇高的目的受到威脅。

《社會生物學》出版之後沒多久，十五名來自波士頓地區的科學家、教師及學生組成了「社會生物學研討小組」。很快的，這個團體又與「人民的科學團體」相串聯。該團體創始於 1960 年代，由激進份子組成的全國性組織，目的在揭發科學家以及技術人員的失當行為，其中也包括政治方面的危險思想；社會生物學研討小組，則由哈佛大學的馬克思主義者以及新左翼學者所把持。其中兩

位最著名的成員古爾德（Stephen Jay Gould）和路翁亭，正是我在比較動物學博物館裡的親密同事。另外三人是貝克威思（Jonathan Beckwith）、哈伯德（Ruth Hubbard）以及雷文斯，他們則在哈佛大學的其他系所任教。

雖然社會生物學研討小組的非正式總部，就設在路翁亭的辦公室裡，也就是我辦公室的正下方，我卻完全不知道它的商議內容。開了三個月的會議後，該小組達成了他們早已預設好的判決。在 1976 年 11 月 13 日出刊的《紐約時報書評》（*New York Review of Books*）上，這些成員寫了一封公開信宣稱，人類社會生物學不僅缺乏足夠的證據來支持，同時還具有政治上的危險性。

他們寫道：「所有企圖要為社會行為建立生物學基礎的假說，都是想要為現存因階級、種族及性別而獲得特權的份子，尋求遺傳上的正當性。縱觀歷史，有權有勢的國家或是統治階級，總是能把科學社群裡的這類產出，做為繼續維持或進一步擴張權力的支持……美國於 1910 至 1930 年代頒布的禁止生育法和限制移民法，以及導致納粹德國建立毒氣室的優生法案，全都是由（這類）理論提供了重要的基礎。」

我是在 11 月 3 日的《紐約時報書評》上了報攤後，才看到這封公開信。哈佛大學出版社的一位編輯打電話給我，說這封公開信正快速流傳，恐怕會引起騷動。因為，一群科學家如此公開宣布，某位同事犯下技術上的錯誤，本身就已經是夠嚴重的事了。而且，還在 1970 年代火藥味十足的學術圈中，把當事人扯上種族優生主義以及納粹政策，情況可說是火上加油。再加上社會生物學研討小組自稱站在道德立場上，因此更加暗示他們高高在上，不容挑戰的地位。

　　而且，這封信的目的，與其說是在校正可能存在的技術性錯誤，不如說是想要毀滅一個人的信譽。

　　在哈佛大學這個自由和睦的圈圈裡，保守的教授就好比修道院裡的無神論者般，默默不語。時間一週週過去，冬雪開始飄落，我由哈佛教授群中得到的支持少之又少。

　　有幾位朋友在接受採訪及電台辯論節目中，公開反對「人民的科學」這個團體的論點。這其中包括麥爾、戴威斯（Bernard Davis）、米契爾（Ralph Mitchell）以及我的密友及合作夥伴霍德伯勒。但是，絕大部分的時候，我得到的只是沉默，即使是在哈佛校園內部辯論演變為全國性新聞時也是一樣。經過多次私人交談後，現在我明白，我那群哈佛大學的自然科學同僚當中，大部分人當時就已經贊同我以生物學方法來研究人類行為，但是，他們卻被「人民的科學」這個研究小組的動機和政治目的給弄糊塗了。他們可能也會想到古諺所謂「無風不起浪」。所以，他們選擇專心工作，保持距離，以策安全。

自我肯定，重新出發

　　我本來就有些弱點可以攻擊。原本期望某些社會科學家能以紮實的立論根據，對我發動正面攻擊，誰知卻反而是遭到政治炮火的側邊襲擊。有些觀察家對於「威爾森竟然如此驚訝」而深感吃驚。資深的英國演化生物學家、前馬克斯主義者梅納史密斯（John Maynard Smith）曾說，他本人並不喜歡《社會生物學》的最後一章，而且說道：「在我看來，非常明顯，我實在無法相信威爾森本人竟然會不知道，它絕對會引發美國以及其他任何地區的馬克斯主

義者強烈反感。」然而，事實正是如此。我之所以還沒做好心理準備，可能是因為（如同梅納史密斯更進一步的觀察結果）我是美國人，而非歐洲人。在 1975 年的時候，我可以說是個政治白痴。我對於馬克斯主義以及其他的政治信仰或是分析方法，幾乎一無所知；我很少留意左傾激進份子的動態，而且我也從未聽聞過「人民的科學」這個團體。就歐洲標準或是紐約—劍橋的標準而言，我甚至算不上是個知識份子。

由於我向來對社會生物學研討小組成員中，那群平日都認識的同事非常尊敬，使得我起初也忍不住懷疑起自己來。我把社會生物學這個主題扯入人類行為，是否犯了推理上的致命大錯？社會生物學研討小組的激憤反應，和我系上那些沉默無語，甚至在走廊閒聊中都未能給我幾句加油打氣的生物學同僚，形成令人驚駭的強烈對比。另外，批評得最賣力的路翁亭，那時剛好正擔任生物系主任，更是絲毫沒有給我任何道義上的幫助。當時我想到，我正面臨被貶為賤民的危機——被認為是差勁的科學家，以及社會上人人喊打的過街老鼠。

接著，我又把自己所使用的證據和邏輯重新思考了一遍。我的說法在科學上完全站得住腳，我遭到的攻擊完全是政治上的，而非來自有憑有據的科學。但是社會生物學研討小組對於這個主題的本身，一點興趣都沒有；他們有興趣的只在於懷疑它，顯然對其真正的內涵所知極少。

當我定下心來思考這些細節時，我的怒氣取代了焦慮。我提筆寫了一封憤慨的反駁信投到《紐約時報書評》。數週後，胸中怒火漸漸熄滅，我又重拾昔日信心，之後，則新生出一股野心。戰場上有敵人，一個很重要的敵人；而且，還有嶄新的主題——對我來

說，它代表了「機會」。

我開始研究馬克思主義的基本原理，我雖然是大外行，但傑出的社會學家貝爾（Daniel Bell）和一流馬克思主義哲學家吉諾維斯（Eugene Genovese），都對我鼓勵有加。他們兩人都對社會生物學沒有什麼興趣，但是他們甚至比我更憎惡「人民的科學」這個組織的攻擊戰術。於是，我的閱讀範圍又擴展到社會科學及人文學科，且因此而愛上了科學史及科學哲學。

距離社會生物學研討小組發表那封公開信兩年後，我寫成了《論人性》，這本書贏得 1979 年一般非小說類的普立茲獎（眾所週知，這是文學獎，而非科學上的認同）。第二年，我開始全力準備完成一套更強而有力的理論，來解釋生物演化與文化演化之間的互動。

我漸漸明白，社會生物學的辯論已超過一般的學術論戰。「人民的科學」成員對於這個主題，擁有和我不同的議程。他們並未將科學視為一門獨立客觀的知識，而是把它當成是文化的一部分，是與政治史以及階級鬥爭妥協後的社會過程。

令人珍惜的敵手

我相信，路翁亭最能具體代表這群人的奮戰精神。後來他的鋒頭被另一位科學及文學界名人古爾德搶了過去，但是在 1975 年，這兩人的名氣不相上下，而且政治立場也大致相同。古爾德也和路翁亭一樣，以馬克思主義者的角度來研究演化生物學，而且此後古爾德不斷的在《自然史》雜誌的專欄以及其他地方刊出的短文中，發動連珠炮似的批評。但是，最深入、且全面探究人類社會生物學

所牽連每一個層面的批評者，卻是路翁亭；而《紐約時報書評》公開信的主要作者也正是他。從那以後，他發表了最多場反對社會生物學的演講，把他在遺傳學以及科學哲學上的廣博知識，全抬出來搬弄。他投下最多時間來遊說可能改變立場的人，此外，他時時保持高度的警覺。假使社會生物學的論點中出現了真正的缺失，必定會被他逮個正著，四處去宣揚。

要是沒有路翁亭，這場論戰不會變得這般緊張，或者該說不會吸引如此廣泛的注意。事後回味，當時間沖淡了激情的部分，只留下紮實的智慧核心時，他就是那種最令人珍惜的敵手。聰敏、熱情、而且個性複雜，路翁亭是標準的舞台劇反叛角色人選。他擁有一股非常矛盾的氣質，使得他周遭的友人和敵手難以保持平衡。路翁亭外表態度很親密，內在卻很私密；經常流露出好鬥、好發號施令的脾氣，但同時卻又極為敏感，亟欲擺出謙和姿態以取悅聽者；會要脅人，但一遇到強烈的反應後，又輕易的退縮回去，露出一陣短暫的憤怒迷惑，使得人幾乎想要去安慰他。麥克亞瑟曾經告訴我（那時我們三人都還年輕），路翁亭是唯一會令他緊張得冒汗的人。

典型的 1970 年代活躍份子

參加委員會議時，路翁亭從來不害羞，總是坐在最靠近主席或是會議桌中心的地方，發言頻率之高，超過所有與會者，任何一件提案都逃不過他的質詢和意見。他是那種你在學校念書時，肯定遇見過的小神童，總是第一個舉手答題、第一個上黑板解答代數習題。

少年時的神情依然保存在中年的他身上，圓圓的臉、輕鬆的笑

容、機靈的眼神、一篷不馴的黑髮，以及一件不打領帶、永遠是藍色的襯衫，朋友打趣說，那是為了昭告世人他永遠和勞工階級站在一起。新聞記者形容他的長相「好似貓頭鷹般」，但那只不過是輪廓長得像而已。事實上，現實生活中的路翁亭太過緊張，也太過活躍，十分不符合這種夜禽動物的慵懶形象。

路翁亭能夠快速的由某個角色轉換到另一個角色，先是思想深沉、謹慎的領袖，然後是哲學思維奔騰的演講者，彼時忽然又成為愛開玩笑的伴兒，有時候，則是莽撞憤怒的激進份子。當他想強調某個論點時，他會把雙手舉到頭上，手指張開，等他的聲音拉平，開始闡述他的論調後，再把雙手放回桌面，掌心向下。起先兩手並排擺著，然後再輕輕分開，流露出沉思的氣氛，然後，兩手很快的又舉到與胸齊高，而且一隻手繞著另一隻手快速轉動，話題變得愈來愈複雜，而聽者也不得不全神貫注。他說話時一向採用完整的句型和詞彙。他的話語偶爾會稍微變緩一下，有時甚至有滑唱連音，來強調關鍵詞，而緊接著的，就是總結。當他說話時，他會和一定距離內的每位聽者交換眼神，拋出燦然笑容，選擇能顯出自信的詞句，顯露出他對演說技巧的重視，一如內容。

在 1960 年代及 1970 年代的學術團體中，路翁亭的個人自信和獨特風格令他非常搶眼。那個年代裡，學生一方面嚷嚷著要求獨立自主，同時卻又萬分渴望尋得領導者。路翁亭在哈佛及校外的講課，都非常受學生歡迎。他那些諷刺當權派的話語，伴隨著獨角喜劇演員的絢麗，實在令人絕倒──即使你恰好是他諷刺的對象。這些話語總會引來滿堂哄笑。學生都知道，他是科學家，同時也是一位思想家，來自深沉的革命源頭。新聞記者對他也同樣印象深刻，他們通常稱他為「才華洋溢的族群遺傳學家」。路翁亭是來自艱澀

科學殿堂，提倡社會變革的知識份子。

　　路翁亭在科學研究上的資歷好得沒話說，他的遺傳學研究水準更是一流。1960 年代中期，當路翁亭還在芝加哥大學時，就已經和哈比（J. L. Hubby）合作，成為最早利用電泳技術來分離相似蛋白質，並測出族群內基因多樣性的學者。他們這套技術立刻成為標準技術，為演化生物學開創出定量研究的新紀元。此外，他也是最先利用電腦來研究機率在微演化中扮演角色的人之一。根據同樣的專業基礎，他藉由把「人口統計演化」和「人口成長率變遷」連結在一起，探索介於遺傳學和生態學間更寬廣的領域。

　　早在三十九歲，路翁亭還非常年輕的時候，就獲選為美國國家科學院院士，這是美國科學界的最高榮譽。然後，他天性中逆叛的一面浮現出來。1971 年，一番疾言厲色後，他辭去院士職務，以抗議美國國家科學院贊助國防部的祕密研究計畫。美國國家科學院成立一百三十年來，共選出數千名院士，而他是僅有的十二名辭職者（不論基於何種原因）之一。他躋身於一群十分顯赫的同伴當中，包括數學家皮爾斯（Benjamin Peirce）、哲學家詹姆士（William James），以及物理學家費曼（Richard Feynman）。

邀請來哈佛

　　在 1972 年早春的哈佛委員會議上，身為委員之一的我，提議生物系聘用路翁亭擔任正教授。當時，他公認是全世界同輩的人之中，最傑出的族群遺傳學家。一般情況下，任命案很快就會接受、通過，然後傳到院長及校長手中。但是，這一次情況卻不如往常。路翁亭在當時不只是傑出的科學家，他同時也已經成為政治活躍份

子，經常攻擊其他科學家。在 1970 年美國科學促進協會的年度會議上，有一小群人迫使某一場提及政治敏感話題的演講中輟，路翁亭就是其中之一。

許多資深教授因為親眼目睹過他個性裡的某一面，而深感警惕，因此預備投票否決他的候選資格。他們問道，如果把他引到哈佛來，會不會在系上搞亂？在一場由終身職教授參與的關鍵會議上，麥爾和我同聲為他辯護。我們反駁道（現在回想起來，當時還真有點兒自命不凡），個人政治信仰不該左右教職任命。有些成員還是不能信服，他們說，信仰是一回事，但是人身攻擊和搞亂又怎麼說？那時我非常希望路翁亭能加入哈佛，因此我說，且讓我先打個電話給芝加哥大學的朋友，他和路翁亭同系，我來問問他，路翁亭是否曾因意識型態立場不同而攻擊自己的同事。大夥兒接納了這項建議，決定暫緩決議。

這段期間，哈佛大學最受敬重的資深教授，同時也是大學管理委員會的明智顧問吉奇士塔考斯基（George Kistiakowsky）聽到風聲，由化學系打電話給我。他說得直截了當，如果路翁亭來，你們會後悔的。但我還是履行了承諾；我打了電話，確定路翁亭不曾在芝加哥大學惹是生非。下一場會議中，我們以不計名方式投票表決。表決的結果，我們決議聘請路翁亭擔任正教授。校長包克於 1972 年 11 月 8 日簽署任命案，第二年，他來到哈佛。

當他一上任，我就明白到，我們處理科學的態度真是南轅北轍，而且這種體會自社會生物學論戰開啟之後，就愈來愈深刻。路翁亭是哲學家式的科學家，自我約束得非常厲害，而且對每一個步驟都極為挑剔，十分嚴苛的捍衛各項準則。他反對任何看似真確的論調和臆測；事實上，假使有機會的話，他會完全禁止。

　　反觀我，則是博物學式的科學家。我同意有必要遵守嚴格的邏輯和實驗考證，但是在精神方面我就比較寬鬆，在研究的早期階段，我對假說的態度遠不如他嚴格。由於一輩子經驗使然，身為野外採集者和實用主義者，我深信，每個片段資料以及每個合理的假說都應該要記錄下來，然後，等到知識累進後，再去蕪存菁。因此，我的筆記本成為什麼都記的大雜燴。在我看來，研究早期太過嚴謹，以致於扼殺可能合理的論點，是完全違背科學精神的。我希望把演化生物學推展向每一個可能相投合的題目，即使一意孤行也在所不惜，而且動作還要盡可能的快。然而路翁亭並不如此。

身在美國還是前蘇聯？

　　由於選擇了嚴格的科學研究發表標準，路翁亭放任自己追求未受科學阻礙的政治議程。他採行了相對主義者的觀點，認為在沒有真切事實支持的情況下，就接受真理，並不比霸道的意識型態以及政治權力的反映來得高明。自從轉變為激進份子後，他開始大力推銷自己認可的真理：馬克思觀點的整體論，在這樣的世界觀下，社會系統會與經濟以及階級鬥爭的力量相呼應，而產生潮起潮落。

　　路翁亭鄙視演化生物學中的「化約主義」思想，即使從過去到現在，這都是無可挑戰的自然科學關鍵。而且，在人類社會行為方面，他尤其反對化約主義。「採用化約主義，」他於1991年寫道：「等於是要我們相信，世界被切成許多小碎片，每一小片都有自己的特性，它們結合起來就會形成一塊較大的事物。舉例來說，個人組成社會，因此社會不過就是個人特質的總合表現而已。個人特質是成因，而社會整體的特質，則是這些成因造成的效果。」

　　路翁亭反對的這種化約主義，正是我對世界運作的看法。如同我所分析的，化約主義奠定了人類社會生物學的基礎。但是，路翁亭堅稱這不是科學，但若按照他自個兒的政治信仰，這個堅稱不可能真確。「這種生物世界的個體觀點，只不過是十八世紀中產階級革命意識型態的反映而已，這樣的意識型態把個體當成每樣事物的核心。」相反的，路翁亭認為法則才是最超凡的，是自然科學所無法企及的。在他和雷文斯合寫的文章中，這樣寫道：「在馬克斯、列寧，或是毛澤東身上，找不到、也不可能會有半點和自然界事實，或是和客觀世界現象過程相矛盾之處。」唯有反化約論者、非中產階級式的科學，才能幫助人類加入最高、最遠的目標──社會主義者的世界。

　　一位出類拔萃的科學家主張的科學研究途徑，竟然全面由馬克思主義的社會文化觀點所引導，而且目的在於促使世界社會主義化，現在看起來，似乎顯得很不可思議，而且好像比較可能是發生在前蘇聯境內才對。但是，這件事倒有助於解釋 1970 年代哈佛大學那場論戰的特殊風貌。當時，學術界瀰漫著一股左傾風，路翁亭以及「人民的科學」成員雖被評比為激進、研究方法略為極端，但仍可接受；反觀我這個羅斯福自由主義偏中間實用路線的人，卻被狠狠打入了右派。

　　自從社會生物學研究小組，揭發我為反革命投機專家後，波士頓地區的激進份子就組織起來，四處散發傳單，舉辦時事討論會，以反對人類社會生物學。當這類活動在 1975 年冬天到 1976 年春天愈演愈烈的時候，我開始擔心它會不會演變到令家人及校方困窘的程度。有一度，我還真的考慮過是否要接受其他三所大學的教授聘約──它們的代表對我說，假使我想遠離這場辯論中心戰區的話，

可以考慮接受聘約。

　　不過，這類事件其實都還只是小事。有一名示威者曾經好幾天跑到哈佛廣場，用強力擴音器喊話，要求我去職。另外，又有一天，兩名密西根大學的學生侵入我的演化生物學課堂，高呼口號，並且不停發表反社會生物學的長篇大論。不過，當大家看出他們顯然根本沒讀過《社會生物學》，而且他們更有興趣的其實是藉著它來打倒哈佛管理階層之後，我的學生就開始反攻。我幾乎沒有收到過恐嚇信，而且從來沒人威脅要殺害我。

無緣再見米德

　　最富戲劇性的潑水事件，於 1978 年發生在華盛頓。2 月 15 日，我來到喜來登公園酒店，準備在社會生物學研討會中演講，這場研討會規劃為美國科學促進協會年會的一部分。因為是全球最龐大的科學家組織，美國科學促進協會從過去一直到現在，都特別注意科學與教育及公共政策間的關聯。一如預期的，演講會場人山人海，研討會的主角為六名人類社會生物學界的主要研究者，以及最能言善道的人類社會生物學批評者古爾德。

　　這場研討會的主席為米德，而我也很期望能再次見到她。一年前，在維吉尼亞州的人類行為研討會中，她曾邀我共進晚餐，一塊兒討論社會生物學。當時我很緊張，一心以為這位美國教母級的人物，會為基因決定論可能造成的危害，而訓斥我一頓。其實我根本沒有必要擔這個心。她是想要告訴我，她自己也曾發表過一些以生物學為基礎的社會行為學思想。其中一個想法是，在每個社會中，都存在著遺傳傾向各自不同的人，而且各自適合不同的工作，例如

藝術家或軍人，而這種差異可以創造出更具效率的分工。在品嘗過烤牛肉和紅酒（看她兩樣都嘗，令我驚訝不已）後，她推薦了好幾篇她自己寫的文章給我，認為我可能會有興趣。

令人難過的是，我沒能再見到她。就在美國科學促進協會開會前不久，她罹患了癌症，而且癌症隨時都可能奪去她的性命。

就在研討會即將開始之際，演講廳內以及附近的氣氛漸漸變得緊張起來。有人告訴我，國際反種族主義委員會（International Committee Against Racism，簡稱 InCAR）計劃了某種形式的示威活動，而且這個團體的行動向來以粗暴聞名。在得知議程中將有一場關於人類社會生物學的演講，而且威爾森本人也會出席時，該團體的領導人向全國會員發出通報。聽到這則消息後，我信步踱到 InCAR 的攤位前，蒐集他們散發的文獻，順便拿一枚胸章。當數百名聽眾開始在講堂入座後，兩名 InCAR 會員開始到處遊走，散發抗議傳單。我走向其中一人，但是發傳單的女孩馬上認出是我，於是又把傳單奪了回去。

潑水事件

代理主席是哥倫比亞大學人類學家亞倫德（Alexander Alland Jr.），他為會議揭開序幕，隨後多位講者也陸續上台發表論文。截至目前為止，一切相安無事。

輪到我登場時，我選擇坐在椅子上演講，而不站在講桌前；因為我的右腳因腳踝骨折正打著石膏，那是兩週前慢跑時不慎弄傷的。當大會一開始介紹我時，大約八名男女（我數學不好，從來沒法計算得很精確）從觀眾席中一躍而起，衝上講台，而且一字排開

站在講者的身後。好幾人高舉反社會生物學的標語牌,其中至少有一面牌子畫的是納粹符號。一名青年走向講桌,搶走亞倫德手上的麥克風。

美國科學促進協會人員在早先已經通告各場演講的主持人,假使示威者堅持,不妨暫時交出麥克風,以避免肢體衝突;然後再告知抗議者,如果兩分鐘內不交還麥克風,大會將請飯店安全人員前來處理。因此,亞倫德宣布,他將遵照美國科學促進協會的處理程序,把麥克風交出來。這時,有些害怕發生暴動的聽眾開始離座,打算遠離講台。然而,他們沒法走太遠,因為所有座位都暴滿,連走道上都擠滿了人。坐在中間位置的查格農,則往反方向移動,想要擠上講台,驅走示威者,但是也同樣被卡在路中間。於是,他和另外幾名聽眾對著主席亞倫德及示威者大喊道:「把麥克風交出去是不對的!」「不應該容許任何團體用暴力接管演講會。」但是,這是自由平等的時代,任何表達形式都應認定為言論自由。群眾開始安靜下來。

接著,當 InCAR 領袖正在對聽眾振臂疾呼之際,一名年輕女子提起一瓶水就往我頭上倒。示威者們立即高聲呼喊:「威爾森,你全身溼透了!」兩分多鐘後,他們離開講台,返回座位。沒有人要求他們離開會場,沒有人召警察來,也沒有任何反對他們的行動。直到研討會結束後,還有幾名示威者留下來,與幾名聽眾閒聊。

當我用手帕以及某人遞來的紙巾擦乾自己時,再度取得麥克風的亞倫德為這場意外向我表達歉意。接著,聽眾起立,給了我一陣特長的掌聲。他們當然會這麼做,我心中暗想。不然他們還能怎麼辦?他們很可能就是下一個遭殃的。

在我簡短的演講開始前，台上其他幾名演講者起身譴責 InCAR 的行為。古爾德引用了列寧的話，他說，只是為了擺出激進姿態而做出暴力舉動，實在非常不智，這剛好和達成有價值的政治目標背道而馳；他這番話好像是在對示威者演講似的。古爾德套用列寧的話，稱這次意外事件為「幼稚的騷動」。關於這一點，他說的倒是十分正確；我很清楚，我該提防的是那些成年的知識份子。

遺傳與文化

事件發生的當兒，我的感受如何？當抗議者的怒氣由我頭上一澆而下時，我敢說我像冰一般冷靜嗎？那天傍晚，我和查格農一塊兒用餐，然後到史密森協會，和人類學家哈里斯（Marvin Harris）辯論人類社會生物學方面的問題。參與旁聽的人非常多，不過，這次倒沒有被激進份子接管。之後，我召計程車前往聯合車站，搭乘貓頭鷹號臥車返回波士頓。

在車上我巧遇物理學家戴森（Freeman Dyson），他正預備返回普林斯頓。我對他說，我今天真是夠受的了，在美國科學促進協會的社會生物學研討會上，被示威者潑了一身水。他答道，他今天也很不好過，剛剛才遇到一場火車車禍，火車在離開華盛頓往北走沒幾公里，車頭就出軌了，於是乘客又被載回車站，等候下一班北上列車。

在我看來，這個時候態勢已經很明顯了，無論在知識上或政治上，人類社會生物學都會麻煩連連。除非能把文化也納入分析，否則，批評者永遠可以大聲反駁道，既然人類這個物種是以心智及文化為兩大基礎特徵，那麼，在解釋人類社會行為的時候，卻對心智

及文化隻字不提，根本徒勞無功。

　　當朗斯登加入我的實驗室時，我心裡已記掛著人類社會生物學的這項缺點。朗斯登是年輕的理論物理學家，來自多倫多大學，他於 1979 年初來我這兒擔任博士後研究員。他的興趣後來轉到生物學上，並且看出社會行為分析領域的機會大好。起先我們討論要合作研究社會性昆蟲，但是很快的，我們的話題又轉到了遺傳及文化上頭。我說，研究這個領域，雖然失敗的風險很高，但成功後獲得的高報酬絕對值得，我們來試試看吧。於是，接下來的連續十八個月，每週我們會相聚討論二到三次，一點一滴為這個主題建立架構。

　　我們的推論如下：每個人都知道，人類社會行為由文化所傳遞，但是文化又是頭腦的產物。而頭腦則是結構嚴謹的器官，同時也是生物演化的產物。它具有一堆深植於感官印象的偏見，以及偏向學習某些特定事物、但不去學習另一些事物的傾向；這類偏見對於文化的導引仍屬未知。從相反的角度看，腦部最顯著的遺傳演化特質，發生在由文化掌控的環境下，因此，文化變遷必然會影響到這些特質。所以，我們用下列的簡語來描述這個問題，就會顯得清楚得多：生物演化和文化演化究竟是如何互動，才創造出人類心智的發展？

文化因

　　毫無疑問的，我們剛開始研究這個題目時，可說是毫無頭緒。但是其他人也一樣啊；再說，如果沒有人著手研究，又怎麼有人知道會發生什麼事呢？於是，我們不屈不撓的翻閱堆成小山高的文

獻，它們分別來自認知心理學、民族誌，以及腦神經科學等領域。
我們把文化當成經由學習得來的資訊單位，將它併入我們為族群遺
傳學所建立的模型中。我們研究語意思維的特色，以讓我們的前提
盡可能與現有的語言理論相符合。

　　我們想要找出導引人類心智演化的基本過程。我們的結論是，
那是某種形式的基因與文化互動，我們稱為「基因—文化共同演
化」（gene–culture coevolution），這是遺傳與文化變遷永不止息的循
環。在人的一生當中，心智是靠著在某個特定文化範圍內，由無數
的片段資訊、價值觀，以及可行的行為做法中所挑出的事物，自我
創造而成的。

　　說得更具體些，每個人都會在所有可行的範圍內，選擇特定的
結婚習俗、創世神話、道德觀念、分析方法等等。我們把這些脫穎
而出的行為及心智概念稱為「文化因」（culturgen）；這很接近另一
位化約論同僚道金斯所謂的「瀰因」（meme）。

　　每當一個人修飾他的記憶或是做決定的時候，他會先把接收到
的視覺影像、聲音，以及其他刺激所造成的複雜心理事件，轉送進
腦部，然後再由儲存部門叫出長期記憶的檔案，最後再對得到的事
物及觀念進行情感上的評估。然而，並不是所有的文化因都能得到
一視同仁的待遇；認知並不是全然中立的濾網。心智蒐羅、採行某
些資訊的傾向，總是會遠高於其他資訊。朗斯登和我由研究文獻裡
找到的遺傳相關文化（heredity-bound culture）的例證，包括了對顏
色的感覺、對符號的認知、嗅覺、偏愛的視覺設計，以及表達情緒
的面部表情等等。它們全都是具有辨認價值的人類特徵，也全都可
以理所當然的稱為人性。

　　像這種屬於生理方面的特殊偏好，即稱為「後成遺傳法則」

（epigenetic rule），能夠左右文化傳遞的方向。透過這些方法，就能夠影響文化演化的結果。也就是說，藉由生理上的認知，基因能夠決定心智與文化的發展。

在我們的構想裡，基因—文化共同演化的整個循環如下：有些文化因的選擇，能帶來較大的生存及生殖機率；於是，那些能使心智傾向選擇成功文化因的後成遺傳法則，就能夠在生物演化期間較占上風。經過多個世代後，整體來說，人類族群即在眾多自然的可能性中，移向某一個特定的「人性」。如此一來，造成在眾多的文化多樣性模式中，某一特定模式會特別風行。

還須默默等待

朗斯登和我把這個想法發表在多篇專業文章和兩本書籍中。書評好壞皆有；有些盛讚不已，但是好幾篇登在重要期刊上的文章，則不表欣賞。人類學家李區（Edmund Leach）在《自然》期刊上表達震怒；生理學家梅達華（Peter Medawar，1960 年諾貝爾生理醫學獎得主）在《紐約時報書評》上表示不屑一顧；路翁亭，套句他自己事後的描述，在《科學》期刊上表示這想法實在令人不快。有關基因—文化共同演化的話題就這樣漸漸消退，大部分生物學家都不看好它，社會科學家也是一樣。我既擔心，又迷惑，因為批評者真的沒有說出什麼重點；然而，我們是否在某個他們有看見、但我們卻漏失的深度上弄砸了？

1980 年代，有少數的研究人員相繼投入這個主題，各自沿用他們自己設計的概念和方法。這群天資聰穎的科學家來自遺傳學及人類學領域，具備多樣化的專才，其中包括了遺傳學家青木健

一、人類學家波以德（Robert Boyd）、族群遺傳學家卡瓦利史佛札（Luigi Cavalli-Sforza）、生物人類學家杜漢（William Durham）、數學兼生物學家費德曼（Marcus Feldman）、遺傳學家木村資生，以及人類演化學家李察森（Peter Richerson）。他們的收穫也同樣很有限，至少就整個研究的廣度和深度來看是如此。日本最頂尖的遺傳學家木村資生曾經告訴我說，他發表在這個主題的文章，幾乎沒有收到任何的索取需求。

　　基因—文化共同演化很可能還要再靜靜躺在那兒許多年，等待人類緩緩增添一些足以說服、吸引學者的知識。無論如何，我依然深信，它的真正性質正是社會科學的中心問題所在；不止如此，它還會是重要且尚未開發的科學領域。而且，我一點都不懷疑，屬於它的時代，一定會到來。

第18章

親近繽紛的生命

　　1980年，《哈佛雜誌》（*Harvard Magazine*）的編輯邀請了七位哈佛大學教授，請他們提出未來十年全球即將面對的最大難題。其中四人提出貧窮問題，源由分別是人口過度膨脹、鄉村人潮大舉湧入城市，以及資本主義盛行。另一位教授把焦點擺在美國，提出福利國家和政府控管過度的議題。第六位教授則提出全球核武威脅。

　　這些學者當中，沒有任何人提到環境問題。對於1980年代遺留下來的難題，可能會對後代子孫造成何種衝擊，也全都不大在意。身為七人小組裡唯一的自然科學家，我挑選了截然不同的主題，而且時間性也更為寬廣。我提出，物種滅絕的速度愈來愈快，生物圈岌岌可危；人類正大舉削減古代的生物多樣性寶藏。我當時是以演化生物學家的角度，就演化時間來思考。「可能發生，或是『必然會』發生的最糟狀況，」我這麼說道：「並不是能源短缺、經濟崩潰，或發生小規模核戰，或是遭到極權政體的統治；這些災難

對我們來說固然可怕，但是至少它們可以在數個世代之內恢復。目前持續演進到 1980 年代、而未來將耗費數百萬年方能匡正的難題是：因為摧毀天然棲息地而減損了基因及物種多樣性，才是後代子孫可能最無法原諒我們的愚行。」

一個焦慮的夢

這篇文章，算是我做為環境運動者的初次登台之作。老實說，我得承認自己的行動遲得難以原諒。生物多樣性被摧毀的這個問題已經掛在我心頭幾十年了，但是我極少公開反應出來。1950 年代，當我還在阿拉巴馬州光禿禿的紅土溝壑中工作，還在古巴尋找消逝中的熱帶雨林時，我就察覺情況很不對勁。在我細讀 IUCN 紅皮書中，有關滅絕及瀕危動物的名單後，我有了更進一步的了解。

1960 年代，當麥克亞瑟和我發現，只要棲息地面積減少，動物及植物的物種數必定隨之減少，前景似乎又變得更加黯淡了。我們很粗略的估算了一下，每減少百分之九十的森林面積（或大草原、河流水道面積），將會使得原本居住其中的生物物種數目減半。

讓我更加憂心的是那個夢。那真是令人非常焦慮的夢，而且直到今天，我還會不時夢到它。

夢中，我在一座靠近機場的島嶼上（或是一座小城裡），每天晚上，我總是能立刻就認出那個地方，要不是富圖納島，就是新喀里多尼亞，兩者都位在南太平洋上。我已經在該地待了好幾星期，當四周景物快速清晰呈現後，我突然想起該離去的時間即將到來。而且我發覺，我既未詳查該島的動植物相，也還未開始採集螞蟻——牠們大多是未知的新種。我開始發狂的尋找當地的原始森林。

遠遠的，我看見一處彷彿灌木林邊緣的樹叢，飛奔過去，發現只是一排由外來植物築成的防風林，背後其實躲著更多的房舍和農田。這時，我坐在汽車裡，快速衝向下一條鄉間小路，但是路邊除了房舍和農田外，什麼都沒有。群山出現在遙遠的北方——每一次夢到的總是北方。或許某些原始林就躲在群山上。我笨手笨腳的抓著地圖，尋找上山的路，但總是找不到路，而我已經沒有時間了。噩夢結束，我帶著焦慮、悔恨的心情醒來。

然而，明明心裡明白，也縱然做了這些夢，我依舊遲疑不決，把自己在真實世界裡扮演的角色，完全限定在研究及撰寫其他主題上。1970 年代，我開始想，科學家應該在什麼樣的情況下，變成社會運動者？由於有過痛苦的經驗，我深知介於科學和政治活動之間的地帶，是相當險惡難測的。過去那趟社會生物學爭議令我餘悸猶存。我的看法是，如果發言太過強硬，別的科學家就會把你歸為死命奉行意識型態之人；如果發言太過溫和，你又等於規避了道德責任。我遲疑的選擇站在謹慎行事的這一邊。

我知道許多非學術機構，早已積極進行生物多樣性的保育活動，我因此而稍覺安慰。這些機構包括「世界自然基金會」（World Wildlife Fund，簡稱 WWF）和 IUCN，它們無論就前景、競爭力或名聲方面，都達到世界級的水準。另外還有「熱帶研究組織」，這是由多所大學和其他機構合組而成的協會，專事訓練青年生物學家，我曾經在 1963 年參與它的奠基工作。這批新生代學者專家中，據我所知，許多人都將投入保育科學。於是我想，就讓下一代的青年學者去做吧。

然而，保育運動終歸還是需要資深生物學家的聲音。

跨出保育第一步

　　對我來說，1979 年英國生態學家邁爾斯（Norman Myers）發表有關熱帶雨林毀滅速率的第一份報告，是促成我投入保育運動的臨門一腳。逐一累加由各地得來的數據，他計算出，全球熱帶雨林面積每年約減少百分之一。這紙壞消息立即引起全世界保育專家的重視。從過去到現在，熱帶雨林在保存生物多樣性方面，一直都居於關鍵重要地位。雨林擁有全球生態系中最富變化的動植物相，然而，在邁爾斯發表那篇報告時，它們的總面積只占全球土地面積的百分之七。這樣的大小差不多和美國本土四十八州的面積相當，至於每年減少的雨林面積，則約半個佛羅里達州大。如果按照一般生態系棲息地和物種多樣性之間的關係來換算，上述面積減損的速度可以粗略估計為：每年有 0.25% 的物種會滅絕或注定提早滅絕。雨林遭到砍伐或焚燒的速度似乎愈來愈快，主要是因為急需土地的農民大舉侵入，再加上全球木材需求量增長所致。

　　讀過了邁爾斯的報告，我終於積極投入活動，並且以友人雷文（Peter Raven）為榜樣。雷文是很傑出的科學家兼密蘇里植物園園長，身為日益知名的公眾人物，他做起來來顯得非常有決心，而且天不怕、地不怕。雷文對於行動主義深信不疑。到了 1970 年代，他不只撰文、演講，同時若有人依然懷疑生物大量滅絕的證據，他也會和那些人激辯。

　　1980 年，他主持了名叫「國家研究委員會」（National Research Council）的機構，專門研討熱帶生物學研究的優先順序，以強調最為緊迫的森林破壞及物種多樣性消失的問題。雷文比任何人都更明確指出：所有任職於大學或研究機構的科學家，都應該參與投入；

我們不該讓生態保育專家單獨肩負此一重任。

有一天，在衝動之下，我跨了出去。我拿起電話說道：「雷文，我想告訴你，我要和你們並肩作戰。只要是我能力辦得到的，我什麼都願意幹。」那時，被我戲稱為「熱帶雨林黑手黨」，由資深生物學家組成的鬆散聯盟已經成立。除了雷文和我之外，成員還包括賈德‧戴蒙（Jared Diamond，《槍炮、病菌與鋼鐵》作者）、艾立希（Paul Ehrlich）、艾斯納、簡生（Daniel Janzen）、洛夫喬伊以及邁爾斯。打從那時起，我們就保持密切的聯繫。

不久之後，我又加入 WWF 美國分會的顧問團，並進而成為他們的科學顧問。我鼓勵顧問團的成員，加強推展他們的科學研究計畫，方法是將該組織贊助的研究，推廣到整個生態系，而非只限於個別的明星物種，例如大貓熊或白頭海鵰等。我在 WWF 中，參與「新環境主義」（new environmentalism）的構想。這套較實際的方法，可以將保育計畫和經濟利益結合在一起，並且能夠針對因拯救物種多樣性，因而衝擊到生活的當地居民，給予協助。我們都知道，而且也主張自然保育計畫永遠無法避開那些無法從中獲益的貧苦大眾。倒過來看，這群人的長期經濟遠景，也會因為他們的天然環境受損，而遭到某種程度的不利影響。

生物多樣性

我到處演講並撰文，討論生態系遭到破壞、物種滅絕，以及可能援引的社會經濟解決之道。1985 年，我在美國國家科學院的政策刊物上發表了一篇文章：〈生物多樣性的危機：科學面對的挑戰〉，引起廣泛的注意。第二年，我在「生物多樣性國家論壇」上，負責

其中一場基本政策演說。這次的研討會是在美國國家科學院及史密森協會的贊助下，於華盛頓召開的。我負責編輯這場會議的論文集《生物多樣性》（*BioDiversity*），這本論文集後來成為國家學術出版社（National Academy Press）有史以來最暢銷的著作之一。

這場論壇是首次使用「生物多樣性」這個名詞的場合，而在論文集出版後，這個名詞更是以驚人的速度傳遍世界；到了1987年，「生物多樣性」已經成為生態保育文獻裡最常引用的詞彙之一。生物多樣性也開始變成博物館展覽及校園演講中的熱門話題。

1992年6月，超過一百名各國領袖，聚集在里約熱內盧參加地球高峰會，這時「生物多樣性」進而變成了家喻戶曉的名詞。由於老布希總統拒絕代表美國簽署《生物多樣性公約》，把這個話題引入了政治主流中。末了，持續不斷的爭論繞著《瀕危物種法案》以及北方斑點鴞打轉，更使生物多樣性的話題成為美國文化的一部分。

生物多樣性的理念，已經成為生態保育的護身符，範圍涵蓋每一種生物。那麼，到底它的含義是什麼？生物學家和保育專家很快就同意以下的定義：貫穿所有生物組織階層，從物種內的基因、染色體，到物種本身，最後再進一步到最高階層、擁有活生生群落的生態系，像是森林及湖泊等，這些多樣化的生命形式，整體就叫作生物多樣性。任選一個角度，剖切這醞含無限可能的生物多樣性，得到的，可能是古巴某種淡水魚族群中，不同的染色體和基因；另一個剖面可能是古巴的所有淡水魚種，再下一個剖面，可能會是古巴每一條河流中生活的所有魚類及生物。

由於我在1988年編成《生物多樣性》論文集，許多人以為這個詞彙是由我創造的。事實上，我一點兒功勞都沒有。這個名詞是

由羅森（Walter Rosen）首先提出來，他是美國國家科學院的行政官員，負責統籌 1986 年的華盛頓會議。當羅森和其他美國國家科學院成員找上我，要我擔任會議論文編輯時，我提議用「生物的多樣性」（biological diversity）這個詞，因為直到那時，我和某些人都很偏愛這種講法。我指出，「生物多樣性」太容易讓人朗朗上口，而且不夠莊重。但是，羅森和他的同事卻不肯讓步。他們堅稱，「生物多樣性」這個名詞比較簡潔，也比較特別，因此社會大眾也比較容易記得它，而我們當然需要讓這個主題吸引愈多注意愈好，而且速度愈快愈好。我終於讓步了。

親生命性

如今，我簡直搞不懂當初為什麼會反對使用這個名詞，因為它不僅活潑，而且兼具莊重與順口。畢竟，我自己也曾在 1979 年創造了很類似的詞彙「親生命性」（biophilia），當時是刊登於《紐約時報》的一篇保育文章中。稍後在 1984 年時，還把它用為我的新書《親生命性》的書名以及中心思想。「親生命性」的意思是指，人類與生俱來對其他生命形式的親切感，這種親近是由不同情境激發出來的，像是喜悅，或是安全感，或是敬畏，又甚至是混雜了憎惡的入迷。

我所謂的親生命性，有一個很基本的例證：人類偏愛居住於某些特定的天然環境。華盛頓大學動物學家歐瑞恩斯（Gordon Orians）在有關這項主題的先驅研究中，分析大部分人在擁有絕對自由選擇權的情況下，心目中的「理想」住所。結果，他們會希望家園位在偏高地勢的頂端，靠近一座湖泊、一大片海洋，或是其他

水體，而且周圍環繞著類似公園般的區域。從屋內往外望，他們最希望看到的樹木，是頂端擁有寬廣樹冠層，而主幹又生有水平貼近地面的茂密樹枝，而且還長滿了細小美麗葉片的那種樹木。

這樣的原型剛剛好吻合非洲遍地可見的熱帶大草原形貌，而非洲正是人類數百萬年前的發源地。對於居住該地的人類祖先來說，最安全的地方莫過於一處開闊的空間，因為那兒視野寬廣，可以容許他們搜尋食物，同時警戒敵害。由於擁有相對於其他動物來說頗脆弱的身軀，早期人類還需要撤退時的掩體，有了樹木，遭追逐時就可以逃到樹上去。

難道這只是巧合？人類祖先的居所，碰巧和現代人類偏好的居所非常類似？所有的動物，包括和人類親緣最近的靈長類，都擁有與生俱來「按照生存條件選擇棲息地」的習性。因此，不大可能只有我們的老祖宗例外；而人類在農村及城鎮生活的簡短歷史，也不大可能抹去我們基因中的居住傾向。試想某位住在紐約的百萬富翁吧，家財萬貫使他擁有自由選擇居所的權利，結果他挑中了一間能俯瞰中央公園的大廈閣樓，可能的話，還可以望見園中的湖泊，而且陽台上還擺了一圈盆栽植物。在可能已經超過他理解範圍的更深層意識中，他正在回歸他的根性。

康乃狄克大學的人類學家兼藝術史學家孟德克（Balaji Mundkur）也提出類似的說法，來詮釋人類的一項怪癖：對蛇的迷戀。這些爬蟲類在人類古代的生活環境中，屬於能輕易引起人們恐慌的動物。其他會引發恐慌的事物還包括蜘蛛、野狼、高處、密閉空間，以及奔騰的水流等等。只要經歷一次與蛇有關的受驚事件，甚至只是聽了一則可怕的故事，就足以令小孩強烈憎惡和恐懼蛇。諸如慌亂、噁心及冒冷汗等恐懼的感受，是屬於自主神經系統裡的反應，超越

理性所能控制。這類反應來得非常快，然而，要擺脫它們，卻出奇的困難。

　　針對蛇產生的這種高度直接反應，似乎也具有遺傳基礎。以下的明確事實可以做為證據：人們很少會對現代生活裡真正具有危險的物品產生恐慌，例如槍枝、刀械、電插座，以及急馳過的汽車等等。我們這種動物接觸上列致命源的時間，還不夠長到足以在演化時間中，發展出傾向自動避開它們的基因。

　　世界各地的人不只是排斥蛇類，同時也對蛇類著迷，而且只要安全有保障，人們總喜歡靠近觀察蛇類。蛇類可以說是最常出現在夢中，而且最常用來做為宗教象徵物的野生動物——與人類或是其他動物雜交混血、成雙成對、生得既巨大又快速而且無所不見；這類夢境怪物是天神，牠們能夠復仇，也能傳遞智慧，完全依情境中的詭譎幻想而定。希臘羅馬神話中的蛇杖，也就是眾神信差墨丘利手中盤繞了一對聖蛇的手杖，如今成為醫學專業的象徵。

我的信念

　　我們這種對蛇類特別關注的根源，可能正和其他靈長類恐懼、著迷於蛇的根源相同，那就是蛇類的致命習性。毒蛇的蹤跡遍布全球，就北半球而言，甚至向北分布到加拿大、芬蘭，而且在大部分地區，毒蛇對於逐大自然而居的人類來說，都是十分重大的致死源。親生命性的演化過程，正如我在 1984 年引用孟德克的證據所詮釋的，它的運行方式如下：經過漫長的演化時間，某些蛇類的致命性在人類心中造成天生的恐懼與入迷。因此，牠們不斷以各種含糊象徵性的姿態，闖入我們的夢中。薩滿和先知把他們自己的夢，

當成是神喻，將夢中意象植入神話及宗教裡。於是乎，來自這些神聖堡壘、經過轉化後的耀眼神蛇，就堂皇進占到故事和藝術中。

按照自然科學的一般標準，親生命性的證據仍嫌薄弱，而且有關它遺傳源起的理論也太多臆測了。然而，這個想法的邏輯推論仍屬合理，而且這個主題也實在太重要了，不容忽視。1992 年，一場聚集了生物學家、心理學家及其他學者的研討會，在麻州的伍茲霍爾召開，廣泛討論並評估我們正在進行的研究。其中有些屬於實驗性質，頗為吻合早期的數據，而且很具說服力。

依我看，生來具有親生命性的最重要含義在於，它為恆久的保育倫理奠下基礎。如果關懷其他生物是人類的天性，如果我們的部分文化源於自然野性，那麼單就這個基礎而言，我們就不應該消滅其他生物。

大自然是我們的一部分，正如同我們是大自然的一部分。

親生命性是我的最新理論，可以算是在我這大半輩子中，最能持續吸引我的想法。我有三個信念如下：第一，人性終究是生物演化的結果；第二，生物多樣性是人類的搖籃，也是人類最寶貴的自然遺產；第三，如果不考量上述兩項理念，哲學和宗教將不具太大意義。

天堂海灘上的小男孩

在這本回憶錄中，我為自己、也為你們描述了我如何達到這樣的自然世界觀。雖說許多源頭埋藏在記憶深處，但是就在我寫下這些字句的當兒，就在我六十六歲的年紀，它們依然把持著我的想像力。我不願意扔棄我童年及青年時期留下來的這些珍貴印象。我小

心翼翼的守護它們，把它們當成我創造力的來源，不斷去蕪存菁，並累加它們衍生而來的產物。在謹遵重複試驗的規條時，所獲得的知識即是我所謂的「科學」。

這些印象營造出一股重力，牽引我的生涯，圍繞著我的研究打轉。在我心底，我至死都是探險博物學家。我不認為這樣的概念會太過浪漫或不切實際。或許，一般大眾想像中的自然野地已不復存在；或許要不了多久，每一平方公里的土地都將有人類的足跡踏過。據我所知，亞馬遜河源頭、新幾內亞高地，以及南極洲大陸，現在已全都成為觀光旅遊的據點。但即使如此，在我想像中的無限新奇世界中，依然擁有真材實料。世界上還有許許多多的生物（很可能占地球總物種數九成以上），仍然是科學界未發現的新種。牠們存活在某處，尚未被發覺，甚至連名字都沒有，靜靜等待牠們的林奈，牠們的達爾文，牠們的巴斯德。其中大部分未知物種集中在熱帶偏遠地區，但是，也有許多就存在工業國家的城市附近。

地球，這顆孕育著令人眼花撩亂多樣生命的行星，我們仍知之甚少。

估量生物多樣性的關鍵，我們必須把觀察尺度往下調整。生物體積愈小，其可能分布的未知疆域就愈寬廣，也愈深遠。傳統的大型野地也許已然消逝；地表上大部分大型動物（哺乳動物、鳥類、及樹木）已受到觀察和記錄過，但是，微觀的野外世界依然存在世上，這樣的微型世界，存在於任何一把泥土或是淤泥之中。這些小世界很接近原始風貌，而且也還未受到人類仔細訪查過。細菌、原生生物、線蟲、蟎類，以及其他環繞在我們四周的小小生物，與地表結合，構成生氣盎然的小宇宙。這些東西擁有無窮盡的潛力，等著人們去研究，值得人們去讚賞。只要我們願意把視界，從眼前垂

直下移一臂之遙，就可以一輩子投入在一株樹幹的麥哲倫之旅上。

　　如果我的人生能重來一遍，讓我的視野在二十一世紀重生，我會當微生物生態學者。一公克的尋常土壤，只不過用拇指和食指輕輕捏起的分量，裡頭就棲息了一百億隻細菌。它們有著成千物種，而且幾乎全不為科學界所知。屆時，我會在新式顯微鏡和分子分析技術的協助下，進入那個世界。我會穿越沙粒上的森林，乘坐想像中的潛艇，橫過相當於一片湖泊的水滴，追蹤捕食者與獵物，以發掘新的生活方式以及特異的食物網；上述的一切，只需要踏出我的實驗大樓不出十步之外，就可進行探險、發掘。美洲豹、螞蟻和蘭花，仍將會光彩奪目的占據著遠方的森林，只不過，如今還加入了更奇特、更複雜，事實上是無窮盡的世界進入它們的行列。

　　若時光再次流轉，我仍然會是天堂海灘上的那個小男孩，那個對「賽弗柔安」水母著迷不已，但是卻只瞥到一眼水底怪獸的小男孩。

照片集

浮光掠影 1932 ～ 1994

1932 年，威爾森三歲大，這位未來的動物學家與動物有了初期的接觸經驗。

1937 年，威爾森八歲大，與父親在亞特蘭大的船屋住了好幾個月。

1940 年，威爾森就讀於美國首
府華盛頓特區的滬伯德小學，
與摯友麥可勞德身著學生交通
安全維護隊的制服。

1942 年夏季，威爾森在莫比
爾住家附近的空地上採集昆
蟲。十三歲的威爾森，已醉心
於昆蟲學的研究。

1944 年，威爾森於阿拉巴馬州的布魯頓成為鷹級童軍。鷹級童軍是童子軍的最高位階。

1953 年 7 月，威爾森在古巴西南的艾特金士園裡抽空看書。爬在他胸前的是他的寶貝蜥蜴「麥修撒拉」。

穿越新幾內亞胡安（Huon Peninsula）半島的山區，是一段漫長而艱辛的旅程（請參閱第 10 章〈南太平洋巡禮〉）。1955 年 4 月 11 日，一行人抵達甘彌漢村時，威爾森與當地隨行護送的巡邏官員合影留念。

螞蟻專家布朗，1955 年攝於
哈佛大學比較動物學博物館。
威爾森剛開始研究螞蟻時，布
朗常給他建議和鼓勵（請參閱
第 8 章〈南方再見〉）。

1956 年 11 月，威爾森和新婚妻子凱莉攝於哈佛大學的宿舍「綠堡」。

凱莉手持捕蝶網，攝
於 1956 年阿拉巴馬州
的墨西哥灣岸附近。

1961 年，威爾森來到千里達北部山區的春山莊園（請參閱第 13 章〈麥克亞
瑟與地理生態學〉）。他正用顯微鏡檢視螞蟻。

1966 年至 1968 年，威爾森在
佛羅里達礁島群進行島嶼生物
學實驗（請參閱第 14 章〈佛羅
里達礁島群實驗〉）。左圖是
他攀上紅樹林樹頂，察看一處
鶚窩和周圍的昆蟲。下圖是威
爾森的學生，也是研究夥伴辛
伯洛夫（Daniel Simberloff），
駕著小船駛近一小叢紅樹林，
調查物種重新拓殖的情況。

威爾森與女兒凱瑟琳。
攝於 1969 年。

為社會生物學理論開築新道路的崔弗斯，與布朗（中）、助理（右）
攝於 1975 年 5 月 15 日。當天，「社會生物學」登上《紐約時報》頭版。

1977 年 11 月 22 日於白宮，卡特總統頒發「美國國家科學獎章」給威爾森。

1979 年於朋沙科拉。威爾森與母親合影於西佛羅里達大學。

1982 年 9 月，威爾森與妻子、女兒合影於一場晚宴中。

《螞蟻》一書的共同作者威爾森、霍德伯勒，與編輯荷敦（左）合影於
1989 年 7 月 29 日。荷敦右手壓著的，就是《螞蟻》的手稿。《螞蟻》榮獲
1991 年普立茲獎。

1989 年 8 月，社會生物學的幾位要角在「人類行為暨演化學會」的首次大會中碰面。右起依次是漢彌敦、道金斯、威爾森、威廉士（George Williams）和艾波埃伯斯菲爾德（Irenaus Eibl-Eibesfeldt）。

1990 年《螞蟻》出版時，威爾森與霍德伯勒的合影。

威爾森與他最心愛的南美洲兵蟻金屬模型，攝於 1990 年。

1990 年 11 月 26 日於澳洲雪梨，威爾森從菲利浦親王手中接過「世界自
然基金會」的年度金質獎章。

1990 年 9 月 26 日於瑞典斯德哥爾摩，威爾森與艾立希獲瑞典國王頒發當年度的「克拉福德獎」。克拉福德獎是為了表彰在諾貝爾獎未能涵蓋的學門（例如生態學）裡，非常傑出的科學家。

1991 年春，威爾森與康乃爾大學昆蟲學家好友艾斯納，合影於比較動物學博物館的螞蟻收藏室。

1993 年 11 月 29 日於東京，威爾森獲頒「國際生物學獎」。右坐者是為明仁天皇和美智子皇妃。

威爾森於麻州萊辛頓家中的實驗室，攝於 1994 年。

科學文化 A07A

大自然的獵人
博物學家威爾森
Naturalist

國家圖書館出版品預行編目(CIP)資料

大自然的獵人：博物學z家威爾森 / 威爾森
(Edward O. Wilson)著；楊玉齡譯. -- 第二
版. -- 臺見市：遠見天下文化, 2016.09
面；　公分. -- (科學文化；A07)
譯自：Naturalist

ISBN 978-986-479-047-0 (平裝)

1.威爾森(Wilson, Edward O.) 2.傳記

785.28　　　　　　　　　　　105013528

原著 —— 威爾森（Edward O. Wilson）
譯者 —— 楊玉齡
科學文化叢書策劃群 —— 林和（總策劃）、牟中原、李國偉、周成功

總編輯 —— 吳佩穎
編輯顧問 —— 林榮崧
責任編輯 —— 林榮崧、劉貞（特約）；林柏安
封面設計 —— 張議文
版型設計 —— 江儀玲

出版者 —— 遠見天下文化出版股份有限公司
創辦人 —— 高希均、王力行
遠見・天下文化 事業群榮譽董事長 —— 高希均
遠見・天下文化 事業群董事長 —— 王力行
天下文化社長 —— 林天來
國際事務開發部兼版權中心總監 —— 潘欣
法律顧問 —— 理律法律事務所陳長文律師
著作權顧問 —— 魏啟翔律師
社址 —— 臺北市 104 松江路 93 巷 1 號
讀者服務專線 —— 02-2662-0012 | 傳真 —— 02-2662-0007；02-2662-0009
電子郵件信箱 —— cwpc@cwgv.com.tw
直接郵撥帳號 —— 1326703-6 號　遠見天下文化出版股份有限公司

電腦排版 —— 極翔企業有限公司
製版廠 —— 中原造像股份有限公司
印刷廠 —— 中原造像股份有限公司
裝訂廠 —— 中原造像股份有限公司
登記證 —— 局版台業字第 2517 號
總經銷 —— 大和書報圖書股份有限公司　電話／ (02)8990-2588
出版日期 —— 2016 年 9 月 29 日第一版第 1 次印行
　　　　　　2024 年 1 月 9 日第三版第 3 次印行

定價 —— NT550 元
4713510947203
書號 —— BCSA07A
天下文化官網 —— bookzone.cwgv.com.tw

本書如有缺頁、破損、裝訂錯誤，請寄回本公司調換。
本書僅代表作者言論，不代表本社立場。